Learning Ray

러닝 레이

| 표지 설명 |

표지에 나온 동물은 점박이 전기가오리(학명: *Torpedo marmorata*)입니다. 점박이 전기가오리는 아프리카에서 노르웨이에 이르는 동부 대서양에서 발견됩니다. 주로 바다 바닥에 살며, 바위 암초나 해초, 진흙 바닥 등 얕은 깊이부터 중간 깊이 사이의 물에서 서식합니다.

낮에는 얼룩덜룩한 갈색과 검은색으로 진흙탕에 위장해 숨어있다가 밤에는 망둥어, 숭어, 고등어, 자리돔 같은 작은 물고기를 찾아 사냥합니다. 이 가오리는 최대 60cm까지 자라며 턱을 벌려 입보다 큰 물고기를 삼킵니다. 또한 최대 200볼트의 전기를 방출해 상대를 죽이기도 합니다.

전기를 방출하는 전기가오리의 천적은 없다고 봐도 무방합니다. 오라일리 표지에 있는 많은 동물은 멸종 위기에 처해 있으며, 모두 세상에 중요한 존재입니다.

표지 삽화는 카렌 몽고메리Karen Montgomery가 리데커의 『왕립 자연사』에 수록된 판화를 기반으로 그렸습니다.

러닝 레이

대규모 모델 훈련에 효율적인 라이브러리로 빠르게 구현하는 파이썬 분산 처리

초판 1쇄 발행 2024년 1월 29일

지은이 막스 펌펄라, 에드워드 옥스, 리차드 리우 / **옮긴이** 김완수 / **펴낸이** 전태호
펴낸곳 한빛미디어(주) / **주소** 서울시 서대문구 연희로2길 62 한빛미디어(주) IT출판2부
전화 02-325-5544 / **팩스** 02-336-7124
등록 1999년 6월 24일 제25100-2017-000058호 / **ISBN** 979-11-6921-194-9 93000

총괄 송경석 / **책임편집** 서현 / **편집 · 기획** 이민혁
디자인 표지 윤혜원 내지 박정화 / **전산편집** 김민정
영업 김형진, 장경환, 조유미 / **마케팅** 박상용, 한종진, 이행은, 김선아, 고광일, 성화정, 김한솔 / **제작** 박성우, 김정우

이 책에 대한 의견이나 오탈자 및 잘못된 내용에 대한 수정 정보는 한빛미디어(주)의 홈페이지나 아래 이메일로 알려주십시오. 잘못된 책은 구입하신 서점에서 교환해드립니다. 책값은 뒤표지에 표시되어 있습니다.

한빛미디어 홈페이지 www.hanbit.co.kr / **이메일** ask@hanbit.co.kr

지금 하지 않으면 할 수 없는 일이 있습니다.
책으로 펴내고 싶은 아이디어나 원고를 메일(writer@hanbit.co.kr)로 보내주세요.
한빛미디어(주)는 여러분의 소중한 경험과 지식을 기다리고 있습니다.

Learning Ray

러닝 레이

O'REILLY® 한빛미디어 Hanbit Media, Inc.

지은이 소개

지은이 **막스 펌펄라** Max Pumperla

독일 함부르크에 사는 데이터 과학 교수이자 소프트웨어 엔지니어입니다. 매우 적극적인 오 픈소스 기여자이며 여러 파이썬 패키지의 메인테이너로 활동 중입니다. 현재 애니스케일에서 소프트웨어 엔지니어로 일하고 있습니다. 이전에는 패스마인드의 제품 연구 책임자로서 레이 RLlib, 서브, 튠을 활용해 대규모 산업 애플리케이션을 위한 강화학습 설루션을 개발했으며, 스카이마인드에서 DL4J의 개발에 중요한 역할을 맡았습니다. 또한, 케라스 생태계의 성장과 확장을 도왔으며 하이퍼옵트의 메인테이너입니다.

지은이 **에드워드 옥스** Edward Oakes

애니스케일의 소프트웨어 엔지니어이자 레이 서브 개발을 주도하는 팀의 리더이며 레이 오픈 소스 기여자입니다. 애니스케일에서 근무하기 전에는 UC 버클리의 EECS에서 학위를 수료했 습니다.

지은이 **리처드 리우** Richard Liaw

애니스케일의 소프트웨어 엔지니어이며 분산 머신러닝을 위한 오픈소스 도구를 연구하고 있 습니다. UC 버클리 컴퓨터 과학과의 박사 과정에서 휴학 중으로 조셉 곤잘레스와 이온 스토이 카, 켄 골드버그의 지도를 받고 있습니다.

옮긴이 소개

옮긴이 **김완수**

AI 교육 스타트업 뤼이드에서 근무하고 있으며, 하이퍼옵트의 메인테이너로 활동했습니다. 선언적이면서 멱등성을 보장하고 재현 가능한 특성을 가진 소프트웨어를 매우 선호합니다. 오픈소스 생태계를 사랑하는 마음으로 주제를 가리지 않고 다양한 오픈소스 프로젝트에 적극적으로 기여하고 있습니다. 최근에는 특히 VIM과 Nix 생태계에 많은 관심을 두고 지켜보고 있습니다. 개인 개발 환경의 생산성 향상을 위해 회사 업무로 할 수 없는 극단적인 오버 엔지니어링과 자동화가 취미이며, 여가 활동으로 커스텀 키보드 제작을 즐깁니다.

추천사

지난 10년간 머신러닝과 데이터 애플리케이션에서 요구하는 연산량은 GPU나 TPU 같은 하드 웨어 가속기를 포함한 단일 서버나 단일 프로세서의 능력을 크게 뛰어넘었습니다. 이런 추세는 머신러닝과 데이터 애플리케이션을 분산되어 작동하도록 만들었습니다. 아쉽게도 분산 애플리 케이션을 만드는 일은 끔찍하게 어려운 작업입니다.

레이Ray는 지난 몇 년간 분산 애플리케이션 개발을 단순화하는 프레임워크로 떠올랐습니다. 레 이는 유연한 코어와 강력한 라이브러리를 내장해, 개발자가 머신러닝 모델 학습과 하이퍼파라 미터 튜닝, 강화학습, 모델 서빙, 비정형 데이터 배치 처리를 비롯한 다양한 워크로드를 쉽게 확장하도록 합니다.

레이는 매우 인기 있는 오픈소스 프로젝트로, 수천 개의 회사가 머신러닝 플랫폼부터 추천 시 스템과 사기 탐지, 오픈AIOpenAI의 챗GPTChatGPT 같은 거대 모델 학습 등에 사용합니다.

이 책의 저자인 막스 펌펄라Max Pumperla, 에드워드 옥스Edward Oakes와 리처드 리우Richard Liaw는 따 라 하기 쉬운 예시를 사용해서 레이에 대해 친절하면서도 포괄적인 안내를 했습니다.

이 책을 끝까지 마무리한다면 레이의 주요 개념과 추상화를 습득하고, 여러분의 노트북부터 시 작해 대형 온프레미스 클러스터나 클라우드까지 쉽게 확장 가능한 머신러닝 애플리케이션을 빠르게 개발하는 능력을 얻습니다.

이온 스토이카Ion Stoica

애니스케일과 데이터브릭스의 공동 창업자 및 UC 버클리 교수

옮긴이의 말

몇 년 전, 이 책의 저자인 막스 펌펄라 박사님과 함께 하이퍼옵트 프로젝트의 메인테이너로 활동하던 때, 막스 박사님의 서밋 발표를 통해 레이를 처음으로 접했습니다. 당시 레이는 파이썬 환경에서 분산 프로그램을 훌륭하게 추상화한 흥미로운 라이브러리라는 첫인상을 남겼고, 스파크와 데이터브릭스의 성공을 이끈 UC 버클리의 이온 스토이카 교수가 주도하는 프로젝트라는 사실 덕에 관심이 갔습니다.

시간이 흐르며 당시에 보았던 레이는 레이 코어라는 핵심 컴포넌트로 성장했고 이를 기반으로 다양하고 유연한 분산 머신러닝 생태계가 차곡차곡 쌓아 올려져 가는 모습을 보니, 과거 하둡 생태계가 성장하는 모습을 지켜보면 이런 느낌이지 않았을까라는 생각이 들었습니다.

최근 오픈AI의 챗GPT가 일으킨 LLM^{Large Language Model} 붐은 업계의 패러다임뿐만 아니라 글로벌 매크로에도 영향을 줄 정도로 혁신적인 일이었고, 그로 인해 이제는 챗GPT 같은 압도적으로 거대한 머신러닝 모델이 주류로 자리 잡았습니다. 하지만 이런 거대한 모델을 서빙하거나 학습시키려면 거대한 컴퓨팅 자원이 필요한데, 단일 컴퓨팅 자원을 수직으로 확장하기란 현실적으로 매우 어렵습니다. 그래서 거대한 모델들을 서빙하고 학습하기 위해 다수의 컴퓨팅 자원을 수평으로 확장합니다.

하나 수평 확장에는 분산 시스템이라는 깊고 복잡한 분야가 필연적으로 들어올 수밖에 없습니다. 하지만 머신러닝만 신경 쓰기에도 충분히 바쁜 연구자와 개발자는 골치 아픈 여러 문제에 빠지게 됩니다. 이때 레이는 가장 훌륭한 분산 시스템 추상화 중 하나로, 소프트웨어 레이어뿐 아니라 인프라 레이어까지도 빠르게 통합을 이루어냅니다.

이 책을 읽으시는 여러분도 제가 발견한 레이의 잠재력과 가능성을 만나길 바라며, 지금까지 풀기 힘들었던 문제를 해결하는 계기가 되었으면 합니다.

김완수

지은이의 말

분산 컴퓨팅은 매우 흥미로운 주제입니다. 초기 컴퓨팅 작업을 돌아보면 오늘날 많은 기업이 컴퓨터 클러스터를 사용해 작업 부하를 분산한다는 사실에 감명받지 않을 수 없습니다. 분산을 위한 효율적인 방법을 찾아냈다는 점은 인상적이나, 스케일 아웃scale out의 필요도 또한 점점 더 높아지고 있습니다. 단일 컴퓨터의 속도는 점점 더 빨라져도, 대규모 컴퓨팅이 필요로 하는 요구 조건은 단일 컴퓨터의 처리 범위를 넘어서고 있습니다.

스케일링을 필수적이면서 도전적인 과제라고 느낀 레이의 개발진은 분산 컴퓨팅을 간편하게 만드려 노력하고 있습니다. 레이를 사용하면 비전문가도 분산 컴퓨팅을 할 수 있으며 파이썬 스크립트를 여러 노드에 걸쳐 스케일링하기도 정말 쉬워집니다. 레이는 데이터 전처리 및 모델 학습과 같이 많은 데이터와 계산이 필요한 워크로드를 확장하는 데 뛰어난 성능을 보이며, 머신러닝 워크로드를 스케일링하는 데도 사용합니다.

물론 이 두 워크로드를 스케일링할 때 레이를 사용하지 않아도 되지만, 각각 다른 API와 분산 시스템을 사용할 가능성이 높습니다. 또한 여러 분산 시스템을 관리하는 작업은 여러 방면에서 혼란스럽고 비효율적입니다. 레이 2.0에서는 레이 AI 런타임Ray AI Runtime(AIR)이 추가되면서 복잡한 머신러닝 워크로드에 대한 지원이 더 강화되었습니다. AIR는 여러 라이브러리와 도구를 사용해 단일 분산 시스템에서 엔드투엔드end-to-end 머신러닝 애플리케이션을 쉽게 빌드하고 배포합니다. AIR는 복잡한 워크플로도 평범한 단일 파이썬 스크립트로 표현합니다. 즉, 프로그램을 로컬에서 먼저 실행해 디버깅과 개발 속도 측면에서 큰 차이를 만듭니다. 여러분이 어떤 역할을 담당하고 있든 레이를 배우면 도움이 될 겁니다.

막스 펌펄라, 에드워드 옥스, 리처드 리우

이 책에 대하여

이 책은 레이를 처음 접하는 독자가 빠르게 레이를 이해하고 활용하도록 안내합니다. 이 책은 레이를 배우고 이해하는 데 초점을 두고, 처음 시작하기에 흥미로운 예시를 제공합니다. 레이의 주요 구성 요소의 원리와 그 사용법을 위주로 소개해, 책을 다 읽은 독자는 더 복잡한 주제를 스스로 해결할 자신감이 생길 겁니다.

이 책은 프레임워크에 대한 모든 정보를 담은 API 레퍼런스가 아닙니다. 또한 구체적인 작업을 처리하도록 돕는 쿡북도 아닙니다. 소프트웨어는 빠르게 개발되고 폐기되지만, 소프트웨어의 기본 개념은 주요 릴리즈 주기를 거치더라도 안정적으로 남아있는 경우가 많습니다. 책에서는 아이디어를 전달하고 구체적인 코드 예시를 제공하는 데 균형을 맞추려고 노력했습니다. 이 책에서 제공한 아이디어는 그 코드가 바뀌어도 유용하도록 정리했습니다.

레이의 공식 문서가 점점 나아지고 있지만, 정확히 설명하기 어렵다고 판단한 내용을 책에 담았습니다. 여러분에게는 너무나도 당연한 사실이겠지만, 최고의 기술서는 흥미가 없다면 절대 접하지 않았을 프로젝트의 API 레퍼런스를 파고들게 만듭니다. 이 책이 여러분께 그런 책이 되기를 바랍니다.

대상 독자

레이의 기능이 궁금해 이 책을 집었을 거라 생각합니다. 분산 시스템 엔지니어라면 레이 엔진의 작동 방식을 알고 싶거나 새로운 기술을 배우고 싶은 소프트웨어 개발자일 수도 있습니다. 또는 레이를 비슷한 도구와 비교하려는 데이터 엔지니어일 수도 있으며, 실험을 확장하는 방법을 찾으려는 머신러닝 전문가나 데이터 과학자일 수도 있습니다.

구체적인 직책에 상관없이 이 책을 최대한 잘 활용하려면 파이썬 프로그래밍에 익숙해야 합니다. 예시는 파이썬으로 구성되어 중급 수준의 파이썬 지식이 필요합니다. 파이써니스타Pythonista라면 잘 알듯 암시적인 것보다 명시적인 것이 낫습니다. 그래서 명시적으로 설명하면 여기서 중급 수준의 파이썬 지식이란 시스템에서 커맨드라인을 사용하는 법과 무언가 안 풀릴 때 도움을 받는 법, 혼자 프로그래밍 환경을 설정하는 법을 안다는 의미입니다.

이 책에 대하여

분산 시스템에 대한 경험이 없더라도 좋습니다. 이 책에서는 시작하는 데 필요한 모든 기본 사항을 다룹니다. 또한 대부분의 코드 예시는 노트북을 제공합니다. 반대로 말하면 기본 사항을 다루기 때문에 분산 시스템에 대해 자세히 알아볼 수 없습니다. 이 책은 궁극적으로 데이터 과학과 머신러닝을 위해서 레이를 사용하는 개발자를 대상으로 합니다. 후반부에서는 머신러닝에 어느 정도 친숙해야 하지만, 꼭 머신러닝 관련 경험을 가질 필요는 없습니다. 머신러닝 패러다임과 전통적인 프로그래밍의 차이에 대해서는 기본적인 이해가 필요합니다. 또한 넘파이NumPy와 판다스Pandas의 기본적인 사용법과 텐서플로TensorFlow와 파이토치PyTorch를 사용한 예시를 어느 정도 알아야 합니다. API 수준에서 코드 흐름을 이해하는 정도로 충분하며 자체적인 모델을 만드는 방법을 알 필요는 없습니다. 선호하는 프레임워크에 상관없이 선도적인 모든 딥러닝 라이브러리(텐서플로와 파이토치)를 사용해 레이를 사용한 머신러닝 워크로드를 처리하는 방법에 대한 예시를 다룹니다.

이 책은 고급 머신러닝 주제에 대한 많은 부분을 다루지만, 레이의 기술과 그 사용법에 초점을 맞춥니다. 이 책에서 다루는 머신러닝 예시가 생소하거나 두 번은 읽어야 이해할지도 모르지만 레이의 API와 실제로 사용법에 초점을 맞춥니다.

데이터 과학자에게는 레이를 사용해 분산 머신러닝 애플리케이션을 구축하는 새로운 방법을 소개합니다. 대규모 실험을 위한 하이퍼파라미터 선택, 대규모 모델 학습에 필요한 실용적인 지식 습득, 최신 강화학습 라이브러리에 대한 사용 방법을 안내합니다.

데이터 엔지니어에게는 레이 데이터셋Ray Datasets을 사용해 대용량 데이터를 효율적으로 처리하는 방법과 다스크 온 레이Dask on Ray 같은 도구로 파이프라인을 개선하고 효율적인 대규모 배포를 수행하는 법을 알려줍니다.

일반 소프트웨어 엔지니어에게는 레이의 내부 작동 방식과 클라우드에서 레이 클러스터를 실행하고 확장하는 방법, 기존 프로젝트와 통합할 애플리케이션을 구축하는 데 레이를 사용하는 방법을 가르칩니다.

물론 직군에 상관하지 않고 모든 주제를 읽어도 좋습니다. 이 책을 통해 레이가 가진 진가를 알기를 바랍니다.

주요 내용

이 책은 레이의 핵심 개념부터 더 복잡한 주제까지 자연스럽게 살펴보는 방식으로 구성했습니다. 각 장의 예시 코드는 https://github.com/hanbit/learning-ray에서 노트북 형태로 제공합니다.

이 책의 1장부터 3장까지는 레이를 분산 파이썬 프레임워크로 살펴보며 실질적인 예시를 통해 기본적인 개념을 배웁니다. 4장부터 10장까지는 레이의 하이레벨high-level 라이브러리를 소개하고 이를 사용해 애플리케이션을 만드는 방법을 배웁니다. 마지막 장에서는 레이의 생태계에 대한 종합적인 개요와 더 나아가는 방법을 안내합니다. 각 장에서 접할 내용은 다음과 같습니다.

- 1장 레이 살펴보기에서는 코어와 머신러닝 라이브러리, 생태계라는 세 계층으로 구성된 시스템인 레이를 소개합니다. 레이의 라이브러리를 사용해 예시를 처음 실행하고 레이가 제공하는 여러 기능을 살펴봅니다.

- 2장 레이 코어로 시작하는 분산 컴퓨팅에서는 레이의 핵심 API인 레이 코어Ray Core의 기초를 다룹니다. 또한 레이의 태스크tasks와 액터actors가 파이썬의 함수와 클래스에서 자연스럽게 확장되는 방법을 설명합니다. 레이의 시스템 구성 요소가 함께 작동하는 방법도 배웁니다.

- 3장 분산 애플리케이션 개발에서는 레이 코어를 사용해 분산 강화학습 애플리케이션을 구현하는 방법을 다룹니다. 앱을 처음부터 구현하고 실제로 파이썬 코드를 분산하며 레이의 유연성을 살펴봅니다.

- 4장 레이 RLlib을 활용한 강화학습에서는 강화학습에 대한 간단한 소개와 함께 어떻게 레이가 RLlib을 사용해 강화학습의 중요한 개념을 구현하는지 알아봅니다. 몇 가지 예시를 실행하고 커리큘럼 학습curriculum learning이나 오프라인 데이터를 사용해 작업하는 등 고급 주제를 살펴봅니다.

이 책에 대하여

- 5장 레이 튠을 활용한 하이퍼파라미터 최적화에서는 효율적인 하이퍼파라미터 튜닝이 어려운 이유와 레이 튠^{Ray Tune}의 개념적인 작동 방식, 머신러닝 프로젝트에 실제로 적용하는 방법 등을 다룹니다.

- 6장 레이 데이터셋을 활용한 데이터 분산 처리에서는 레이 데이터셋^{Ray Datasets} 추상화와 이것이 다른 데이터 처리 시스템에 어떻게 적용되지 소개합니다. 또한 다스크 온 레이^{Dask on Ray}와 같은 서드파티 도구와 통합해 작업하는 방법도 다룹니다.

- 7장 레이 트레인을 활용한 분산 모델 훈련에서는 분산 모델 훈련에 대한 기초적인 내용과 함께, 파이토치 같은 머신러닝 프레임워크에서 레이 트레인^{Ray Train}을 사용하는 방법을 알아봅니다. 또한 모델에 커스텀 전처리기를 추가하는 방법, 콜백^{callback}으로 훈련을 모니터링하는 방법, 레이 튠^{Ray Tune}으로 하이퍼파라미터를 튜닝하는 방법도 알아봅니다.

- 8장 레이 서브를 활용한 온라인 추론에서는 훈련한 머신러닝 모델을 어디서나 쿼리하도록 API 엔드포인트를 노출하는 방법을 배웁니다. 온라인 추론^{online inference}이라는 문제를 도전하는 레이 서브^{Ray Serve}를 알아보고, 그 아키텍처를 알아보며, 이걸 실제로 사용하는 방법에 대해 알아봅니다.

- 9장 레이 클러스터를 활용한 스케일링에서는 여러분의 애플리케이션에 맞게 레이 클러스터^{Cluster}를 구성, 시작 및 확장하는 방법에 대해 알아봅니다. 레이의 클러스터 런처 CLI와 오토스케일러^{autoscaler}에 대해 알아보고, 클라우드 환경에서 클러스터를 설정하는 방법을 배웁니다. 또한 쿠버네티스와 다른 클러스터 매니저에 레이를 배포하는 방법을 알아봅니다.

- 10장 레이 AIR로 구성하는 데이터 과학 워크플로에서는 모델 훈련이나 커스텀 데이터 소스에 접근하기 위한 많은 통합을 제공하는 머신러닝 워크로드 툴킷인 레이 AIR를 소개합니다.

- 11장 레이의 생태계와 그 너머에서는 레이가 지난 몇 년간 만들어진 흥미로운 확장과 통합에 대한 개요를 알아봅니다.

예시 코드

이 책의 모든 코드는 깃허브^{GitHub} 리포지토리(https://github.com/hanbit/learning-ray)에서 노트북 형태로 제공합니다. 책을 읽으면서 따라 입력하거나 본문을 따라 코드를 실행하도록 예시를 구성했습니다. 노트북은 구글 코랩에서 실행할 수 있습니다.

예시는 파이썬 3.7 이상이 설치되었다고 가정합니다. 집필 시점에 레이는 파이썬 3.10을 시험적으로 지원되었기 때문에 파이썬 3.9 이하 버전을 권장합니다. 모든 예시 코드는 레이가 설치되어 있다고 가정하며 각 장에는 고유한 추가로 패키지를 설치하는 경우가 있습니다. 예시는 레이 2.2.0로 테스트했고 도서 전체적으로 해당 버전을 사용해 설명합니다.

감사의 말

이 책이 출간되기까지 많은 도움을 준 오라일리 팀 모두에게 감사드립니다. 특히 소중한 의견과 피드백을 주신 제프 블라이엘Jeff Bleiel에게 감사드립니다. 열린 마음으로 초기 단계부터 많은 유익한 의견을 나누어준 제스 하버먼Jess Haberman에게 감사드립니다. 또한 오라일리의 캐서린 토저Katherine Tozer, 첼시 포스터Chelsea Foster, 카산드라 퍼타도Cassandra Furtado에게 감사드립니다.

귀중한 피드백과 제안을 주신 마크 사루핌Mark Sarufim과 케빈 퍼거슨Kevin Ferguson, 애덤 브라인델Adam Braindel, 호르헤 다빌라샤콘Jorge Davila-Chacon 같은 모든 리뷰어께 감사드립니다. 또한 이 책을 만드는 데 도움을 준 스벤 미카Sven Mika, 스테파니 왕Stephanie Wang, 앤토니 바움Antoni Baum, 크리스티 버그먼Christy Bergman, 드미트리 게흐트먼Dmitri Gekhtman, 제 장Zhe Zhang 등 애니스케일 Anyscale의 많은 동료에게 감사드립니다.

더불어 레이의 기여자 팀과 커뮤니티가 보내준 지원과 피드백에 감사하며, 레이를 지원하는 애니스케일의 많은 관계자 여러분께 진심으로 감사드립니다.

막스 펌펄라, 에드워드 옥스, 리처드 리우

여기에 더해, 프로젝트 초기 단계에서 도움을 주신 패스마인드Pathmind 팀, 특히 표현하기 어려울 정도로 큰 도움을 주신 크리스 니콜슨Chris Nicholson에게 감사드립니다. 빈테르후데의 카페 에스프레소 소사이어티에도 특별한 감사를 전합니다. 그곳에서 마신 커피가 책으로 다시 태어났습니다. 또, 카페인이 부족할 때 미완성된 문장을 완성하는 데 도움을 준 GPT-3 기반 도구에게도 특별한 감사를 전합니다. 또한 격려하고 기다려준 가족에게 감사를 표하고 싶습니다. 프로젝트에 몰입하는 중요한 순간마다 기운을 준 앤, 당신 덕에 모든 일이 가능했습니다.

막스 펌펄라

CONTENTS

CHAPTER 1 레이 살펴보기

CHAPTER 2 레이 코어로 시작하는 분산 컴퓨팅

CONTENTS

CHAPTER 3 분산 애플리케이션 개발

CHAPTER 4 레이 RLlib을 활용한 강화학습

CHAPTER 5 레이 튠을 활용한 하이퍼파라미터 최적화

CONTENTS

CONTENTS

CHAPTER **10**   레이 AIR로 구성하는 데이터 과학 워크플로

CHAPTER **11**   레이 생태계와 그 너머

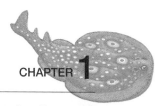

레이 살펴보기

요즘은 다양한 데이터를 더 빠른 속도로 수집해야 합니다. 그렇기에 효율적인 분산 컴퓨팅이 필요합니다. 지난 10년간 등장한 스토리지 시스템, 데이터 처리 및 분석 엔진은 많은 기업이 성공하는 데 중요한 요소가 되었습니다. 대부분의 '빅데이터' 기술은 데이터 수집 및 처리를 담당하는 엔지니어를 위해 구축되고 운영됩니다. 그 이유는 데이터 과학자가 가장 잘하는 일을 하도록 하기 위함입니다. 어떤 데이터 과학자는 복잡한 머신러닝 모델을 학습시키고, 효율적인 하이퍼파라미터를 선택하면서 완전히 새로운 커스텀 모델 혹은 시뮬레이션을 구축하거나 모델을 서빙serve하는 데 집중하고 싶어합니다.

동시에 컴퓨팅 클러스터에서 다양한 워크로드를 확장하는 건 필수적일 수도 있습니다. 이를 위해서는 선택한 분산 시스템이 세세한 '빅 컴퓨팅' 작업을 모두 지원해야 하며 특수 하드웨어 위에서도 작동해야 합니다. 이상적으로는 빅데이터 툴킷을 지원하며 레이턴시 요구 사항을 충족하는 빠른 속도를 가져야 합니다. 즉, 분산 컴퓨팅은 복잡한 데이터 과학 작업에 충분히 강력하고 유연해야 합니다. 레이는 그런 면에 도움이 됩니다.

오늘날 데이터 과학에서 가장 인기 있는 프로그래밍 언어는 아마 파이썬일 겁니다. 파이썬은 일상적으로 사용하는 유용한 언어로, 30년 이상의 역사와 계속해서 성장 중인 활발한 커뮤니티를 가지고 있습니다. PyData(https://pydata.org)는 데이터 과학자의 필수적인 툴킷으로 풍부한 생태계를 제공합니다. 필요한 도구를 그대로 사용하면서 워크로드를 스케일 아웃 할 방법이 있을까요? 특히 기존 도구나 프로그래밍 언어는 이미 커뮤니티가 활발하기에 쉽게 포기하기 어렵습니다. 이는 데이터 과학을 위한 분산 컴퓨팅 도구도 기존 커뮤니티가 그대로 활용하도록 만들어져야 한다는 말입니다.

1.1 레이는 무엇인가?

레이는 파이썬 데이터 과학 커뮤니티를 위해서 만든 유연한 분산 컴퓨팅 프레임워크입니다.

레이는 간결해 시작하기 쉽습니다. 핵심 API는 매우 간결하며, 이를 통해 분산 프로그램을 효율적으로 작성 가능합니다. 노트북에서 레이를 사용하면 파이썬 프로그램을 효율적으로 병렬화하고 로컬에서 테스트한 코드를 변경 없이도 클러스터에서 실행합니다. 레이의 하이레벨 라이브러리는 구성하기 쉽고 사용하기 편합니다. 레이의 강화학습 라이브러리를 비롯한 일부 라이브러리는 분산 컴퓨팅에 관계없이 훌륭해 하나만 사용해도 충분합니다. 레이의 코어는 C++로 개발되었으나 애초에 파이썬을 위한 프레임워크[1]이며 자바를 비롯한 여러 언어를 바인딩하도록 설계되었습니다. 레이가 데이터 과학 생태계에 여러 중요한 언어를 지원한다는 뜻입니다. 레이는 많은 중요한 데이터 과학 도구와 통합해 성장하는 생태계의 지원을 받을 수 있습니다.

파이썬에서 분산은 새로운 개념이 아니기에 레이가 첫 번째 분산 컴퓨팅 프레임워크는 아니지만(아마 마지막도 아니겠지만) 특별합니다. 레이는 여러 모듈을 결합하고 다른 방법으로는 구현하기 어려운 커스텀 머신러닝 중심 워크로드가 있을 때 특히 강력합니다. 이미 아는 파이썬 도구를 그대로 사용해서 복잡한 워크로드를 유연하게 실행할 정도로 분산 컴퓨팅을 쉽게 만듭니다. 즉, 레이를 배우면 머신러닝을 위한 유연한 분산 파이썬을 사용하는 셈입니다.

이번 장에서는 먼저 레이가 제공하는 기능을 살펴보며 레이를 구성하는 세 계층인 코어 엔진과 하이레벨 라이브러리, 생태계에 대해서 알아봅니다. 이 장은 레이를 간단히 체험하도록 예시 코드를 담은 예고편으로 생각하세요. 레이의 API와 구성 요소에 대한 자세한 내용은 이후 장에서 다룹니다.

---

1 '애초에 파이썬을 위한 라이브러리'라는 표현은 하이레벨 라이브러리가 파이썬으로 만들어지며 신규 기능도 파이썬 커뮤니티의 필요에 의해서 개발된다는 의미입니다.

1.1.1 레이가 추구하는 목적

분산 시스템 프로그래밍은 어렵습니다. 이건 여러분이 모르는 지식과 경험이 필요할지도 모릅니다. 이상적인 시스템은 여러분이 필요한 일에만 집중하도록 추상화를 제공해야 합니다. 하지만 조엘 스폴스키[Joel Spolsky]가 말했듯(https://oreil.ly/mpzSe), "명확하지 않은 추상화는 어느 정도 누수가 있기 마련(all nontrivial abstractions, to some degree, are leaky)"이며, 컴퓨터 클러스터가 사용자가 원하는 대로 작동하게 하는 건 정말 어렵습니다. 많은 소프트웨어 시스템은 단일 서버의 한계를 훨씬 초과하는 리소스를 필요로 합니다. 만약 하나의 서버로도 충분히 작동하더라도, 최신 시스템은 장애에 대응[failsafe]해야 하고 고가용성을 가져야 합니다. 즉, 애플리케이션은 여러 시스템이나 데이터센터에서 실행할 만큼 신뢰를 갖춰야 합니다.

머신러닝(ML)이나 인공지능(AI)에 대해서 잘 알지 못하더라도, 최근에 크게 발전 중인 분야라는 이야기는 들으셨을 겁니다. 최근 많은 관심을 끈 2가지 예를 들면, 단백질 접기[protein folding] 문제를 해결하기 위한 딥마인드[Deepmind]의 알파폴드[AlphaFold](https://oreil.ly/RFaMa)와 소프트웨어 개발자의 지루한 작업을 도와주는 오픈AI[OpenAI]의 코덱스[Codex](https://oreil.ly/vGnyh) 같은 시스템이 있습니다. 이와 함께, 머신러닝 시스템은 훈련에 많은 양의 데이터를 사용해야 하며 점점 더 머신러닝 모델이 커지고 있다는 소식도 들었을 겁니다. 오픈AI의 논문인 「AI and Compute」(https://oreil.ly/7huR_)는 AI 모델 훈련에 사용하는 컴퓨팅 기술이 폭발적으로 발전하고 있음을 설명했습니다. 또한, AI 시스템에 필요한 연산 수가 페타플롭(초당 1000조번의 연산)으로 측정되며 2012년 이후부터 3~4개월 주기로 2배씩 증가하고 있다고 합니다.

이를 컴퓨터의 트랜지스터 수가 2년마다 2배로 증가한다는 무어의 법칙[2]과 비교하겠습니다. 무어의 법칙이 맞다고 해도 머신러닝에서 분산 컴퓨팅은 필요합니다. 또한 많은 머신러닝 작업이 자연스럽게 나눠져서 병렬적으로 실행된다는 점도 이해해야 합니다. 속도를 높여보면 어떨까요?

분산 컴퓨팅은 어렵다는 인식이 강합니다. 왜 그럴까요? 개별 시스템과 상호 운용 방식에 대해서 계속 고려하지 않고 클러스터에서 코드를 실행할 좋은 추상화를 찾는 게 현실적이지 않을까

---

2 무어의 법칙은 오랫동안 유지되었으나 속도가 점차 느려지는 징후를 보입니다. 더 이상 유효하지 않는 법칙이라 말하는 사람도 있습니다 (https://oreil.ly/fhPg-). 사실 이런 논쟁은 중요하지 않습니다. 컴퓨터가 계속해서 빨라진다는 정보다는 당장 사용할 컴퓨팅 양이 중요하기 때문입니다.

요? AI 워크로드만 특히 집중한다면 어떨까요?[3]

UC 버클리^{UC Berkeley}의 RISELab(`https://oreil.ly/1zsmJ`)은 이런 문제를 해결하기 위해 레이를 만들었습니다. RISELab에서는 워크로드를 분산시켜서 가속화하는 효율적인 방법을 탐색했습니다. 하지만 다루던 워크로드가 본질적으로 매우 유연해, 당시 있던 프레임워크로는 적합한 후보가 없었습니다. 그렇게 RISELab은 작업 분산 방법을 관리하는 시스템을 만들기로 합니다. 레이는 연구원이 세부 내용에 상관없이 작업에만 집중하도록 합리적인 기본 작동만을 사용하고, 각자 선호하는 파이썬 도구와 결합하도록 고성능 이종 워크로드에 집중해 구축되었습니다.[4] 레이의 설계 철학을 자세히 살펴보며 더 자세히 이해해보겠습니다.

1.1.2 레이의 디자인 철학

레이는 몇 가지 설계 원칙을 잡고 개발되었습니다. API는 단순함과 일반성을 중심으로, 컴퓨팅 모델은 유연성을 목표로, 시스템 아키텍처는 성능과 확장성을 위해 설계되었습니다. 각 목표를 자세히 살펴보겠습니다.

단순성과 추상화

레이는 단순할 뿐 아니라 직관적입니다. 노트북의 모든 CPU 코어를 사용하거나 클러스터의 모든 시스템을 사용하는 방법은 크게 다르지 않습니다. 한두 줄의 코드를 변경해야 할 수도 있으나 기본이 되는 레이 코드는 동일합니다. 거기다 레이는 다른 훌륭한 분산 시스템과 같이 작업을 자체적으로 분배하고 조정합니다. 분산 컴퓨팅의 메커니즘에 대한 원리에 얽매일 필요가 없습니다. 좋은 추상화 계층이 있으면 여러분이 일에만 집중할 수 있습니다. 모든 걸 레이가 이뤄줍니다.

레이의 API는 일반적이며 파이써닉^{pythonic}하기 때문에 다른 도구와 쉽게 통합됩니다. 예를 들어서 레이 액터^{actor}는 기존 분산 파이썬 워크로드를 호출할 수 있습니다. 그런 의미에서 레이는 다른 시스템과 프레임워크와 통신하기에 성능이 뛰어나며 유연하기에 분산된 워크로드에 대해

---

3 머신러닝 모델의 훈련 속도를 높이는 방법은 기본적인 방법부터 복잡한 방법까지 다양합니다. 6장에서 설명할 분산 데이터 처리와 7장에서 설명할 분산 모델 훈련이 그 예입니다.

4 레이를 개발하는 애니스케일(`https://anyscale.com`)은 관리형 레이 플랫폼을 개발 중이고, 레이 애플리케이션을 위한 호스팅 솔루션을 제공합니다.

서도 훌륭한 연결성glue code을 가집니다.

속도와 확장성

또 다른 레이의 디자인 원칙은 레이의 작업 속도입니다. 초당 수백만 개의 작업을 처리하며 레이턴시가 매우 짧습니다. 레이는 단 몇 밀리 초의 레이턴시로 작업을 실행하도록 개발되었습니다.

분산 시스템의 속도가 빨라지려면 뛰어난 확장성을 가져야 합니다. 컴퓨팅 클러스터 전반에 걸쳐서 효율적으로 작업을 분산시키고 스케줄링합니다. 내결함성 면에서도 마찬가지입니다. 9장에서 자세히 알아보겠지만, 레이 클러스터Ray Cluster는 오토 스케일링을 지원하며 매우 탄력적인 워크로드를 지원합니다. 레이의 오토스케일러는 현재 필요에 맞게 클러스터의 컴퓨터를 시작하거나 중지합니다. 이렇게 하면 비용을 최소화하며, 리소스가 워크로드를 실행하는 데 충분한 지도 파악이 용이합니다.

분산 시스템은 문제의 발생 여부 자체보다 발생 시점이 더 중요합니다. 시스템은 갑자기 작업이 중단되거나 불타버릴 수도 있습니다.[5] 레이는 어떤 경우에도 장애에서 빠르게 복구되도록 설계되어 빠른 복구는 전체적인 작업 속도의 향상에 영향을 미칩니다.

레이의 아키텍처는 아직 다루지 않았으므로(2장에서 소개 예정) 설계 원칙이 어떻게 구현되는지는 설명할 수 없으니 그 대신 레이가 실제로 제공하는 특징을 알아봅시다.

1.1.3 레이의 3가지 계층: 코어, 라이브러리, 생태계

이제 레이가 만들어진 이유와 개발진의 의도를 알았으니 레이의 3가지 계층을 살펴보겠습니다. 다음 분류는 레이를 나누는 유일한 방법은 아니지만 이번 책에서 가장 적절한 분류 방법입니다.

- 레이 코어: 레이 코어Ray Core는 클러스터 배포를 위한 간결한 API 및 도구를 갖춘 파이썬용 분산 컴퓨팅 프레임워크입니다.[6]

---

5 극단적으로 들리겠지만 사실입니다. 예를 들어서 2021년 3월에 수백만 개의 웹 사이트에 전력을 공급하는 프랑스의 데이터 센터가 완전히 전소된 일이 있었습니다(https://oreil.ly/Nl9_o). 클러스터가 통째로 불타 버리는 건 레이로도 해결할 수 없을 겁니다.

6 이 책은 파이썬에만 집중하겠지만, 레이는 파이썬만큼 성숙하지는 않더라도 자바 API도 지원한다는 점을 알아두면 좋겠습니다.

- 라이브러리: 레이 개발진이 개발하고 관리하는 여러 하이레벨 라이브러리입니다. 여기에는 일반적인 머신러닝 워크로드에서 통합 API와 함께 라이브러리를 사용하기 위한 레이 AIR도 포함됩니다.
- 생태계: 앞 두 계층의 다양한 영역에 걸쳐 있는 다른 주목할 만한 프로젝트와의 통합과 성장하는 파트너십 생태계가 포함됩니다.

알아볼 내용이 많으니 이제부터 각 계층을 하나씩 살펴보겠습니다.

레이의 코어 엔진은 다른 모든 요소의 중심에 있는 API입니다. 레이의 모든 구성이 코어 엔진 위에서 구축됩니다. 레이가 제공하는 데이터 과학 라이브러리는 모두 레이 코어 위에서 구축되고 도메인별 추상화 계층을 제공합니다.[7] 실제로 많은 데이터 과학자는 라이브러리를 직접 사용하는 반면, 머신러닝 엔지니어나 플랫폼 엔지니어는 구축하는 과정에서 레이 코어 API의 도구를 확장 프로그램으로서 사용합니다. 레이 AIR는 레이 라이브러리끼리 연결하고 일반적인 AI 워크로드를 처리하기 위한 일관된 프레임워크를 제공하는 도구입니다. 레이와 서드파티 도구의 통합이 많아지는 건 숙련된 실무자를 위한 좋은 신호입니다. 각 레이어를 하나씩 살펴보겠습니다.

1.2 분산 컴퓨팅 프레임워크

레이는 본질적으로 분산 컴퓨팅 프레임워크입니다. 여기서는 기본적인 용어만 설명하고 자세한 레이의 아키텍처는 2장에서 설명하겠습니다. 간단히 말해, 레이는 분산 작업을 실행하도록 컴퓨터 클러스터를 설정하고 관리합니다. 레이 클러스터Ray Cluster는 서로 네트워크로 연결된 노드로 구성됩니다. 여러분은 헤드 노드에 있는 소위 드라이버driver나 프로그램 루트program root라고 부르는 도구로 프로그래밍합니다. 드라이버는 클러스터의 노드에서 실행되는 태스크task의 모임인 잡job을 실행합니다. 특히 잡의 개별 태스크는 워커 노드의 워커 프로세스에서 실행됩니다. 아직은 노드가 서로 어떻게 통신하는지는 알 필요 없습니다. 다음 다이어그램은 단순히 레이 클러스터의 구조를 보여줍니다.

---

7 많은 라이브러리가 레이 코어를 기반으로 구축되는 이유 하나는 레이 코어가 매우 간단하고 직관적이기 때문입니다. 여러분이 레이를 사용해 자신만의 애플리케이션이나 라이브러리를 만들도록 유도하는 것이 이 책의 또다른 목표입니다.

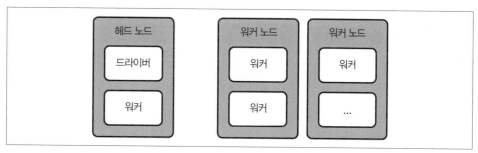

그림 1-1 레이 클러스터의 기본적인 컴포넌트

여기서 흥미로운 점은 레이 클러스터는 하나의 컴퓨터만 있는 로컬 클러스터여도 된다는 점입니다. 여기서는 드라이버의 프로세스와 몇몇 워커 프로세스가 있는 헤드 노드만 하나가 있습니다. 워커 프로세스 수의 기본값은 시스템에서 사용하는 CPU 개수입니다.

방금 배운 지식을 바탕으로 첫 번째 로컬 레이 클러스터를 실행하겠습니다. 대부분의 운영체제에서 **pip**를 사용해 레이를 설치하면 원활하게 작동합니다.

```
$ pip install "ray[rllib, serve, tune]==2.2.0"
```

간단하게 `pip install ray`라고 입력하면 기본적인 레이만 설치됩니다. 일단 몇 가지 고급 기능을 살펴보려고 하기에 `rllib`, `serve`, `tune` 같은 추가 라이브러리를 설치했습니다. 세 라이브러리는 잠시 후에 설명하겠습니다.[8] 시스템에 따라 설치 명령어에서 따옴표가 필요 없는 경우도 있습니다.

그다음 iPython 인터프리터 같은 도구를 사용해 파이썬 세션을 시작합니다. 파이썬 세션은 간단한 예시를 따라 하는 데 적합합니다. 이제 파이썬 세션에서 레이를 임포트하고 초기화합시다.

```
import ray
ray.init()
```

---

8 이 책은 따라 하기 쉽게 하기 위해 필요할 때만 의존성dependency을 소개합니다. 반대로 깃허브(https://oreil.ly/j9ccz)에 업로드한 노트북은 코드 실행에 집중하도록 모든 의존성을 미리 설치하는 옵션을 제공합니다.

이 두 줄의 코드로 로컬 컴퓨터에서 레이 클러스터를 실행했습니다. 클러스터는 컴퓨터에서 가용한 모든 CPU 코어를 워커로 사용합니다. 지금은 레이 클러스터가 하는 일이 별로 없지만 곧 작동하는 모습을 확인하겠습니다.

클러스터를 실행하는 데 사용한 init 함수는 2장에서 자세히 배울 6가지 기본 API의 일부입니다. 전반적으로 레이 코어 API는 사용하기 매우 쉽습니다. 하지만 로우 레벨 인터페이스기 때문에 흥미로운 예시를 쉽게 작성할 수는 없습니다. 2장에서는 레이 코어 API를 시작하기 위한 폭넓은 예시를 소개하며, 3장에서는 강화학습을 이용하는 흥미로운 애플리케이션을 구축합니다.

앞에 코드에서는 ray.init(...) 함수에 인자를 입력하지 않았습니다. 실제 클러스터에서 레이를 실행하려면 더 많은 인자를 입력해야 합니다. 초기화 작업은 레이 클라이언트Ray Client라고도 불리며 레이 클러스터에 대화형으로 연결하는 데 사용됩니다.[10] 레이 클라이언트를 사용해 프로덕션 클러스터에 연결하는 자세한 방법은 레이 문서(https://oreil.ly/nNhMt)를 참조하세요.

물론 컴퓨터 클러스터를 다뤄본 적 있다면 어려움이 많다는 점을 알 겁니다. 예를 들어, 아마존 웹서비스Amazon Web Services(AWS)나 구글 클라우드 플랫폼Google Cloud Platform(GCP), 마이크로소프트 애저Microsoft Azure와 같은 클라우드 서비스에서 호스팅하는 클러스터에 레이 애플리케이션을 배포하고, 각각의 서비스마다 배포 및 유지보수할 좋은 도구가 필요합니다. 컴퓨터에서 클러스터를 실행하거나 쿠버네티스 같은 도구를 사용해서 레이 클러스터를 배포할 수도 있습니다. 9장에서는 워크로드를 레이 클러스터로 확장하는 주제를 다시 살펴보겠습니다.

레이의 하이레벨 라이브러리를 소개하기 전에 분산 컴퓨팅 프레임워크로서 레이의 기본 컴포넌트 2가지를 간단히 요약하겠습니다.

---

9 이 책의 집필 시점에는 레이가 파이썬 3.10을 지원하지 않았습니다. 코드를 직접 실행하려면 3.7에서 3.9 사이 버전을 사용하기를 추천합니다.

10 레이 클러스터와 상호작용하기 위한 레이 잡 CLI(https://oreil.ly/XXnlW) 같은 다른 방법도 있습니다.

| 레이 클러스터 |

이 구성 요소는 리소스 할당, 노드 생성 및 헬스체크를 담당합니다. 레이 클러스터를 실행하는 간단한 방법은 빠른 시작 가이드(https://oreil.ly/rBUil)를 참조하세요.

| 레이 코어 |

클러스터가 가동되고 실행되면 레이 코어 API를 사용해서 프로그래밍합니다. 자세한 내용은 공식 가이드(https://oreil.ly/7r0Lv)를 참조하세요.

1.3 데이터 과학 라이브러리

이번 절에서는 레이의 두 번째 측면으로 넘어가 함께 제공되는 데이터 과학 라이브러리를 간단히 소개합니다. 이를 위해 먼저 데이터 과학이란 용어의 개념을 정확히 살펴보겠습니다.

1.3.1 데이터 과학 워크플로

'데이터 과학^Data Science (DS)'이란 분야는 최근 몇 년 간 상당히 발전했고 인터넷에서도 다양한 정의가 있습니다.[11] 여기서 말하는 데이터 과학이란 데이터를 활용해 인사이트를 얻고 실제 애플리케이션을 구축하는 행위입니다. 무언가를 구축하고 이해하는 데 중심을 둔 실용적인 영역에 비해 정의가 너무 넓습니다. 그런 의미에서 데이터 과학 분야의 실무자를 '데이터 과학자'라고 부르는 건 해커를 '컴퓨터 과학자'라고 부르는 셈입니다.[12]

데이터 과학에는 요구사항 엔지니어링과 데이터 수집 및 처리, 모델 구축 및 평가, 설루션 구축을 수반 과정이 반복됩니다. 여기에 머신러닝이 항상 포함되지는 않습니다. 머신러닝을 사용한다면 단계가 몇 가지 추가됩니다.

---

11 데이터 과학을 수학, 프로그래밍, 경제 같은 학문의 교차점으로 분류하는 건 좋지 않습니다. 이런 식으로 분류하면 결국 실무자가 하는 일을 알 수 없습니다.

12 폴 그레이엄의 『해커와 화가』(한빛미디어, 2014)에서 '컴퓨터 과학'이란 용어를 '데이터 과학'으로 바꿔서 읽어보기를 추천합니다. 재미 있는 연습이 될 겁니다. 해킹 2.0은 뭐가 될까요?

| 데이터 처리 |

머신러닝 모델을 훈련하려면 모델이 이해하는 형식의 데이터가 필요합니다. 모델에 사용할 데이터를 변환하고 고르는 과정을 피처 엔지니어링이라고 부릅니다. 지저분해지기도 하는 과정입니다. 일반적인 도구를 사용하는 편이 좋습니다.

| 모델 훈련 |

머신러닝 모델은 이전 단계에서 처리된 데이터를 바탕으로 알고리즘을 훈련합니다. 이 단계에는 적절한 알고리즘의 선택도 포함되며, 선택할 알고리즘도 다양하면 좋습니다.

| 하이퍼파라미터 튜닝 |

머신러닝 모델을 훈련할 때 일부 파라미터를 조정해야 합니다. 대부분의 머신러닝 모델은 훈련 전에 하이퍼파라미터를 수정합니다. 파라미터는 경우에 따라 머신러닝 모델의 성능에 큰 영향을 주므로 적절하게 조절해야 합니다. 튜닝 과정을 자동화하는 좋은 도구가 있습니다.

| 모델 서빙 |

훈련을 마친 모델은 배포해야 합니다. 모델 서빙은 모델을 여러 방식으로 접근하도록 만드는 작업을 의미합니다. 프로토타입에서는 간단한 HTTP 서버를 사용하는 경우가 많지만 머신러닝 모델 서빙을 위한 전문화된 소프트웨어가 많이 있습니다.

물론 머신러닝 애플리케이션 구축에는 많은 추가적인 단계가 들어갑니다.[13] 하지만 앞서 소개한 네 단계는 머신러닝을 사용한 데이터 과학 프로젝트를 성공시키는 데 중요합니다.

방금 소개한 네 단계에는 각자 전용 라이브러리가 있습니다. 특히 레이 데이터셋을 사용해 데이터 처리를 처리하고, 레이 트레인Ray Train을 통해 분산 모델을 훈련하며, 레이 RLlibRay RLlib을 통해 강화학습 워크로드를 실행하고 레이 튠Ray Tune을 통해서 하이퍼파라미터 튜닝을 하며, 레이 서브Ray Serve를 통해 모델을 서빙합니다. 설계 단계에 따라 모든 라이브러리가 제공된다는 점은 매우 중요한 장점입니다.

---

13 머신러닝 애플리케이션을 개발하는 데 필요한 데이터 과학을 더 자세히 알고 싶다면 에마뉘엘 아메장의 「머신러닝 파워드 애플리케이션」(한빛미디어, 2021)을 참조하세요.

이 모든 단계는 프로세스의 일부로 단독 처리되는 경우는 거의 없습니다. 모든 라이브러리가 원활하게 연동될 뿐만 아니라 전체 데이터 과학 프로세스에서 사용할 일관된 API가 있다면 강력한 장점이 됩니다. 이것이 바로 레이 AIR가 개발된 목적입니다. 실험을 위한 공통 런타임과 API로 필요할 때 워크로드를 확장하는 겁니다. [그림 1-2]은 AIR가 가진 모든 컴포넌트에 대한 간략한 개요를 보여줍니다.

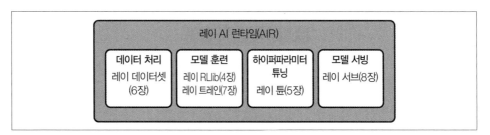

그림 1-2 레이의 모든 데이터 과학 라이브러리를 포괄하는 레이 AIR

레이 AIR에 대한 자세한 내용은 10장에서 소개합니다. 이제부터 레이 AIR를 구성하는 라이브러리를 단계별로 하나씩 소개하겠습니다.

1.3.2 데이터 처리

데이터 처리 단계에서 사용하는 라이브러리는 6장에서 소개할 레이 데이터셋입니다. 해당 라이브러리는 다양한 포맷과 시스템에서 데이터를 읽어오기 위한 다양한 커넥터를 포함한 데이터셋이라 불리는 자료구조와 데이터셋을 변환하기 위한 API, 데이터 처리 파이프라인을 구축하는 방법과 다른 데이터 처리 프레임워크와의 많은 통합이 포함됩니다. 데이터셋의 추상화는 애로우^Arrow^ 프레임워크(https://arrow.apache.org)로 생성됐습니다.[14] 레이 데이터셋을 사용하려면 `pip install pyarrow`를 실행해 파이썬용 애로우를 설치해야 합니다. 다음은 파이썬 자료구조를 사용해 로컬 레이 클러스터에 분산 데이터셋을 생성하는 간단한 예시입니다. 구체적으로는 10,000개의 항목에 대한 문자열 타입 이름과 정수 데이터를 포함하는 파이썬 딕셔너리로 데이터셋을 생성합니다.

---

14 6장에서는 Arrow 사용법을 포함해 레이 데이터셋의 기초적인 작동을 소개합니다. 지금은 API와 구체적인 사용 패턴에만 집중합니다.

```
items = [{"name": str(i), "data": i} for i in range(10000)]
ds = ray.data.from_items(items) ❶
ds.show(5) ❷
```

❶ ray.data 모듈의 from_items를 사용해 데이터셋을 생성합니다.

❷ 데이터셋의 아이템 5개를 출력합니다.

ds.show를 사용하면 해당 값의 일부를 출력합니다. ds.show(5)는 다음과 같이 정확히 5개의 요소를 출력합니다.

```
{'name': '0', 'data': 0}
{'name': '1', 'data': 1}
{'name': '2', 'data': 2}
{'name': '3', 'data': 3}
{'name': '4', 'data': 4}
```

방금 가져온 5개의 행으로 뭘 할까요? 데이터셋 API는 함수형 프로그래밍에 크게 의존하며, 이 패러다임은 데이터를 변환하는 데 매우 적합합니다.

파이썬 3에서는 일부 함수형 프로그래밍을 위한 기능을 숨기려고 했지만 아마도 map, filter, flat_map 같은 함수가 익숙할 겁니다. map은 데이터셋의 각 요소를 가져와서 병렬로 다른 형태로 변환시키고, filter는 부울 필터 함수에 필터링된 데이터 포인트를 제거합니다. flat_map은 map과 유사하지만 그 결과를 평탄화flatten해 1차원으로 만듭니다. 예를 들어서 map이 중첩된 리스트를 반환한다면 flat_map은 중첩 리스트를 평탄화한 리스트를 반환합니다. 3가지 함수형 API로 데이터셋 ds를 간단하게 변환하겠습니다.

```
squares = ds.map(lambda x: x["data"] ** 2) ❶

evens = squares.filter(lambda x: x % 2 == 0) ❷
evens.count()

cubes = evens.flat_map(lambda x: [x, x**3]) ❸
sample = cubes.take(10) ❹
print(sample)
```

❶ data 엔트리에 제곱 값만 남기도록 ds의 각 행을 매핑합니다.

❷ 그다음 squares를 필터링해서 짝수만 남깁니다(총 5,000개의 요소가 남음).

❸ 그다음 flat_map을 사용해 값을 세제곱합니다.

❹ take(10)은 출력할 파이썬 리스트를 반환합니다.

Dataset을 사용한 변환은 각 단계가 동기적으로 실행된다는 단점이 있습니다. 예시에서는 문제가 되지 않지만 파일 읽기와 데이터 처리가 혼합된 복잡한 작업에서는 개별 태스크를 겹쳐서 처리해야 합니다. DatasetPipeline이 정확히 그렇게 작동합니다. 이전 예시를 파이프라인으로 다시 작성하겠습니다.

```
pipe = ds.window() ❶
result = pipe\
    .map(lambda x: x["data"] ** 2)\
    .filter(lambda x: x % 2 == 0)\
    .flat_map(lambda x: [x, x**3]) ❷
result.show(10)
```

❶ .window()를 호출해서 데이터셋을 파이프라인으로 바꿉니다.

❷ 파이프라인 단계를 연결해 전과 동일한 결과를 얻습니다.

레이 데이터셋을 비롯한 유명한 데이터 처리 시스템과 통합하는 방법은 많지만, 더 깊은 내용은 6장에서 다룹니다.

1.3.3 모델 훈련

다음은 레이가 지원하는 분산훈련 기능을 살펴보겠습니다. 작업에는 두 개의 라이브러리를 사용합니다. 하나는 강화학습에 특화되어 있고, 다른 하나는 다른 주제지만 주로 지도학습에 특화되어 있습니다.

강화학습

강화학습에는 4장에서 소개할 레이 RLlib을 사용합니다. RLlib은 최신 머신러닝 프레임워크인 텐서플로와 파이토치에서 작동하며, 원하는 라이브러리를 적용할 수 있습니다. 두 프레임워크 모두 점점 더 개념적으로 비슷해지고 있기에 선호하는 프레임워크를 선택하면 됩니다. 이 책에서는 텐서플로와 파이토치 두 프레임워크를 모두 사용합니다.

이번 절을 위해서 `pip install tensorflow`를 입력해 텐서플로를 설치합니다.[15] 코드 예시를 실행하려면 `pip install "gym==0.25.0"`을 입력해 gym 라이브러리를 설치합니다.

RLlib에 대한 가장 간단한 예시는 `pip install "ray[rllib]"`을 실행할 때 같이 설치된 커맨드라인 도구인 `rllib`에서 제공합니다. 더 복잡한 예시를 실행하는 4장에서는 보통 파이썬 API를 사용하지만 지금은 RLlib으로 강화학습 실험을 빠르게 실행하는 데 집중하겠습니다.

카트에서 막대의 균형을 맞추는 고전적인 제어 문제를 살펴봅시다. [그림 1-3]처럼 막대가 카트의 연결부위에 고정되어 있고 막대가 중력에 노출되어 있다고 생각해보죠. 카트는 마찰이 없는 트랙을 따라 자유롭게 이동하며, 왼쪽이나 오른쪽에서 일정한 힘으로 카트를 밀어 조작합니다. 작업을 충분히 잘하면 막대가 수직으로 서있는 상태를 유지합니다. 막대가 넘어지지 않은 단계마다 1점의 보상을 받아 높은 리워드를 모으는 게 목표입니다. 강화학습 알고리즘은 어떻게 문제를 해결할까요?

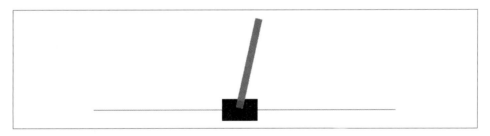

그림 1-3 왼쪽 또는 오른쪽에 힘을 가해서 카트에 붙어있는 막대를 제어합니다.

구체적으로 설명하면 강화학습 에이전트에 왼쪽으로 밀거나 오른쪽으로 미는 2가지 행동과 환경이 상호작용해 일어나는 일을 관찰하고, 보상을 극대화하는 경험을 학습시키려고 합니다.

레이 RLlib은 주어진 문제에서 잘 작동하도록 사전 구성된 알고리즘을 제공합니다. 예시를 실행하는 데 필요한 건 명령어 한 줄입니다. `rllib example list`로 RLlib가 제공하는 모든 예시를 확인하세요.

---

15 만약 맥을 사용한다면 tensorflow-macos를 설치합니다. 보통 시스템에 레이나 종속성 패키지를 설치할 때 문제가 있다면 설치 가이드(https://docs.ray.io/en/latest/ray-overview/installation.html)를 참조하세요.

cartpole-ppo는 PPO 알고리즘을 사용해 카트–막대$^{cart-pole}$ 문제를 해결하도록 튜닝된 예시로, 더 구체적으로는 Gym의 CartPole-v1 환경(https://oreil.ly/YNxoz)에서 문제를 해결합니다. `rllib example get cartpole-ppo`를 입력해 구성을 확인하세요. 명령어를 입력하면 깃허브에서 예시 파일을 다운로드한 다음 구성을 출력합니다. 이 구성은 YAML 포맷으로 인코딩되어 있습니다.

```
cartpole-ppo:
    env: CartPole-v1 ❶
    run: PPO ❷
    stop:
        episode_reward_mean: 150 ❸
        timesteps_total: 100000
    config: ❹
        framework: tf
        gamma: 0.99
        lr: 0.0003
        num_workers: 1
        observation_filter: MeanStdFilter
        num_sgd_iter: 6
        vf_loss_coeff: 0.01
        model:
            fcnet_hiddens: [32]
            fcnet_activation: linear
            vf_share_layers: true
        enable_connectors: True
```

❶ CartPole-v1 환경은 방금 설명한 문제를 시뮬레이션합니다.

❷ 근위 정책 최적화$^{Proximal\ Policy\ Optimization}$ 혹은 PPO라고 불리는 강력한 강화학습 알고리즘을 사용합니다.

❸ 보상이 150에 도달하면 실험을 끝냅니다.

❹ PPO가 문제를 풀려면 강화학습에 특화된 구성이 필요합니다.

구성 파일의 세세한 내용은 지금은 크게 중요하지 않으므로 크게 관심을 가질 필요는 없습니다. 에이전트가 Cartpole-v1 환경에서 충분한 강화학습이 진행되도록 구성합니다. 구성을 실행하는 데는 특별한 하드웨어가 필요하지 않으며 몇 분 내로 끝납니다. `pip install pygame`을 통해 파이게임^{PyGame}을 설치하고 다음 명령어를 실행합니다.

```
$ rllib example run cartpole-ppo
```

이 명령어를 실행하면 RLlib이 실험을 생성하고 reward나 episode_reward_mean 같은 중요
한 지표를 남깁니다. 여기에는 시스템(loc, hostname, port를 의미)에 대한 정보와 훈련 상
태도 표시됩니다. 만약 실험이 TERMINATED가 되었는 데 로그에서 성공적으로 RUNNING 상태
인 실험을 보지 못했다면 무언가 잘못되었을 가능성이 큽니다. 다음은 훈련 로그의 일부입니
다.

```
+---------------------------+----------+----------------+
¦ Trial name                ¦ status   ¦ loc            ¦
¦---------------------------+----------+----------------¦
¦ PPO_CartPole-v0_9931e_00000 ¦ RUNNING ¦ 127.0.0.1:8683 ¦
+---------------------------+----------+----------------+
```

훈련이 잘 끝나면 다음과 같이 출력됩니다.

```
Your training finished.
  Best available checkpoint for each trial:
    <checkpoint-path>/checkpoint_<number>
```

다음 명령어로 어느 체크포인트에서나 훈련한 알고리즘을 평가할 수 있습니다.

```
rllib evaluate <checkpoint-path>/checkpoint_<number> --algo PPO
```

레이의 기본 체크포인트 경로는 ~/ray-results입니다. 지금 사용한 훈련 구성의 <checkpoint-
path>는 ~/ray-results/cartpole-ppo/PPO_CartPole-V1_<experiment_id> 형식이어
야 합니다. 훈련 절차 중에 생성되는 중간 모델과 완료 이후 생성되는 최종 모델 체크포인트가
경로에 생성됩니다.

훈련을 마친 강화학습 알고리즘의 성능을 평가하려면 이전 예시 훈련 실행에서 출력된 명령어
를 복사해 입력합니다.

```
$ rllib evaluate <checkpoint-path>/checkpoint_<number> --algo PPO
```

이 명령을 실행하면 CartPole-v1 환경에서 훈련한 강화학습 알고리즘에 의해 달성한 보상이 평가 결과로 출력됩니다.

RLlib와 rllib 커맨드라인을 사용해 example과 evaluate 명령어를 활용하는 방법을 알아봤습니다. 자세한 내용은 4장에서 다룹니다.

지도학습

레이 RLlib은 강화학습에 집중한 라이브러리입니다. 그렇다면 지도학습 같은 다른 유형의 머신러닝에 사용할 모델을 훈련하려면 어떻게 해야 할까요? 이때는 분산 훈련을 위한 라이브러리인 레이 트레인Ray Train을 사용합니다. 현재는 텐서플로 같은 프레임워크에 대한 지식이 부족해서 레이 트레인에 대한 간단하고 유용한 예시를 살펴볼 수 없습니다. 지도학습의 분산 훈련에 관심이 있다면 6장과 7장을 읽어보세요.

1.3.4 하이퍼파라미터 튜닝

어떤 종류의 하이퍼파라미터를 튜닝하든 5장에서 소개할 레이 튠Ray Tune이 유용합니다. 레이 튠은 머신러닝 모델에 적합한 하이퍼파라미터를 찾는 특별한 라이브러리입니다. 대표적인 실험 가정은 다음과 같습니다.

• 연산량이 많은 모델 훈련을 실행합니다. 머신러닝은 모델 훈련에 몇 주는 아니어도 며칠이 걸리는 경우가 많습니다. 지금은 단 몇 분만에 끝난다고 가정하겠습니다.

• 소위 목적 함수objective function라고 불리는 훈련 결과를 계산합니다. 일반적으로는 실험의 성능 측면에서 이득을 최대화하거나 손실을 최소화하는 데 사용합니다.

• 목적 함수의 결과값에 영향을 미치는 하이퍼파라미터에 따라 훈련 함수가 달라집니다.

• 각 파라미터에 어떤 값이 들어가야 하는지 예상하더라도, 모든 값을 조정하기는 어렵습니다. 파라미터의 범위를 적당하게 제한해도 실험 범위 내에서 하이퍼파라미터의 조합은 상당히 많아지기 때문입니다. 그러면 모델 훈련에 너무 많은 시간과 자원이 필요해집니다.

하이퍼파라미터를 효과적으로 샘플링하고 '충분히 좋은' 결과를 얻으려면 어떻게 해야 할까요?

레이 튠은 이러한 문제를 해결하는 방대한 알고리즘으로 하이퍼파라미터 최적화hyperparameter optimization(HPO)를 실행합니다. 방금 설명한 상황에 사용하는 레이 튠 예시를 살펴보겠습니다. 특정 머신러닝 작업(지금은 단순히 시뮬레이션)이 아니라 레이와 레이 튠 API에만 초점을 맞춥니다.

```
from ray import tune
import math
import time

def training_function(config): ❶
    x, y = config["x"], config["y"]
    time.sleep(10)
    score = objective(x, y)
    tune.report(score=score) ❷

def objective(x, y):
    return math.sqrt((x**2 + y**2)/2) ❸

result = tune.run( ❹
    training_function,
    config={
        "x": tune.grid_search([-1, -.5, 0, .5, 1]),   ❺
        "y": tune.grid_search([-1, -.5, 0, .5, 1])
    }
)
print(result.get_best_config(metric="score", mode="min"))
```

❶ config에 있는 두 개의 하이퍼파라미터(x와 y)에 의존하는 비싼 훈련을 시뮬레이션합니다.

❷ 10초 동안 기다린 뒤에 훈련을 시뮬레이션하고 목적 함수를 계산한 뒤 점수를 tune에게 알려줍니다.

❸ 목적 함수는 x와 y의 제곱 평균을 계산하고 항의 제곱근을 반환합니다. 이런 유형의 목적 함수는 머신러닝에서 상당히 일반적입니다.

❹ tune.run을 사용해 training_function에 대한 하이퍼파라미터 최적화 작업을 실행합니다.

❺ x와 y를 튜닝할 수 있도록 파라미터 공간을 제공합니다.

이 실행의 출력은 RLlib 예시와 구조적으로 유사합니다. 다른 레이 라이브러리와 마찬가지로 RLlib도 내부적으로 레이 튠을 사용하므로 유사성이 나타납니다. 자세히 보면 실행을 기다리는 PENDING과 RUNNING, TERMINATED 같은 실행 상태가 출력됩니다. 튠은 훈련을 자동으로 선택하고 스케줄링하며 실행합니다.

특히, 튠을 사용한 예시는 objective을 최적화하기 위해 training_function에 입력되는 최선의 x, y를 찾습니다. 처음에는 목적 함수가 어려워 보여도 x와 y의 제곱합을 계산하기 때문에 음수가 나올 수 없습니다. 즉, x와 y가 모두 0일때 가장 작은 값이 나오며, 목적 함수를 0으로 평가합니다.

여기서는 모든 파라미터 조합에 대해 그리드 서치grid search를 사용합니다. x와 y에 대해 각각에 5개의 명시된 값을 입력하면 훈련 함수에 총 25개의 조합(5x5)을 실험합니다. 지금은 training_function이 처음 10초 동안 멈추도록 설정해 모든 조합을 순차적으로 테스트하는데 4분 이상의 시간이 소모됩니다. 레이는 워크로드를 병렬화해 35초 밖에 걸리지 않았지만, 실행하는 컴퓨터에 따라 소요시간은 다릅니다.

이제 각 훈련 실행마다 몇 시간이 걸린다고 가정하고, 하이퍼파라미터도 지금처럼 2개가 아니라 20개가 있다고 상상해보세요. 이때는 하이퍼파라미터 범위를 적절히 추측하지 못하면 그리드 서치를 통해 모든 탐색 공간을 검색할 수 없습니다. 이럴 때는 레이 튠이 제공하는 더 정교한 HPO를 사용해야 합니다. 이는 5장에서 더 자세히 설명합니다.

1.3.5 모델 서빙

마지막으로 알아볼 레이의 하이레벨 라이브러리는 8장에서 소개할 레이 서브Ray Serve입니다. 실제로 작동하는 예시를 보려면 훈련을 마친 모델을 서빙해야 합니다. 요즘에는 인터넷에서 이미 훈련된 모델이 많습니다. 예를 들어 허깅페이스Hugging Face에는 지원하는 모델이 많습니다. 텍스트를 입력받아 텍스트를 생성하는 언어모델 GPT-2를 사용하겠습니다. GPT-2 모델은 질문을 입력하면 그에 대한 답변을 출력합니다.

서빙은 이런 모델에 쉽게 접근하는 좋은 방법입니다. 사용자가 컴퓨터에서 텐서플로 모델을 불러와 실행하는 방법은 몰라도, 모델에 간단한 영어로 질문을 입력할 수 있습니다. 모델 서빙은 솔루션의 세부적인 구현은 숨기고 사용자가 입력을 제공하고 출력을 이해하는 데 집중하도록 합니다.

계속하려면 pip install transformers를 실행해서 허깅페이스 라이브러리를 설치합니다.[16] 이제 레이의 serve 라이브러리를 임포트해 시작하고, GPT-2를 로드해 배포하고 모델에게 "삶의 의미가 뭐니?"라고 물어보겠습니다.

```python
from ray import serve
from transformers import pipeline
import requests

serve.start() ❶

@serve.deployment ❷
def model(request):
    language_model = pipeline("text-generation", model="gpt2") ❸
    query = request.query_params["query"]
    return language_model(query, max_length=100) ❹

model.deploy() ❺

query = "What's the meaning of life?"
response = requests.get(f"http://localhost:8000/model?query={query}") ❻
print(response.text)
```

❶ 로컬에서 serve를 실행합니다.

❷ @serve.deployment 데코레이터는 request 파라미터가 있는 함수를 서버로 배포합니다.

❸ 모든 요청마다 함수에서 language_model을 로드하는 건 비효율적이지만, 이건 모델을 배포하는 가장 빠른 방법입니다.

❹ 모델에 쿼리하려면 100자 내에서 모델에 요청하세요.

❺ HTTP를 통해서 요청을 받도록 모델을 배포합니다.

❻ requests 라이브러리로 원하는 질문에 응답을 받습니다.

---

16 이 작업을 수행할 때 운영체제에 따라 러스트 컴파일러를 설치해야 할 수도 있습니다. 예를 들어 맥OS에서는 brew install rust로 설치합니다.

9장에서는 다양한 시나리오에서 모델을 알맞게 배포하는 방법을 배우지만, 우선 예시를 응용해 다양한 쿼리를 테스트하세요. 마지막 두 줄의 코드를 반복해서 실행하면 거의 매번 다른 답을 얻습니다.

```
[{
        "generated_text": "What's the meaning of life?\n\n
        Is there one way or another of living?\n\n
        How does it feel to be trapped in a relationship?\n\n
        How can it be changed before it's too late?
        What did we call it in our time?\n\n
        Where do we fit within this world and what are we going to live for?\n\n
        My life as a person has been shaped by the love I've received from others."
}]
```

이것으로 레이가 가진 두 번째 계층인 데이터 과학 라이브러리에 대한 간단한 소개를 마칩니다. 궁극적으로 지금 소개한 모든 하이레벨 라이브러리는 레이 코어 API의 확장입니다. 레이는 새로운 확장 프로그램을 만들기 비교적 쉬운 편이지만 다루기 어려운 내용이 몇 가지 있습니다. 예를 들어서 비교적 최근에 추가된 레이 워크플로^{Ray Workflow}(`https://oreil.ly/XUT7y`)는 장기간 실행되는 애플리케이션을 정의하고 실행하기 위한 확장 프로그램입니다.

이번 장을 마치기 전에 세 번째 계층인 레이 주변에서 성장 중인 생태계를 간략하게 알아보겠습니다.

1.4 성장하는 생태계

레이의 하이레벨 라이브러리는 매우 강력하므로, 책 전반에 걸쳐서 더 깊이 알아봐야 합니다. 레이 생태계는 데이터 과학 실험의 라이프사이클에서 매우 뛰어나지만 레이가 모든 문제를 해결한다고 말하려는 건 아닙니다. 훌륭하고 성공적인 프레임워크는 기존 솔루션과 아이디어에 잘 통합되어야 합니다. 도구의 핵심적인 강점에 집중하고 부족한 부분은 다른 도구를 활용하는 게 좋습니다. 레이는 이에 정말 알맞습니다.

이 책의 전반에 걸쳐, 특히 11장에서는 레이를 기반으로 만든 많은 유용한 서드파티 라이브러리를 알아보겠습니다. 레이 생태계는 기존 도구와도 많이 통합되어 있습니다. 예를 들어서 레이 데이터셋^{Ray Datasets}은 레이가 제공하는 데이터 로드 및 연산 라이브러리입니다. 스파크^{Spark}
나 다스크^{Dask}**17** 같은 다른 데이터 처리 엔진을 사용했다면 이런 도구를 레이와 함께 사용할
수 있습니다. 특히 다스크 온 레이^{Dask on Ray} 스케줄러를 사용해 레이 클러스터^{Ray Cluster}에서 다
스크의 생태계를 사용해 실행하거나 스파크 온 레이^{Spark on Ray}(`https://oreil.ly/J1D5I`)
를 사용해 스파크 워크로드를 레이와 통합할 수도 있습니다. 마찬가지로 모딘^{Modin}(`https://
oreil.ly/brGPJ`)은 분산 실행 엔진으로 레이를 사용하는 판다스 데이터프레임^{Pandas DataFrame}
의 분산화된 버전입니다.

여기서 중요한 사실은 레이가 이런 도구를 대체하지 않고, 레이 데이터셋 라이브러리에 접근하
는 방식으로 통합된다는 점입니다. 11장에서는 더 넓은 생태계의 다른 도구와 레이의 관계에
대해서 자세히 알아보겠습니다.

레이 라이브러리가 지닌 중요한 장점 하나는 모든 공통 도구가 백엔드에서 매끄럽게 통합된다
는 점입니다. 레이는 새로운 표준이 아니라 공통 인터페이스를 만드는 경우가 많습니다.**18** 공
통 인터페이스를 사용하면 대부분의 백엔드는 제공하지 않는 기능인 분산 방식의 작업이 가능
해집니다. 예를 들어서 레이 RLlib과 레이 트레인은 텐서플로와 파이토치의 모든 기능을 지원
합니다. 또한 레이 튠은 하이퍼옵트^{HyperOpt}, 옵튜나^{Optuna}, 네버그라드^{Nevergrad}, 액스^{Ax}, 시그옵
트^{SigOpt} 등을 포함한 대부분의 인기 있는 HPO 도구의 알고리즘을 지원합니다. 이런 도구는 기
본적으로는 분산되지 않지만, 레이 튠에서는 분산 워크로드를 위한 공통 인터페이스 위에서 통
합되어 분산 실행을 적용할 수 있습니다.

1.5 요약

[그림 1-4]는 레이의 3가지 계층에 대한 개요를 제공합니다. 레이의 핵심인 분산 실행 엔진은
프레임워크 중심에 위치하며, 레이 코어 API는 다목적 라이브러리로 분산 컴퓨팅에 사용하고,
레이 클러스터는 다양한 방식으로 워크로드를 배포합니다.

----

17 스파크는 UC 버클리의 AMPLab에서 만들었습니다. 많은 블로그에서 레이를 스파크의 대체품으로 묘사하곤 하는데, 둘 다 이 분야에
서 서로 다른 장점을 가진 도구로 오랫동안 사용되리라 생각하는 편이 좋습니다.

18 딥러닝 프레임워크인 케라스(`https://keras.io`)가 텐서플로에 공식 통합되기 전에는 Theona와 CNTK 같이 로우레벨 프레임워크
를 위한 편리한 API로 시작되었습니다. 그런 의미에서 레이 RLlib은 '강화학습 전용 케라스'로, 레이 튠은 'HPO 전용 케라스'로 생각할
수 있습니다.

실제 데이터 과학 워크플로의 경우에는 데이터 처리를 위해 레이 데이터셋을, 강화학습을 위해 레이 Rllib을, 분산 모델 훈련을 위해 레이 트레인을, 하이퍼파라미터 튜닝을 위해서는 레이 튠을, 모델을 제공하기 위해서는 레이 서브를 사용하면 됩니다. 각각의 라이브러리에 대한 예시를 살펴보았고 각 API의 역할을 파악했습니다. 레이 AIR는 다른 모든 머신러닝 라이브러리를 위한 통합 API를 제공하고 데이터 과학자를 위해서 개발되었습니다.

또한 레이의 생태계에는 많은 확장과 통합, 백엔드가 있으며 이는 나중에 더 살펴보겠습니다. [그림 1-4]에 언급한 도구 중에서 알거나 선호하는 도구가 있나요?

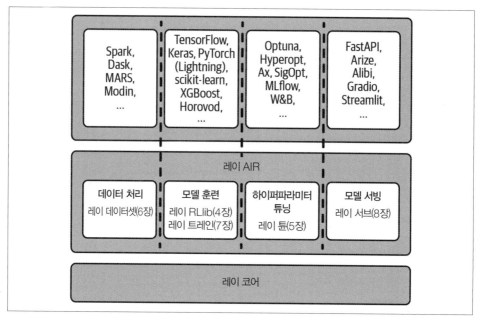

그림 1-4 레이의 3가지 계층

[그림 1-4]을 보면 레이 코어 API를 중심으로 RLlib, 튠, 트레인, 서브, 데이터셋 라이브러리와 매우 많은 서드파티 통합이 둘러싸고 있습니다.

## CHAPTER 2

레이 코어로 시작하는 분산 컴퓨팅

파이썬의 분산을 다루는 책에서 파이썬이라는 언어 자체가 분산 컴퓨팅에 크게 효율적이지 않은 언어라고 말하면 이상하게 생각할지도 모르겠습니다. 파이썬 인터프리터는 사실상 싱글 스레드입니다. 예를 들어, 일반 파이썬을 사용하면 전체 클러스터는 말할 필요도 없고 동일한 시스템에서 여러 CPU를 활용하기도 어렵습니다. 이는 추가적인 도구가 필요하다는 의미로 파이썬 생태계에는 몇 가지 선택지가 있습니다. `multiprocessing` 같은 라이브러리는 단일 머신[19]에서 분산 컴퓨팅을 하는 데 도움이 되지만 그 이상은 어렵습니다.

파이썬 라이브러리로 제공되는 레이 코어^{Ray Core} API는 모든 파이썬 커뮤니티에서 범용 분산 프로그래밍을 쉽게 다루게 만드는 강력한 도구입니다. 비유하자면 몇몇 회사는 사전 훈련된 머신러닝 모델만으로 충분하겠지만, 경우에 따라 새로 교육된 커스텀 모델이 필요할 때도 있습니다. 이 상황에서 기존 프레임워크의 프로그래밍 모델로도 필요한 분산 워크로드를 충분히 대응할 수 있지만, 레이 코어는 범용성 덕분에 분산된 애플리케이션의 구축 과정을 전반적으로 살펴볼 수 있습니다.[20] 2장에서는 레이 코어의 기본 사항을 다루고, 3장에서는 코어 API를 사용해 흥미로운 애플리케이션을 구축합니다. 이 두 장을 읽고 나면, 레이 코어에 대한 실용적인 지식을 얻어 책의 나머지 부분을 읽거나 프로젝트에 레이 코어를 적용하는 데 아무 문제가 없을 겁니다.

이 장에서는 레이 코어가 로컬 클러스터에서 분산 컴퓨팅을 다루는 방법을 이해하고, 레이의

---

19 레이가 특정 워크로드에서 `multiprocessing`(https://oreil.ly/UMg73)을 대체하는 유용한 도구를 제공한다는 점을 기억하세요.

20 이건 범용성과 전문성 사이의 트레이드오프를 나타냅니다. 또한 레이는 코어 API 위에서 전문적이지만 호환 가능

간결하면서도 강력한 API를 사용해 몇 가지 흥미로운 연산을 병렬화하겠습니다. 즉, 레이 엔진의 내부를 살펴봅니다. 예를 들어서 다른 도구에서는 쉽게 따라 할 수 없을 정도로 편리한 방식으로 데이터 병렬 태스크를 효율적이고 비동기적으로 실행하는 예시를 다룹니다. 파이썬에서 함수와 클래스의 분산화된 형태인 태스크task와 액터actor로 작동하는 방법도 알아봅니다. 또한 레이의 오브젝트 스토어object store에 오브젝트object를 저장하는 방법과 검색하는 방법도 배우게 됩니다. 레이 코어 API의 기본 API 6개만 사용해서 3가지 기본 개념(태스크, 액터, 오브젝트)에 대한 구체적인 예를 다룹니다. 마지막으로 레이의 기반이 되는 시스템 컴포넌트와 아키텍처의 모습에 대해 설명합니다.

2.1 레이 코어 소개

이 장에서는 확장된 레이 코어의 예시를 함께 구축합니다. 좋은 예를 들며 레이의 많은 개념을 설명하겠습니다.

> **NOTE_** 이 책의 예시 코드는 https://github.com/hanbit/learning-ray에서 노트북 형태로 제공합니다. 해당 노트북은 구글 코랩에서 실행할 수 있습니다.

1장에서는 `import ray`를 호출하고 `ray.init()`으로 초기화해 로컬 클러스터를 시작하는 방법을 알아보았습니다. 코드를 실행하면 다음과 같은 결과가 출력됩니다. 먼저 레이의 내부를 더 많이 이해해야 하기에 예시의 출력에서는 많은 정보를 생략합니다.

```
... INFO services.py:1263 -- View the Ray dashboard at http://127.0.0.1:8265
{'node_ip_address': '192.168.1.41',
 ...
 'node_id': '...'}
```

출력은 레이 클러스터가 실행 중임을 나타냅니다. 출력의 첫 번째 줄에 쓰여있듯 레이는 같이 패키지된 자체 대시보드가 함께 제공됩니다.[21] 나열된 모든 CPU 코어와 레이 애플리케이션

---

21 책을 집필하는 시점에서 대시보드가 재개발되는 중입니다. 스크린샷을 통해 설명해드리고 싶지만 직접 확인이 필요합니다(https://oreil.ly/c6vtM).

의 총사용량을 보겠습니다. 레이 클러스터의 사용량을 파이썬에서 확인하려면 ray.cluster_
resources()를 호출하면 됩니다. 출력은 다음과 같습니다.

```
{'CPU': 12.0,
 'memory': 14203886388.0,
 'node:127.0.0.1': 1.0,
 'object_store_memory': 2147483648.0}
```

이 장의 예시를 실행하려면 레이 클러스터^{Ray Cluster}가 실행 중이어야 하므로 클러스터가 실행 중인지 확인하세요. 이 절에서는 레이 코어 API에 대해 간단히 소개합니다. 이제부터는 간단히 레이 API로 칭하겠습니다.

파이썬 프로그래머는 레이 API를 매우 익숙하게 다룰 수 있습니다. 이건 레이가 낮은 러닝 커브를 위해 파이썬의 데코레이터, 함수, 클래스를 제공하기 때문입니다. 레이 API가 만들어진 목표는 분산 컴퓨팅을 위한 범용 프로그래밍 인터페이스의 제공입니다. 프로그래밍 인터페이스를 제공하기는 확실히 쉽지 않지만 레이는 직관적인 추상화를 제공하므로 배우고 사용하기에 편하다고 생각합니다. 이렇게 레이의 엔진은 여러분이 어렵게 느낄 많은 부분을 줄여줍니다. 이 설계 철학이 레이를 기존 파이썬 라이브러리나 시스템과 함께 사용하기 쉽게 만듭니다.

이 책에서 레이 코어부터 소개하는 이유는 코어에는 엄청난 잠재력이 있어 알아 두면 분산 컴퓨팅에 더 쉽게 접근하게 되리라 믿기 때문입니다. 이번 장에서는 레이가 잘 작동하도록 만드는 방법과 레이의 기본 사항을 살펴봅니다. 경험이 적은 파이썬 프로그래머거나 하이레벨 작업만 다룬다면 코어에 익숙해지는 데 시간이 걸립니다.[22] 아무리 그렇더라도 레이 코어 API를 배우는 건 파이썬을 이용한 분산 컴퓨팅을 다뤄보는 좋은 방법이기에 꼭 익히시기를 추천합니다.

2.1.1 레이 API를 활용한 첫 번째 예시

이번 예시는 데이터베이스에서 데이터를 검색하고 처리하는 함수입니다. 지금 사용하는 샘플 데이터베이스는 이 책의 원 제목인 『Learning Ray, Flexible Distributed Python for Machine Learning』를 이루는 단어를 정리한 파이썬 리스트입니다.

---

22 많은 데이터 과학자가 직접 레이 코어를 사용하지는 않습니다. 데이터셋과 트레인, 튠 같은 하이레벨 라이브러리를 직접 사용하는 경우가 많습니다.

```
import time
database = [ ❶
    "Learning", "Ray",
    "Flexible", "Distributed", "Python", "for", "Machine", "Learning"
]
def retrieve(item):
    time.sleep(item / 10.) ❷
    return item, database[item]
```

❶ 샘플 데이터베이스에는 책 제목을 구성하는 단어가 들어있습니다.

❷ 데이터 처리가 긴 시간이 걸리도록 만듭니다. (긴 시간이 걸리는 작업을 모방)

데이터베이스는 총 8개의 아이템으로 구성되어 있습니다. 아이템을 전부 순차적으로 순환하면 얼마의 시간이 걸릴까요? 5번 인덱스의 아이템은 0.5초(5/10)가 정도 걸립니다. 전체적으로 약 (0 + 1 + 2 + 3 + 4+ 5 + 6 + 7) / 10 = 2.5초의 실행 시간이 걸릴 거라 예상됩니다. 실제로 이런지 알아봅시다.

```
def print_runtime(input_data, start_time):
    print(f'Runtime: {time.time() - start_time:.2f} seconds, data:')
    print(*input_data, sep="\n")

start = time.time()
data = [retrieve(item) for item in range(8)] ❶
print_runtime(data, start) ❷
```

❶ 리스트 컴프리헨션list comprehension으로 전체 8개의 아이템을 순회합니다.

❷ 각 아이템을 출력하기 위해서 데이터를 언패킹unpack합니다.

이 코드를 실행하면 다음과 같이 출력됩니다.

```
Runtime: 2.82 seconds, data:
(0, 'Learning')
(1, 'Ray')
(2, 'Flexible')
(3, 'Distributed')
(4, 'Python')
(5, 'for')
```

```
(6, 'Machine')
(7, 'Learning')
```

총 실행 시간이 2.82초가 걸리는데, 예상한 2.5초에 비해 약간의 지연이 있습니다. 컴퓨터에 따라 이보다 약간 짧거나 훨씬 길게 걸리기도 합니다. 중요한 사실은 순수 파이썬 구현으로 함수를 병렬로 실행할 수 없다는 점입니다.

리스트 컴프리헨션이 더 효율적이라는 주장을 향한 의심도 충분히 이해됩니다. 코드를 실행하기 전에 구한 2.8초는 거의 최악에 가까운 시간입니다. 생각해보면 실행 시간의 대부분이 아무 것도 하지 않는 sleep 상태의 코드에도 전체적으로 이렇게 느리다니 실망스럽겠죠. GIL[Global Interpreter Lock] 탓을 해도 되지만, 이미 충분히 비난받았으니 넘어갑시다.

파이썬 GIL

의심의 여지없이 GIL은 파이썬의 악명 높은 기능입니다. 간단히 정리하면 컴퓨터가 파이썬 코드를 실행하는 데 한 번에 하나의 스레드만 사용하도록 하는 기능입니다. 멀티 스레딩을 사용하는 경우에는 스레드가 교대로 파이썬 인터프리터를 제어해야 합니다.

GIL을 만든 이유도 납득할 법합니다. 우선 파이썬에서 메모리를 쉽게 관리할 수 있습니다. 또 싱글 스레드 프로그램을 매우 빠르게 만들 수 있다는 장점도 있습니다. 파일이나 데이터베이스 읽기 같은 많은 시스템 입출력이 이뤄지는 I/O 위주 프로그램[I/O Bound]에서도 유용합니다. 하지만 CPU 위주 프로그램[CPU Bound]이 본질적으로 싱글 스레드라는 문제가 있습니다. 실제로 멀티 스레딩은 GIL 위에서 쓰기 작업에 Lock 오버헤드를 발생시키므로, 멀티 스레딩을 사용하지 않으면 CPU 위주 작업이 더 빠르기도 합니다.

래리 헤이스팅스[Larry Hastings](https://oreil.ly/UShnM)의 말에 따르면, 앞서 설명한 모든 사항을 고려할 때 역설적이게도 GIL은 파이썬을 인기를 불러온 이유기도 합니다. 흥미롭게도 헤이스팅스는 GILectomy라는 프로젝트를 끝내 성공하지는 못했지만 GIL을 제거하기 위해 노력했습니다. 확실하지 않지만 샘 그로스[Sam Gross]가 파이썬의 브랜치인 nogil 브랜치에서 GIL을 제거하는 방법을 찾은 모양입니다. 지금 상황에서 반드시 GIL 문제를 해결해야 한다면 CPython 외의 다른 구현체를 사용하기를 추천합니다. CPython은 파이썬의 표준 구현체이고 여러분이 GIL을 사용 중인지 모른다면 분명 사용하는 겁니다. Jython과 IronPython, PyPy 같은 구현체는 GIL이 없지만 각자만의 단점이 있습니다.

함수와 원격 레이 태스크

앞서 다룬 여러 작업은 병렬화로 이점을 얻을 것이라 가정하는 편이 합리적입니다. 완벽하게 분산된 런타임은 가장 긴 작업(7/10 = 0.7)보다 오래 걸려선 안 됩니다. 이제 레이에서 예시를 확장하는 방법을 보겠습니다. 다음과 같이 @ray.remote 데코레이터를 사용합니다.

```
@ray.remote ❶
def retrieve_task(item):
    return retrieve(item) ❷
```

❶ 데코레이터는 어떤 파이썬 함수든 레이 태스크로 만듭니다.

❷ 바뀌는 건 더이상 없습니다. retrieve_task는 retrieve를 실행하기 위해서 존재할 뿐입니다.

이런 식으로 하면 retrieve_task 함수는 소위 레이 태스크가 됩니다. 레이 태스크는 호출된 프로세스가 아닌 다른 프로세스, 즉 다른 컴퓨터에서 실행되는 함수입니다.

이렇게 하면 레이를 사용하기 위한 특별한 사고방식이나 프로그래밍 패러다임이 필요하지 않아 파이썬 코드에 집중하면 되는 매우 편리한 설계입니다. 실제로는 원래 retrieve 함수에 단순히 @ray.remote 데코레이터만 추가하면 되지만 명확한 비교를 위해 이전 코드를 수정하지 않았습니다. 그렇다면 데이터베이스 아이템을 처리하고 성능을 측정하는 코드는 무엇을 변경해야 할까요? 변경할 부분이 많지 않습니다. [코드 2-1]은 이를 수행하는 방법을 보여줍니다.[23]

코드 2-1 레이 태스크 성능 측정하기

```
start = time.time()
object_references = [ ❶
    retrieve_task.remote(item) for item in range(8)
]
data = ray.get(object_references) ❷
print_runtime(data, start)
```

---

23 엄밀히 말하자면 첫 번째 예시는 좋은 패턴(https://oreil.ly/OuOWC)이 아닙니다. 일반적으로 글로벌 변수를 통해서 레이의 태스크 사이에서 가변 상태를 공유해서 안됩니다. 그렇지만 토이 데이터 예시에서는 이 부분을 크게 고려할 필요가 없습니다. 다음 섹션에서 더 좋은 방법을 알려드리겠습니다.

❶ `.remote()`로 아이템을 전달해 로컬 레이 클러스터에서 `retrieve_task` 함수를 실행합니다. 각 태스크는 오브젝트를 반환합니다.

❷ 레이 오브젝트 레퍼런스와 실제 데이터를 가져오기 위해서 `ray.get`을 사용합니다.

기존 파이썬 코드와 어떤 차이가 있는지 발견하셨나요? 새 코드는 `.remote()`를 호출해 원격으로 레이 태스크를 실행합니다.[24] 레이는 로컬 클러스터에서 원격으로 태스크를 실행하더라도 비동기asynchronously로 실행합니다. 마지막 코드 스니펫의 `object_references`에 있는 리스트 아이템에는 결과가 들어있지 않습니다. 실제로 `type(object_references[0])`으로 확인한 첫 번째 아이템의 타입은 `ObjectRef` 타입입니다. 오브젝트 레퍼런스는 결과를 나중에 요청해야 하므로 `ray.get(...)`을 호출합니다. 레이 태스크에서 `remote`를 호출하면 `remote`는 하나 이상의 오브젝트 레퍼런스를 즉시 반환합니다. 여러분은 레이 태스크를 오브젝트 레퍼런스를 생성하는 기본 방법이라고 생각하면 됩니다. 다음 절에서는 여러 태스크를 연결하고 레이가 태스크 간에서 오브젝트를 전달하고 실행하는 예시를 알아봅니다.

이 예시를 계속해서 더 다루고 싶지만[25] 여기서 한 걸음 물러나서 지금까지 한 작업을 요약하겠습니다. 먼저 파이썬 함수에 `@ray.remote` 데코레이터를 적용했습니다. 이렇게 함수가 레이 태스크가 되었습니다. 그다음 코드에서 원래 함수를 호출하는 대신 레이 태스크에서 `.remote`를 호출했습니다. 마지막으로 `.get(...)`을 사용해 레이 클러스터에서 함수 반환 값을 가져왔습니다. 매우 직관적인 절차라 예시를 다시 확인하지 않아도 다른 함수를 레이 태스크로 만드는 법을 이해했을 겁니다. 지금 바로 시도하는 게 어떨까요?

다시 예시를 보겠습니다. 레이 태스크를 사용해 성능 측면에서 무엇을 얻었을까요? 실행 시간은 0.71초로 가장 긴 작업인 0.7초보다 살짝 더 걸리는 정도입니다. 이전보다는 훨씬 낮지만 레이 API를 더 많이 활용하면 프로그램이 더욱 개선됩니다.

put과 get을 사용해 오브젝트 스토어 사용하기

앞서 `retrieve` 함수를 사용해 데이터베이스의 아이템에 직접 접근했습니다. 로컬 레이 클러스터에서 작업할 때는 괜찮지만 여러 대의 컴퓨터가 있는 실제 클러스터에서 실행된다고 생각

---

24 이 책은 데이터 과학 전문가를 대상으로 하기에 레이 아키텍처의 세부 사항에 대해서는 설명하지 않습니다. 레이 태스크가 어떻게 실행되는지 궁금하다면 레이 아키텍처 백서(https://oreil.ly/Pe-hT)를 확인하세요

25 이 예시는 딘 웜플러의 '레이란 무엇인가?'(https://oreil.ly/8Hc9y)라는 글에 나온 예시를 각색하였습니다.

해보세요. 어떻게 모든 컴퓨터가 동일한 데이터에 접근할까요? 1장에서 레이 클러스터에는 드라이버와 프로세스가 있는 하나의 헤드 노드와 작업을 실행하는 워커 프로세스가 있는 다수의 워커 노드가 있다는 점을 생각해보세요. 기본적으로 레이는 시스템의 CPU 코어 수만큼 워커 프로세스를 생성합니다. 데이터베이스에는 현재 드라이버에만 들어 있지만, 태스크를 실행하는 워커가 retrieve 태스크를 실행하려면 워커에서도 그 데이터베이스에 접근해야 합니다. 다행스럽게도 레이는 드라이버와 워커가 오브젝트를 공유하는 쉬운 방법을 제공합니다. 데이터를 분산 오브젝트 스토어에 넣을 때는 간단히 put을 사용합니다. retrieve_task 정의에서 명시적으로 db 인자를 사용하고 나중에 db_object_ref 오브젝트를 함수에 전달합니다.

```
db_object_ref = ray.put(database) ❶

@ray.remote
def retrieve_task(item, db): ❷
    time.sleep(item / 10.)
    return item, db[item]
```

❶ 데이터베이스를 오브젝트 스토어에 넣고 오브젝트 레퍼런스를 받습니다. 이러면 나중에 참조를 레이 태스크에 명시적으로 전달할 수 있습니다.

❷ 레이 태스크 retrieve_task는 오브젝트 레퍼런스를 인자로 사용합니다.

이렇게 오브젝트 스토어를 사용하면 레이는 클러스터 전체에서 처리할 데이터에 접근할 수 있습니다. 노드와 워커 사이에서 값이 정확히 전달되는 과정은 레이의 인프라에 대해 이야기할 때 다루겠습니다. 오브젝트 스토어와 상호작용하면 약간의 오버헤드가 발생하지만 더 크고 현실적인 데이터셋으로 작업할 때는 성능이 향상됩니다. 지금 중요한 부분은 이 단계가 분산 환경에서 필수적이라는 점입니다. 원한다면 새로운 retrieve_task 함수를 사용해 [코드 2-1]을 다시 실행해 예상대로 실행되는지 확인하세요.

논블로킹 호출에 대한 레이의 wait 함수 사용하기

[코드 2-1]에서 ray.get(object_references)를 사용해 결과값을 얻었습니다. 이 호출은 블로킹blocking 중이며, 드라이버는 태스크가 완료되어 모든 결과값이 나올 때까지 기다려야 합니다. 지금까지 사용한 코드는 큰 문제가 되지 않습니다. 예시 프로그램은 실행하는 데 1초도

걸리지 않습니다. 하지만 각 데이터베이스 아이템을 처리하는 데 몇 분씩 걸린다고 가정합시다. 그런 경우 가만히 기다리기 보다는 다른 태스크를 위해서 드라이버 프로세스를 확보하고 싶은 게 당연합니다. 이때는 모든 아이템이 처리되기까지 기다리지 않고 결과값이 들어오는 대로 처리하는 게 좋습니다(일부 아이템은 다른 아이템보다 훨씬 빨리 처리됨). 염두해야 하는 또 다른 질문은 데이터베이스에서 아이템 하나가 예상대로 처리되지 않는다면 어떻게 될까요? 데이터베이스 연결 내에서 데드락deadlock이 발생한다고 가정합시다. 드라이버는 그냥 멈춰서 기다리고 모든 아이템을 처리하지 않게 됩니다. 그러므로 타임아웃을 걸어두는 게 좋습니다. 태스크를 중지하기 전에 가장 긴 태스크의 10배 이상의 시간이 걸리면 타임아웃 시켜버린다고 가정합시다. wait을 사용해 레이에서 이것을 수행하는 방법은 다음과 같습니다.

```
start = time.time()
object_references = [
    retrieve_task.remote(item, db_object_ref) for item in range(8) ❶
]
all_data = []
while len(object_references) > 0: ❷
    finished, object_references = ray.wait( ❸
        object_references, num_returns=2, timeout=7.0
    )
    data = ray.get(finished)
    print_runtime(data, start) ❹
    all_data.extend(data)    ❺
```

❶ retrieve_task에서 remote를 실행하고 처리하려는 아이템과 데이터베이스에 대한 오브 젝트 레퍼런스를 전달합니다.

❷ 블로킹하는 대신에 아직 완료되지 않은 object_references를 반복해 처리합니다.

❸ 타입아웃으로 끝난 데이터를 비동기 방식으로 기다립니다. 무한 루프를 방지하기 위해서 object_references는 여기서 변경됩니다.

❹ 결과값이 들어오는 대로, 즉 두 블록으로 출력합니다.

❺ 모두 완료될 때까지 all_data에 새 데이터를 append 함수를 사용해 추가합니다.

보시다시피, ray.wait은 실행이 완료된 값과 아직 끝나지 않은 두 개의 인자를 반환합니다. 기본값이 1인 num_returns 인자를 사용해 새 데이터베이스의 아이템의 태스크가 2개가 완료될 때마다 wait가 종료되어 값을 반환합니다. 따라서 다음과 같은 결과가 출력됩니다.

```
Runtime: 0.11 seconds, data:
(0, 'Learning')
(1, 'Ray')
Runtime: 0.31 seconds, data:
(2, 'Flexible')
(3, 'Distributed')
Runtime: 0.51 seconds, data:
(4, 'Python')
(5, 'for')
Runtime: 0.71 seconds, data:
(6, 'Machine')
(7, 'Learning')
```

그동안 반복문에서 단순히 결과를 출력하는 대신 이미 처리된 값으로 다른 워커에게 완전히 새로운 작업을 시작하도록 만드는 등 다른 작업을 수행하게 만든 방법에 주목하세요.

태스크 의존성 다루기

지금까지 작성한 예시 프로그램은 개념적으로는 쉬웠습니다. 데이터베이스 아이템을 처리하는 하나의 단계만 있는 예시였습니다. 이제는 데이터를 로드한 뒤, 처리 태스크를 실행하겠습니다. 구체적인 예시를 들기 위해 첫 번째 처리 태스크의 결과를 사용해서 다른 관련된 데이터를 쿼리한다고 가정합니다. (동일 데이터베이스의 다른 테이블에서 데이터를 쿼리한다고 가정). [코드 2-2]는 작업을 설정하고 retrieve_task와 follow_up_task를 연속적으로 실행합니다.

코드 2-2 다른 레이 태스크에 의존된 후속 태스크 처리하기

```
@ray.remote
def follow_up_task(retrieve_result): ❶
    original_item, _ = retrieve_result
    follow_up_result = retrieve(original_item + 1) ❷
    return retrieve_result, follow_up_result ❸

retrieve_refs = [retrieve_task.remote(item, db_object_ref) for item in [0, 2, 4, 6]]
follow_up_refs = [follow_up_task.remote(ref) for ref in retrieve_refs] ❹
result = [print(data) for data in ray.get(follow_up_refs)]
```

❶ retrieve_task의 결과값을 사용해 다른 레이 태스크를 계산합니다.

❷ 첫 번째 태스크의 original_item을 사용해 더 많은 데이터를 처리합니다.

❸ 원본과 후속 데이터를 리턴합니다.

❹ 첫 번째 태스크의 오브젝트 레퍼런스를 두 번째 태스크에 넘깁니다.

이 코드를 실행하면 다음과 같은 결과가 출력됩니다.

```
((0, 'Learning'), (1, 'Ray'))
((2, 'Flexible'), (3, 'Distributed'))
((4, 'Python'), (5, 'for'))
((6, 'Machine'), (7, 'Learning'))
```

비동기 프로그래밍에 대한 경험이 많지 않다면 [코드 2-2]가 대단해 보이지 않겠지만 사실은 실행된다는 자체가 놀라운 일입니다.[26] 전체적인 코드는 일반 파이썬 코드와 비슷하며 함수를 정의하는 문법도 리스트 컴프리헨션도 비슷합니다. follow_up_task의 함수 선언 첫째 줄에서 retrieve_result에 튜플이 입력될 거라 가정하고 튜플을 언패킹합니다.

하지만 [follow_up_task.remote(ref) for ref in retrieve_refs]은 후속 태스크에 전혀 튜플을 전달하지 않습니다. 튜플 대신 레이 오브젝트 레퍼런스를 retrieve_refs로 전달합니다. 내부에서는 레이가 follow_up_task로 오브젝트 레퍼런스 값이 아닌 실제 값을 필요로 한다는 점을 알아서 태스크에서 내부적으로 ray.get을 호출합니다.[27] 레이는 모든 태스크에 대한 종속성 그래프를 만들고 종속성에 따른 순서대로 실행합니다. 이전 작업이 완료되는 때가 언제이며, 얼마나 기다려야 하는지 레이에게 명시적으로 알려줄 필요가 없습니다. 레이는 자동으로 시간 정보를 추론합니다. 또한 처리 과정에서 발생하는 중간 데이터의 크기가 큰 경우에 드라이버에 다시 복사할 필요도 없이 한 번에 처리하는 레이 오브젝트 스토어의 강력한 기능도 있습니다. 실제 데이터가 아닌 오브젝트 레퍼런스만 다음 작업으로 전달하면, 레이가 직접 나머지를 처리합니다.

후속 태스크는 개별 처리 작업이 완료된 후에만 실행되도록 스케줄링됩니다. 이건 매우 놀라

---

26 클라크의 세 번째 법칙(https://oreil.ly/VHJ_o)에 따르면 충분히 발전된 기술은 마법과 구분할 수 없다고 합니다. 이 예시는 저에게 마법 같습니다.

27 이전에 retrieve_task 원격 호출 오브젝트 레퍼런스를 전달한 뒤 거기에서 데이터베이스 db의 각 항목에 직접 접근했을 때도 동일한 일이 발생했습니다.

운 기능입니다. 사실, 만약 `retrieve_refs`를 `retrieve_result` 같은 변수명으로 불렀다면 중요한 내용을 알아차리지 못할 정도로 자연스럽게 연결됩니다. 이건 매우 의도적인 설계입니다. 레이는 여러분이 클러스터 컴퓨팅의 세부 사항 대신 작업에만 집중하기를 원합니다. [그림 2-1]는 두 태스크에 대한 종속성 그래프입니다.

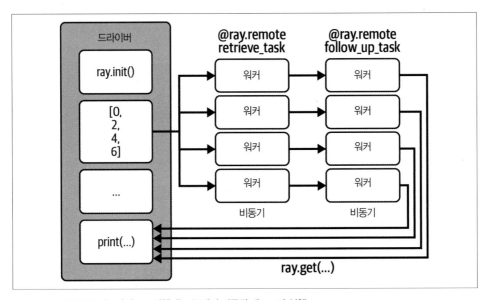

그림 2-1 병렬적이며 비동기적으로 실행되는 두 개의 의존된 태스크의 실행

후속 태스크에 값을 전달하기 전에 첫 번째 태스크에서 get을 명시적으로 사용하도록 [코드 2-2]를 다시 작성해도 좋습니다. 더 많은 형식적인 코드가 추가되어 작성하고 이해하기에도 덜 직관적인 코드가 됩니다.

클래스에서 액터로

이 예시를 끝내기 전에 레이 코어의 또 다른 중요 개념에 대해서 알아보겠습니다. 예시에서 모든 것이 함수였다는 점에 주목하세요. 앞서 `ray.remote` 데코레이터를 사용해 그 함수 중 일부를 원격 함수로 만들고 나머지는 일반 파이썬을 사용했습니다.

데이터베이스가 쿼리된 빈도를 측정하려 한다고 가정하겠습니다. 물론 단순하게 retrieve 태스크의 결과에서 측정할 수도 있지만 더 좋은 방법이 있을까요? 여기서는 확장 가능한 '분산된'

방식으로 측정하려고 합니다. 이를 위해서 레이는 액터actor라는 개념을 이용합니다. 액터를 사용하면 클러스터에서 상태 저장 연산stateful computation을 실행합니다. 또한 액터는 서로 통신할 수도 있습니다.[28] 레이 태스크가 단순히 데코레이터를 사용한 함수였듯, 레이 액터는 데코레이터를 사용한 클래스일 뿐입니다. 데이터베이스 호출을 측정하는 간단한 카운터 예시를 작성합시다.

```
@ray.remote ❶
class DataTracker:
    def __init__(self):
        self._counts = 0
    def increment(self):
        self._counts += 1
    def counts(self):
        return self._counts
```

❶ 파이썬 클래스를 이전처럼 ray.remote 데코레이터를 사용해 레이 액터로 만듭니다.

이 DataTracker 클래스는 ray.remote 데코레이터를 장착했으므로 벌써 액터가 되었습니다. 보통 액터는 상태를 추적하지만, 여기서는 단순한 카운터 역할이며 여기의 메서드는 앞의 함수와 마찬가지로 레이 태스크가 됩니다. 즉 .remote()를 사용합니다. 기존 retrieve_task를 수정해 새로운 액터와 통합하는 방법을 알아봅시다.

```
@ray.remote
def retrieve_tracker_task(item, tracker, db): ❶
    time.sleep(item / 10.)
    tracker.increment.remote() ❷
    return item, db[item]

tracker = DataTracker.remote() ❸

object_references = [ ❹
    retrieve_tracker_task.remote(item, tracker, db_object_ref)
    for item in range(8)
]
data = ray.get(object_references)
```

---

28 액터 모델(actor model)은 컴퓨터 과학에서 나온 개념으로, Akka나 Erlang에 예시가 구현돼있습에시니다. 하지만 액터의 역사나 세부사항 같은 내용은 지금 다루는 내용과 관련이 없습니다.

```
print(data)
print(ray.get(tracker.counts.remote()))   ❺
```

❶ 태스크에 tracker 액터를 전달합니다.

❷ tracker는 각 호출마다 increment를 실행합니다.

❸ 클래스에서 .remote를 호출해서 DataTracker 액터를 인스턴스화합니다.

❹ 액터는 전달된 태스크를 받습니다.

❺ 나중에 다른 원격 호출에서도 count 값을 가져올 수 있습니다.

놀랍지는 않지만 계산의 결과는 8입니다. 계산에 액터가 꼭 필요하진 않지만 클러스터에서 여러 작업에 걸쳐 있을 상태를 추적하는 메커니즘은 유용합니다. 액터는 의존된 작업이나 다른 액터의 생성자constructor에도 전달할 수 있습니다. 원하는 작업은 무엇이든 가능하며 바로 이런 유연성이 레이 API를 강력하게 만듭니다. 파이썬에서 분산을 제공하는 도구가 이렇게 상태 저장 계산을 허용하는 건 그리 일반적이지 않습니다. 이 기능은 강화학습 같은 복잡한 분산 알고리즘에 특히 유용합니다.

이렇게 광범위한 첫 번째 레이 API 예시를 살펴보았습니다. 이제는 레이 API를 간단하게 요약하겠습니다.

> **NOTE_** 이 예시를 통해서 레이 API를 소개할 때 파이썬 함수와 클래스의 분산된 버전인 액터와 태스크를 살펴봤습니다. 하지만 오브젝트는 레이 코어의 일급 시민first-class citizens이기에 태스크나 액터와 동일한 수준으로 간주해야 합니다.

2.1.2 레이 API 개요

앞선 예시까지 총 6가지 API만 사용했습니다.[29] 클러스터를 시작하기 위해 ray.init()을 사용했고 함수와 클래스를 태스크와 액터로 바꾸는 데 @ray.remote를 사용했습니다. 그다음 ray.put()을 사용해 결과값을 레이 오브젝트 스토어로 전달하고 ray.get()을 통해 클러스

---

29 앨런 케이(https://oreil.ly/lNdxi)의 말을 빌리자면, 여러분은 단순함을 얻기 위해서는 조금 더 정교한 빌딩 블록을 찾아야 합니다. 파이썬의 분산을 위한 Ray API가 바로 그 역할을 합니다.

터에서 오브젝트를 가져왔습니다. 마지막으로 액터 메서드나 태스크에 `.remote()`를 사용해 클러스터에서 코드를 실행하고 `ray.wait`을 사용해 블로킹을 방지했습니다.

살펴본 6개의 API가 크게 대단하지 않아 보여도 레이 API를 사용하면 관심을 둬야 합니다.[30] 앞으로 찾기 쉽도록 [표 2-1]에 API를 간단히 요약하겠습니다.

표 2-1 레이 코어의 6가지 핵심 API

API 호출	설명
`ray.init()`	레이 클러스터를 초기화합니다. 기존 클러스터에 연결할 주소를 전달합니다.
`@ray.remote`	함수를 태스크로, 클래스를 액터로 바꿉니다.
`ray.put()`	오브젝트 스토어에 값을 넣습니다.
`ray.get()`	오브젝트 스토어에서 값을 가져옵니다. 태스크나 액터가 계산한 값을 반환합니다.
`.remote()`	레이 클러스터에서 액터 메서드 혹은 태스크를 실행하고 액터 인스턴스화를 하기 위해 사용합니다.
`ray.wait()`	두 개의 오브젝트 레퍼런스를 반환합니다. 하나는 완료된 작업이고 하나는 완료되지 않은 작업입니다.

이제 레이 API가 작동하는 걸 봤으니 시스템 아키텍처에 대해서 살펴보겠습니다.

2.2 레이 시스템 컴포넌트

지금까지 레이 API가 어떻게 사용되는지 보았고 레이의 설계 철학을 이해했습니다. 이제는 시스템 기본 구성 요소를 더 이해해야 할 때입니다. 다시 말해서, 레이의 작동 방식을 살펴보겠습니다.

2.2.1 노드에서 태스크 스케줄링 및 실행

레이 클러스터는 노드로 구성됩니다. 전체 클러스터가 어떻게 상호작용해 작동하는지 알아보기 전에 먼저 개별 노드에서 어떻게 작동하는지 살펴보겠습니다.

---

30 API 참조를 보면 이 6가지 API 외에도 꽤 많은 메서드가 있습니다. 언젠가는 `init`의 여러 인자를 이해해야겠지만, 레이 클러스터 관리자가 아니라면 다른 메서드에 관심 가질 필요는 없습니다.

이미 알아봤듯 워커 노드는 여러 워커 프로세스나 단순히 워커로만 구성됩니다. 각 워커는 고유한 ID, IP 주소 및 참조할 포트를 가집니다. '워커worker(노동자)'라는 이름에는 이유가 있습니다. 워커는 여러분이 제출한 일을 맹목적으로 실행하는 컴포넌트입니다. 그러면 누가 언제 무엇을 해야 하는지 워커에게 어떻게 알릴까요? 이미 워커를 사용하거나 태스크를 실행하는 데 리소스가 부족할 수도 있고, 지정된 작업을 실행하는 데 필요한 값이 없을 수도 있습니다. 게다가 워커는 워크로드를 실행하기 전과 실행이 끝난 뒤에 어떤 일이 발생할지 전혀 알 수 없습니다.

이런 문제를 해결하기 위해 각 워커 노드에는 **레이렛**Raylet이라는 컴포넌트가 있습니다. 레이렛을 워커 프로세스를 관리하는 노드의 똑똑한 컴포넌트라고 생각하시면 됩니다. 레이렛은 태스크 간에 공유되고 태스크 스케줄러와 오브젝트 스토어라는 2가지 구성요소로 이루어져 있습니다.

먼저 오브젝트 스토어에 대해 이야기하겠습니다. 이 장의 예시에서는 이미 오브젝트 스토어의 개념을 명시적으로 지정해 사용하지 않고 느슨하게 사용했습니다. 레이 클러스터의 각 노드에는 해당 노드의 레이렛 내에 오브젝트 스토어가 장착되어 있고 저장된 모든 오브젝트가 클러스터의 분산 오브젝트 스토어를 구성합니다. 오브젝트 스토어는 동일한 노드에 있는 워커 간의 공유 메모리 풀을 관리하며 워커가 다른 노드에 생성된 오브젝트에 접근토록 합니다. 오브젝트 스토어는 아파치 애로우Apache Arrow 프로젝트에 속한 플라즈마Plasma (https://oreil.ly/RdrJZ)에서 구현됩니다. 기능적으로 보면 오브젝트 스토어는 메모리를 관리하며 궁극적으로 워커가 필요한 오브젝트에 접근하는 걸 도와줍니다.

레이렛의 두 번째 구성 요소는 스케줄러입니다. 스케줄러의 가장 중요한 작업은 리소스 관리resource management입니다. 예를 들어서 태스크가 4개의 CPU를 필요로 한다면 스케줄러는 일을 안 하는 워커 프로세스에서 해당 리소스에 접근 가능한 프로세스를 찾습니다. 기본적으로 스케줄러는 노드에서 사용 가능한 메모리 크기를 비롯해 CPU와 GPU 수 같은 정보도 파악해 가져옵니다. 스케줄러가 필요한 리소스를 제공할 수 없는 상태라면 태스크를 바로 스케줄링할 수 없기에 큐queue에 넣어야 합니다. 스케줄러는 물리적으로 리소스가 부족하지 않도록 동시에 실행 중인 태스크를 제한합니다.

스케줄러는 리소스 말고도 의존성도 해결합니다. 즉, 각 워커가 로컬 오브젝트 스토어에서 태스크를 실행하는 데 필요한 모든 오브젝트를 가지고 있는지 확인해야 합니다. 이를 위해서 스케줄러는 먼저 오브젝트 스토어에서 값을 찾아서 로컬 의존성을 해결합니다. 노드의 오브젝트 스토어에서 필요한 값을 찾을 수 없다면 스케줄러는 다른 노드와 통신해 원격 의존성을 가져옵니다. 스케줄러가 태스크에 필요한 충분한 리소스를 확보해 필요한 모든 의존성을 해결하고 필요한 워커를 찾았다면 태스크를 실행하도록 스케줄링이 가능합니다.

태스크 스케줄링은 단일 노드의 경우만 봐도 매우 어려운 주제입니다. 리소스가 충분하지 않아 잘못 스케줄링되거나, 단순하게 계획된 작업 실행이 다운스트림 작업을 '차단'하는 경우가 많습니다. 특히 분산된 환경에서 태스크 할당은 훨씬 까다로워집니다.

이제 레이렛에 대해서 알아봤으니 워커 프로세스로 돌아가서 레이가 실패에서 회복하는 방법과 이를 위해 필요한 개념을 살펴보며 마치겠습니다.

워커는 자신이 호출하는 모든 태스크에 대한 메타데이터와 해당 태스크에서 반환되는 오브젝트 레퍼런스를 저장합니다. 소유권ownership이라는 개념은 오브젝트 레퍼런스를 생성하는 프로세스가 오브젝트 레퍼런스의 처리도 담당한다는 의미입니다. 즉, 각 워커 프로세스는 제출하는 작업을 '소유'하고 여기에는 적절한 실행과 결과의 가용도 보장합니다. 예를 들어 워커 프로세스는 소유권 테이블을 가지고 있어 장애가 발생하면 자신이 소유한 오브젝트 레퍼런스를 추적합니다. 태스크가 실패해 다시 계산해야 한다면 워커는 태스크에 필요한 모든 정보를 소유하게 됩니다.[31] 앞에서 논의한 의존성의 개념과는 반대되는 소유권 관계에 대해서 구체적인 예를 들면 다음과 같습니다. 간단한 태스크를 실행하고 내부적으로 다른 태스크를 호출하는 프로그램이 있습니다.

```
@ray.remote
def task_owned():
    return

@ray.remote
def task(dependency):
    res_owned = task_owned.remote()
    return

val = ray.put("value")
res = task.remote(dependency=val)
```

---

31 이것은 레이가 일반적으로 실패를 처리하는 방법에 대한 극히 제한된 설명입니다. 복구할 정보가 모두 있다해도 항상 복구하지는 못합니다. 이 주제에 대한 자세한 설명은 아키텍처 백서(https://oreil.ly/_1SyA)를 참조하세요.

이 예시에 대한 소유권과 의존성을 빠르게 분석해보겠습니다. task와 task_owned라는 두 개의 태스크를 정의했고, val, res, res_owned라는 총 세 개의 변수가 있습니다. 메인 프로그램은 val(오브젝트 스토어에 value를 넣음)과 res를 모두 정의하고 태스크를 호출합니다. 즉, 드라이버는 레이의 소유권 정의에 따라서 task, val, res를 소유합니다. 이와 대조적으로 의존된 태스크에 따라서 다르지만 res는 소유권 관계를 가지지 않습니다. 태스크가 호출되면 val을 의존성으로 사용합니다. 그다음 task_owned를 호출하고 res_owned를 할당하므로 둘 모두를 소유합니다. 마지막으로 task_owned 자체는 아무것도 소유하지 않으나 res_owned에 의존합니다. [그림 2-2]는 워커 노드에 대한 설명을 요약해 모든 관련된 컴포넌트를 보여줍니다.

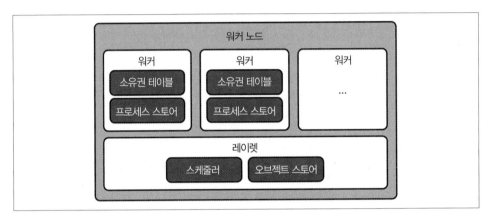

그림 2-2 워커 노드를 구성하는 시스템 구성 요소

2.2.2 헤드 노드

이미 1장에서 레이 클러스터에 헤드 노드head node라는 특수 노드가 있다고 말했습니다. 지금까지 헤드 노드에 드라이버 프로세스가 있다고 알고 계셨을 겁니다.[32] 드라이버는 스스로 태스크를 제출해도 실행은 할 수 없습니다. 또한 헤드 노드에는 워커 프로세스가 있을 수 있고 이는 단일 노드로 구성된 로컬 클러스터를 실행하는 데 중요합니다.

---

32 실제로 여러 드라이버가 있지만, 필수적으로 알아봐야 하지는 않습니다. 헤드 노드에서 단일 드라이버를 실행하는 게 일반적이나 드라이버 프로세스는 클러스터의 모든 노드에서 실행되거나 여러 드라이버가 단일 클러스터에 있기도 합니다.

헤드 노드는 다른 워커 노드와 동일하나 오토스케일러(9장 참조)와 글로벌 컨트롤 서비스Global Control Service (GCS)라는 구성 요소 같은 클러스터 관리를 담당하는 프로세스를 추가로 실행합니다. 이것은 클러스터에 대한 전역 정보를 전달하는 중요한 컴포넌트입니다. GCS는 시스템 레벨 메타데이터 같은 정보를 저장하는 키-값 저장소입니다. 예를 들어 각 레이렛에 대한 하트비트 신호를 저장한 테이블이 있어 레이렛과 통신 가능 여부를 확인합니다. 레이렛은 차례로 GCS에 하트비트 신호를 보내 자신이 살아 있음을 알립니다. 또한 GCS는 레이 액터의 위치를 저장합니다. 방금 알아본 소유권 모델은 모든 오브젝트 정보가 소유자 워커 프로세스에 저장되어 GCS에 병목 현상의 발생을 방지합니다.

2.2.3 분산된 스케줄링과 실행

이제 클러스터 오케스트레이션과 노드가 태스크를 관리하고 계획하며 실행하는 방법을 간략하게 알아봅시다. 워커 노드에 대해서 설명하며 레이를 사용해 워크로드를 분산할 때는 몇 가지 컴포넌트가 있다고 말했습니다. 프로세스와 관련된 단계와 복잡성을 정리하겠습니다.

| 분산된 메모리 |

레이렛의 오브젝트 스토어는 노드에서 메모리를 관리합니다. 때로는 노드 사이에 오브젝트를 전송해야 하는 경우가 있는데, 이를 분산 오브젝트 전송이라고 부릅니다. 이는 워커가 태스크를 실행하는 데 필요한 오브젝트를 갖도록 하는 원격 종속성 해결을 할 때 필요합니다.

| 통신 |

레이 클러스터에서 일어나는 오브제트 전송 같은 대부분의 통신은 gRPC(`https://grpc.io`)를 사용합니다.

| 리소스 관리 및 수행 |

노드에서 레이렛은 리소스를 할당하고 태스크 소유자에게 워커 프로세스를 임대하는 역할을 맡습니다. 노드 전체의 모든 스케줄러가 분산 스케줄러를 형성하고 이것은 효과적으로 노드가 다른 노드에 태스크를 스케줄링합니다. 로컬 스케줄러는 GCS와의 통신을 통해 다른 노드의 리소스 상황을 파악합니다.

| 태스크 실행 |

실행을 위해서 태스크가 제출되면 모든 의존성(로컬 및 원격 데이터)을 해결해야 합니다(예: 실행하기 전에 오브젝트 스토어에서 대용량 데이터를 검색).

앞서 몇 개의 절은 기술적으로 연관된 내용을 다뤘습니다. 사용 중인 소프트웨어의 기본적인 패턴과 아이디어를 이해하는 건 중요하지만, 레이 아키텍처의 세부 사항을 처음부터 이해하기란 분명 어려울 겁니다. 사실 레이의 설계 원칙에는 유용성을 아키텍처 복잡성과 바꾼다는 원칙이 있습니다. 레이의 아키텍처에 대해서 자세히 알아보고 싶다면 아키텍처 백서(https://oreil.ly/tadqC)를 참조하세요.

[그림 2-3]은 레이 아키텍처에 대한 내용의 요약입니다. 지금까지 레이 코어 API의 기본 사항과 레이 클러스터의 아키텍처 기본 사항에 대해서 알아보았습니다.

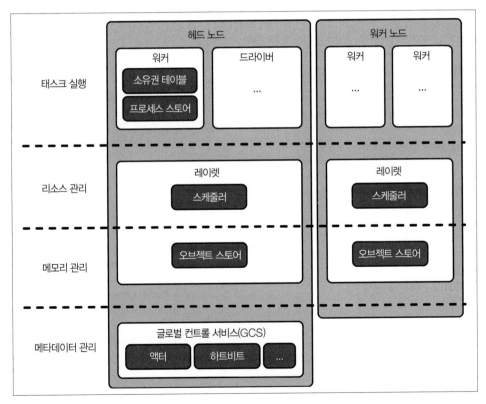

그림 2-3 레이의 아키텍처 컴포넌트 개요

2.3 레이를 사용한 간단한 맵리듀스 예시

최근 수십 년 동안 분산 컴퓨팅에서 중요한 마일스톤인 맵리듀스MapReduce를 알아보지 않고 갈 수 없습니다. 하둡Hadoop 같은 많은 빅데이터 기술은 맵리듀스 모델을 기반으로 하며, 레이를 사용한 예시를 살펴볼 필요가 있습니다. 단순하게 하기 위해 맵리듀스 구현을 여러 문서에 걸쳐서 특정 단어가 나온 횟수를 세는 사용 사례로 살펴봅니다. 이건 싱글 프로세싱에서는 사소한 작업이지만, 방대한 양의 문서의 말뭉치가 관련되고 숫자를 처리하기 위해서 여러 대의 노드가 필요한 상태에서는 흥미로운 문제가 됩니다.

맵리듀스로 단어의 수를 계산하는 과정은 분산 컴퓨팅에서 가장 잘 알려진 예시[33]이니, 알아두는 편이 좋습니다. 고전적인 패러다임을 모른다면 다음 3가지 간단한 단계를 기반으로 한다

---

33 이 예시는 일종의 'Hello World!' 예시입니다. 유비쿼터스 MNIST 데이터셋에서 분류기를 만드는 예시와 크게 다르지 않습니다.

고 기억해두세요.

1. **매핑 단계**: 문서 집합을 가져와서 기능에 따라 해당 요소(예. 문서에 포함된 단어)들을 변환하거나 '매핑'합니다. 이 단계에서는 설계상 키-값 쌍을 생성합니다. 키는 문서의 요소를 나타내고, 값은 단순히 해당 요소에 대해서 계산하려는 지표입니다. 단어를 세는 작업을 하기 때문에 문서에서 단어를 만날 때마다 map 함수는 나타내는 단어를 (단어, 1) 형태의 한 쌍을 내보내서 해당 단어가 한 번 발견되었음을 나타냅니다.

2. **셔플 단계**: 키에 따라서 매핑 단계의 모든 출력을 수집한 뒤 그룹화합니다. 분산 설정에서 작업하면 동일 키가 여러 컴퓨팅 노드에서 있을 수 있기에 노드 간에 데이터를 섞어야 합니다.[34] 구체적인 사용 사례에서 그룹화가 무엇을 의미하는지 알기 위해서 매핑 단계에서 총 4개의 항목이 생성되었다고 가정해봅시다. 그런 다음 셔플은 같은 단어가 같은 노드에 있는 모든 항목을 같이 함께 배치합니다.

3. **리듀스 단계**: 셔플 단계에서 요소를 집계하거나 '축소reduce'합니다. 앞서 설명한 예를 이으면, 최종 개수를 알기 위해서 각 노드에서 발생하는 모든 단어를 단순하게 요약합니다. 예를 들어서 (단어, 1)이 4개가 발생하면 (단어, 4)로 축소합니다.

분명히 맵리듀스는 세 단계에서 첫 번째와 마지막 단계에서 이름을 따왔지만, 두 번째 단계도 정말 중요합니다. 이런 단계는 단순해 보여도 수백 대의 시스템에서 대규모로 병렬화한다는 사실이 중요합니다.

[그림 2-4]에서 3개의 파티션에 분산된 문서 말뭉치에 맵리듀스의 세 단계를 적용하는 예시를 보여줍니다. 분산된 문서 말뭉치에서 맵리듀스를 실행하려면 먼저 각 문서를 키-값 쌍 셋으로 매핑하고 동일한 키를 가진 모든 키-값 쌍이 동일한 노드에 있도록 결과를 셔플하며, 마지막으로 키-값 쌍을 축소해서 최종 단어의 개수를 계산합니다.

이제 파이썬에서 예시에 대한 맵리듀스 알고리즘을 구현하고 레이를 사용해 계산을 병렬화합시다.

```
import subprocess
zen_of_python = subprocess.check_output(["python", "-c", "import this"])
corpus = zen_of_python.split() ❶

num_partitions = 3
chunk = len(corpus) // num_partitions
```

---

34 일반적으로 셔플은 파티션 간에 데이터를 재분배해야 하는 모든 작업을 의미합니다. 셔플은 비용이 많이 드는 연산입니다. 매핑 단계가 N개의 파티션에서 작동하는 경우 섞어야 N x N개의 결과가 생성됩니다.

```
partitions = [ ❷
    corpus[i * chunk: (i + 1) * chunk] for i in range(num_partitions)
]
```

❶ 텍스트 말뭉치로 'Zen of Python'을 사용합니다.

❷ 말뭉치를 3개의 파티션으로 분할합니다.

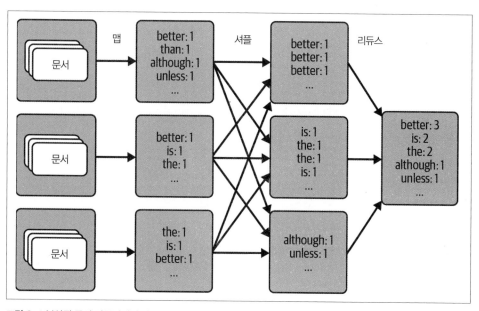

그림 2-4 분산된 문서 말뭉치에서 맵리듀스 알고리즘 실행

여기서 사용하는 데이터는 파이썬 커뮤니티의 가이드라인을 담은 'Zen of Python'입니다. 파이썬에서 import this를 입력하면 이스터에그로 출력됩니다. 파이썬 프로그래머에게 도움이 되는 내용을 담은 가이드라인이지만 지금은 포함된 단어 수만 세어보겠습니다. 'Zen of Python'을 로드하고 각 줄을 별도의 '문서'로 처리한 뒤 세 개의 파티션으로 분할했습니다.

맵리듀스 구현을 시작하기 위해서 먼저 매핑 단계에 대해서 설명하고, 레이가 결과를 셔플하는데 도움이 되는 방법을 설명하겠습니다.

2.3.1 매핑과 셔플

매핑 단계를 정의하기 위해서는 각 문서에 적용되는 맵 함수가 필요합니다. 이번에는 문서에서 찾은 각 단어에 대한 쌍 (단어, 1)을 방출하려고 합니다. 파이썬 문자열로 로드된 간단한 텍스트 문서의 경우 맵 함수는 다음과 같습니다.[35]

```python
def map_function(document):
    for word in document.lower().split():
        yield word, 1
```

다음으로 문서 전체에 매핑 함수를 적용하려고 합니다. apply_map 함수를 @ray.remote 데코레이터를 사용해서 레이 태스크로 만듭니다. apply_map을 호출하면 [그림 2-4]에서처럼 문서의 3개의 파티션(num_partitions=3)에 적용합니다. 그러면 함수는 각 파티션에 당 하나씩 총 세 개의 리스트를 반환합니다. 곧 보겠지만 레이가 매핑 단계의 결과를 올바른 노드로 셔플하도록 작업을 수행합니다.

```python
import ray


@ray.remote
def apply_map(corpus, num_partitions=3):
    map_results = [list() for _ in range(num_partitions)]  ❶
    for document in corpus:
        for result in map_function(document):
            first_letter = result[0].decode("utf-8")[0]
            word_index = ord(first_letter) % num_partitions  ❷
            map_results[word_index].append(result)  ❸
    return map_results
```

❶ apply_map 태스크는 각 데이터 파티션에 대한 하나의 결과를 반환합니다.

❷ word_index를 생성하는 ord 함수를 사용해서 각 파티션에 (단어, 1) 쌍을 할당합니다. 이러면 단어가 나올 때마다 동일한 파티션으로 셔플됩니다.

❸ 그다음 쌍이 올바른 리스트에 추가됩니다.

----

35 맵 함수에서 yield 사용법을 유의하세요. 이것은 파이썬에서 필요한 데이터로 생성기(generator)를 만드는 가장 빠른 방법입니다. 더 명확한 정보가 있다면 페어로 구성된 리스트를 만들고 반환할 수도 있습니다.

단일 머신 실행 가능한 크기의 텍스트 말 뭉치정도라면 이 예시는 너무 오버엔지니어링이며, 그 경우에는 그냥 단순하게 단어를 카운트하면 됩니다. 하지만 여러 노드에 걸쳐서 데이터를 분할해야 하는 분산 환경에서는 매핑 단계가 정말 중요합니다.

병렬로 문서 말뭉치에 매핑 단계를 적용하기 위해서 이 장에서 여러 번 해본 `apply_map`에 대한 원격 호출을 수행합니다. 눈이 띄는 차이는 `num_return` 인자를 통해서 3가지 결과(파티션 당 하나씩)를 반환하도록 한다는 점입니다.

```
map_results = [
    apply_map.options(num_returns=num_partitions) ❶
    .remote(data, num_partitions) ❷
    for data in partitions ❸
]

for i in range(num_partitions):
    mapper_results = ray.get(map_results[i]) ❹
    for j, result in enumerate(mapper_results):
        print(f"Mapper {i}, return value {j}: {result[:2]}")
```

❶ options 메서드를 사용해서 레이에게 num_partitions개의 값을 반환하도록 시킵니다.

❷ apply_map을 원격으로 실행합니다.

❸ 앞서 정의한 각 파티션을 반복합니다.

❹ 오직 보여주기 위한 목적으로 결과를 검사합니다. 일반적으로는 ray.get을 호출하지 않아 도 됩니다.

이 코드를 실행하면 각 매핑 단계의 결과가 출력됩니다. 결과는 세 개의 목록으로 구성되어, 이 중 각 리스트의 처음 두 개 요소가 출력됩니다.

```
Mapper 0, return value 0: [(b'of', 1), (b'is', 1)]
Mapper 0, return value 1: [(b'python,', 1), (b'peters', 1)]
Mapper 0, return value 2: [(b'the', 1), (b'zen', 1)]
Mapper 1, return value 0: [(b'unless', 1), (b'in', 1)]
Mapper 1, return value 1: [(b'although', 1), (b'practicality', 1)]
Mapper 1, return value 2: [(b'beats', 1), (b'errors', 1)]
Mapper 2, return value 0: [(b'is', 1), (b'is', 1)]
Mapper 2, return value 1: [(b'although', 1), (b'a', 1)]
Mapper 2, return value 2: [(b'better', 1), (b'than', 1)]
```

보다시피 j번째 반환 값의 모든 쌍이 리듀스 단계에서 동일한 노드에 있도록 합니다.[36] 이 단계에 대해서는 다음에 논의하겠습니다.

2.3.2 단어 수 축소(리듀스 단계)

리듀스 단계에서는 이제 각 파티션에서 나오는 모든 단어를 합산하는 딕셔너리를 만듭니다.

```
@ray.remote
def apply_reduce(*results): ❶
    reduce_results = dict()
    for res in results:
        for key, value in res:
            if key not in reduce_results:
                reduce_results[key] = 0
            reduce_results[key] += value ❷
    return reduce_results
```

❶ 셔플된 맵의 결과 리스트를 축소합니다.

❷ 매핑 단계에서 얻은 결과를 반복하고 단어가 발생할 때마다 단어 수를 한 개씩 증가시킵니다.

이제 각 매퍼에서 j번째 반환 값을 수집하고 다음과 같이 j번째 리듀서reducer에 전달합니다. 여기서는 토이 데이터셋을 사용하지만 코드는 싱글 머신에 맞지 않는 데이터셋도 대응하도록 확장 가능합니다. 이는 리듀서에 실제 데이터가 아닌 레이 오브젝트 레퍼런스를 전달하기 때문입니다. 모든 리듀스 단계는 레이 클러스터에서 실행되는 레이 태스크고 다음과 같이 데이터 셔플도 레이에서 처리합니다.

```
outputs = []
for i in range(num_partitions):
    outputs.append( ❶
        apply_reduce.remote(*[partition[i] for partition in map_results])
    )
counts = {k: v for output in ray.get(outputs) for k, v in output.items()} ❷
```

----

36 구조상 모든 동일한 키 쌍은 이런 방식으로 동일한 노드에 배치됩니다. 예를 들어서 샘플 출력에서 두 매퍼의 0번째 반환 값에 나타나는 is라는 단어가 어떻게 출력되는지 살펴보세요. is는 리듀스 단계의 동일한 파티션에서 끝납니다.

```
sorted_counts = sorted(counts.items(), key=lambda item: item[1], reverse=True) ❸
for count in sorted_counts:
    print(f"{count[0].decode('utf-8')}: {count[1]}")
```

❶ 각 맵 태스크에서 출력을 하나씩 수집해 apply_reduce에 제공합니다.

❷ 모든 리듀스 단계를 count 딕셔너리에 수집합니다.

❸ 전체 말뭉치에 대해 정렬된 단어 수를 출력합니다.

이 예시를 실행하면 다음과 같은 출력이 생성됩니다.

```
is: 10
than: 8
better: 8
the: 6
to: 5
although: 3
```

자세한 메모리 고려사항을 포함해서 레이를 사용한 맵리듀스 작업을 여러 노드로 확장하는 방법을 더 자세히 알아보려면 주제에 대한 블로그 글(https://oreil.ly/ROSPr)을 참조하세요.

이 맵리듀스 예시는 레이의 프로그래밍 모델이 정말 얼마나 유연한지 보여줍니다. 프로덕션 수준의 맵리듀스를 구현하는 건 분명 더 많은 노력이 필요합니다. 하지만 일반적인 알고리즘을 재현하면 큰 도움이 됩니다. 예를 들어서 2010년 즈음 맵리듀스의 초기 시절에는 워크로드를 표현할 때 이 패러다임만을 사용했습니다. 레이를 사용하면 대부분의 파이썬을 적당히 다루는 수준의 프로그래머가 흥미로운 분산 컴퓨팅 패턴을 다루게 됩니다.[37]

2.4 요약

이 장에서는 레이 API의 기본 사항을 살펴봤습니다. 오브젝트 스토어에 값을 방법과 다시 값

---

37 태스크(https://oreil.ly/dWaSg)와 액터(https://oreil.ly/s6eLw)에 대한 레이의 자세한 패턴과 안티 패턴을 확인하기를 추천합니다.

을 가져오는 방법을 배웠고, `@ray.remote` 데코레이터를 사용해서 파이썬 함수를 레이 태스크로 선언하는 방법에도 익숙해졌으며, `@ray.remote`를 사용해 레이 클러스터에서 태스크를 호출하는 방법도 알아봤습니다. 마찬가지로 파이썬 클래스에서 레이 액터를 선언하는 방법과 이를 인스턴스화하고 상태 저장 분산 계산에 활용하는 방법도 이해할 겁니다.

또한 레이 클러스터의 기초도 배웠습니다. `ray.init()`로 레이 클러스터를 실행하고 태스크를 제출합니다. 그러면 헤드 노드에 위치한 드라이버 프로세스가 워커 노드에게 태스크를 배포합니다. 각 노드의 레이렛이 태스크를 스케줄링하고 워커 프로세스가 태스크를 실행합니다. 또한 레이를 사용해서 맵리듀스 패러다임을 구현했고, 레이 애플리케이션을 만드는 일반적인 패턴을 살펴보았습니다.

레이 코어에 대한 간단한 맛보기로 자신만의 분산 프로그램을 만들 수 있습니다. 3장에서는 기본적인 머신러닝 애플리케이션을 구현하며 여러분의 지식을 확인하겠습니다.

## CHAPTER 3

분산 애플리케이션 개발

이제 레이 API의 기본적인 기능을 살펴봤으니 이를 통해서 더 현실적인 애플리케이션을 만들겠습니다. 이 장을 마치면 강화학습 문제를 처음부터 실행하고, 첫 번째 알고리즘을 구현하며 레이 태스크와 액터로 설루션을 로컬 클러스터에 병렬화합니다. 모든 과정이 단 코드 250줄 미만으로 구현됩니다.

이 장은 강화학습에 대한 경험이 없는 독자를 위해 구성되었습니다. 간단한 문제를 해결하고 이를 해결하는 데 필요한 스킬을 개발합니다. 4장에서는 전적으로 주제를 집중적으로 다루기 때문에 고급 강화학습 개념과 관련 용어는 건너뛰고 당면한 문제에만 집중합니다. 하지만 강화학습에 익숙한 독자라고 하더라도 분산 환경에서 고전 알고리즘을 구현해 보면 도움이 될 겁니다.

이 장은 레이 코어만 사용하는 마지막 장입니다. 레이가 얼마나 강력하고 유연한지, 보통이라면 확장하는 데 많은 노력이 필요한 분산 실험을 얼마나 빨리 구현하는지에 대해서 알아봅시다.

구현을 시작하기 전에 강화학습 패러다임을 조금 자세히 다뤄보겠습니다. 이미 강화학습에 대한 경험이 있다면 이 절은 건너뛰어도 됩니다.

3.1 강화학습 소개

저자(막스)가 좋아하는 모바일 앱을 잠시 소개하겠습니다. 이 앱은 정원에 있는 식물의 사진만 보여주면 자동으로 식물을 분류하고 '레이블링label'합니다. 저자는 식물을 구분하는 데 서툴기 때문에 도움을 많이 받습니다. 지난 몇 년간 이와 유사한 애플리케이션이 많이 늘어났습니다.

AI 분야가 추구하는 목표 하나는 사물을 분류하는 기능을 넘어선 지능형 에이전트의 구축입니다. 어떤 식물인지 인식한 뒤 식물을 돌보는 AI 애플리케이션을 상상해보세요. 애플리케이션은 다음 기능을 가져야 합니다.

- (계절의 변화 같은) 동적인 환경에서 작동
- (폭풍우 또는 해충 같은) 환경 변화에 반응
- (식물에 물 주기 및 비료주기 같은) 일련의 작업을 수행
- (식물 건강 우선수위 지정 같은) 장기 목표 달성

AI는 환경을 관찰하면서 가능한 행동을 찾고 시간이 지남에 따라서 더 나은 해결책을 얻는 방법을 학습합니다. 예시가 인위적이거나 너무 멀다고 생각이 든다면 요구사항을 만족하는 예시를 스스로 생각해보는 게 좋습니다. 공급망 관리 및 최적화, 바뀌는 수요를 고려한 전략적인 창고 재입고 또는 조립 라인의 처리 단계 조정 같은 작업을 생각해보세요. AI에게 기대를 걸만한 또 다른 예는 그 유명한 스티븐 워즈니악Stephen Wozniak의 '커피 테스트Coffee Test'입니다. 만약 여러분이 친구의 집에 초대된다면 여러분은 부엌에서 커피 머신과 필요한 재료를 찾아 커피를 내리는 방법을 알아낸 후에 자리에 앉아서 커피를 즐깁니다. 마지막 부분이 기계에게는 조금 어렵겠지만, 기계도 같은 작업을 해야 합니다. 떠오르는 다른 예시가 있나요?

머신러닝의 하위 분야인 강화학습에서도 모든 요구사항을 자연스럽게 구성할 수 있습니다.[38] 지금은 강화학습이 환경을 관찰하고 행동action하면서 환경과 상호작용하는 에이전트에 관한 이야기를 한다는 사실만 이해해도 충분합니다. 강화학습에서 에이전트는 보상(예. 선형적인 스케일에서 내 식물이 얼마나 건강한지)을 기반으로 환경을 평가합니다. '강화reinforcement'라는 용어는 에이전트가 높은 보상을 얻도록 하는 행동을 찾는 방법을 배우고, 낮은 보상으로 이어지

---

38 아직 정원을 가꾸는 로봇은 없지만 어떤 AI 패러다임으로 탄생할지 모릅니다. 강화학습이 반드시 정답은 아닐 겁니다. 강화학습은 AI 목표에 대한 이 특정한 개념에 자연스럽게 들어맞는 패러다임일 뿐입니다.

는 행동을 피하려고 한다는 사실에서 개념을 얻어왔습니다.

일반적으로 에이전트와 환경의 상호작용은 환경에 대한 컴퓨터 시뮬레이션을 생성해서 모델링됩니다. 실제로 어떻게 작동하는지 아이디어를 주기 위해 에이전트가 환경에서 행동하는 시뮬레이션을 만들겠습니다.

3.2 간단한 미로 문제 설정

이전 장과 마찬가지로 이 장의 예시를 코딩하기를 추천합니다. 만약 원하지 않는다면 이 장에 대한 노트북(https://github.com/hanbit/learning-ray)을 따라하면 됩니다.

이번에 만드는 앱의 세부사항은 다음과 같습니다.

- 한 명의 플레이어가 네 방향으로 이동하는 간단한 2D 미로 게임을 구현합니다.
- 플레이어가 움직일 5x5 격자 형태의 미로를 만듭니다. 25개의 칸 중 하나는 시커(seeker)라 불리는 플레이어가 도달해야 하는 '목표'입니다.
- 시커가 목표를 찾는 방법을 배우도록 솔루션을 하드코딩하는 대신 강화학습 알고리즘을 사용합니다.
- 미로를 반복적으로 시뮬레이션해 목표를 찾은 시커에게 보상을 주고 어떤 결정이 효과적이었고, 어떤 결정이 효과적이지 못했는지 추적해봅니다. 실행 중인 시뮬레이션을 병렬화할 수도 있고 강화학습 알고리즘도 병렬화되므로 레이 API를 사용해서 전체 과정을 병렬화합니다.

아직은 여러 노드로 구성된 레이 클러스터에서 애플리케이션을 만들 준비가 되지 않았습니다. 그래서 일단은 로컬 클러스터에서 작업할 예정입니다. 인프라에 관심이 있고 레이 클러스터를 설정하는 방법을 배우고 싶다면 9장을 참고하세요. 아무튼 pip install ray로 레이를 설치했는지 확인하세요.

먼저, 방금 그려본 2D 미로를 구현하겠습니다. 파이썬에서 (0, 0)에서 시작해서 (4, 4)에서 끝나는 간단한 5x5 그리드를 구현하고 플레이어가 그리드를 이동하는 방법을 정의합니다. 이를 위해서 4방향으로 이동하기 위한 추상화가 필요합니다. 위, 아래, 왼쪽, 오른쪽으로 이동하는 4가지 행동은 파이썬에서 Discrete라는 클래스로 인코딩됩니다. 여러 개별 작동으로 이동하는 추상화는 매우 유용해서 네 방향이 아니라 n 방향으로 일반화합니다. 클래스를 만드는 게 너무 이르지 않나 걱정하는 독자를 위해서 말씀드리면 이르지 않습니다. 곧 Discrete 클래스가 필요합니다.

```
import random

class Discrete:
    def __init__(self, num_actions: int):
        """ num_actions에 대한 이산 행동 공간.
        Discrete(4)는 기본 방향 중 하나로 이동하는 데 사용되는 인코딩으로 사용됩니다.
        """
        self.n = num_actions

    def sample(self):
            return random.randint(0, self.n - 1) ❶

space = Discrete(4)
print(space.sample()) ❷
```

❶ 이산discrete 행동은 0과 n-1 사이에서 균일하게 샘플링됩니다.

❷ 예를 들어 Discrete(4)는 0, 1, 2, 3 중 하나를 제공합니다.

이 예처럼 Discrete(4)에서 샘플링하면 0, 1, 2, 3 중 하나가 무작위로 반환됩니다. 각 숫자는 아래, 왼쪽, 위, 오른쪽 순서로 해석합니다.

이제 미로에서 이동하는 방법을 알았기에 목표 셀과 목표를 찾으려는 시커 플레이어의 위치를 포함해서 미로를 만들겠습니다. 작업을 위해서 Environment 클래스를 구현합니다. 미로는 플레이어가 '사는' 환경이기에 그렇게 불립니다. 문제를 쉽게 해결하기 위해서 항상 시커를 (0, 0) 목표를 (4, 4)로 설정합니다. seeker가 이동하고 목표를 찾도록 Discrete(4)의 action_space와 Environment를 초기화합니다.

미로에서 사용할 마지막 정보인 시커 위치의 인코딩을 설정합니다. 나중에 시커의 특정 위치에서 어떤 행동을 선택하면 좋은 결과를 가져왔는지 추적하는 알고리즘을 구현하기 위함입니다. 시커의 위치를 Discrete(5*5)로 인코딩하면 일반 숫자가 되어 작업이 훨씬 쉬워집니다. 플레이어가 접근할 수 있는 게임 정보를 강화학습 용어로는 관찰observation이라고 부릅니다. 관찰 공간(observation_space) 역시 시커가 수행하는 액션과 유사하게 정의하겠습니다.

```
import os
class Environment:
```

```python
def __init__(self, *args, **kwargs):
    self.seeker, self.goal = (0, 0), (4, 4) ❶
    self.info = {'seeker': self.seeker, 'goal': self.goal}

    self.action_space = Discrete(4) ❷
    self.observation_space = Discrete(5*5) ❸
```

❶ seeker는 왼쪽 상단, goal은 미로의 오른쪽 하단에 초기화됩니다.

❷ seeker는 상, 하, 좌, 우로 움직입니다.

❸ 그리드의 각 위치에 대해 하나씩 총 25개의 상태가 있습니다.

디버깅을 위해 미로의 현재 상태에 대한 정보를 출력하는 데 사용하는 변수도 정의했습니다. 시커 입장에서 목표 찾기 게임을 하려면 몇 개의 도우미^{helper} 메서드를 정의해야 합니다. 시커가 목표를 찾으면 게임은 '완료' 처리해야 합니다. 또한 목표를 시커는 보상을 얻어야 하고, 게임이 끝나면 초기 상태로 재설정돼서 다시 플레이할 수 있어야 합니다. 마지막으로 인코딩된 시커의 위치를 반환하는 get_observation 메서드도 정의합니다. Environment 클래스를 계속 구현하면 다음 같은 4가지 메서드로 변환됩니다.

```python
def reset(self): ❶
    """시커의 위치를 초기화하고 관찰을 반환"""
    self.seeker = (0, 0)
    return self.get_observation()

def get_observation(self):
    """시커의 위치를 정수로 인코딩"""
    return 5 * self.seeker[0] + self.seeker[1] ❷
def get_reward(self):
    """목표 도달에 대한 보상"""
    return 1 if self.seeker == self.goal else 0 ❸

def is_done(self):
    """목표에 도달하면 작업 끝"""
    return self.seeker == self.goal ❹
```

❶ 새 게임을 플레이하려면 원래 상태로 그리드를 초기화해야 합니다.

❷ seeker 튜플을 환경의 observation_space 값으로 변환합니다.

❸ 시커는 오직 목표에 도달했을 때만 보상을 받습니다.

❹ 만약 seeker가 goal의 위치에 도달했다면 게임을 끝냅니다.

구현해야 하는 마지막 필수 메서드는 step 메서드입니다. 여러분이 미로 게임을 하다가 다음 작동에서 오른쪽으로 이동하기로 결정했다고 생각해봅시다. step 메서드는 액션(즉, '오른쪽'이 인코딩된 값인 3)을 수행하고 이를 게임의 상태에 적용합니다. 변경 사항을 반영하기 위해 step 메서드는 seeker의 위치, 보상, 게임 종료 여부 등의 게임 정보를 반환합니다. step 메서드는 다음과 같습니다.

```python
def step(self, action):
    """한 방향으로 한걸음 이동한 뒤 필요한 모든 정보를 반환합니다.
    if action == 0:  # move down
    self.seeker = (min(self.seeker[0] + 1, 4), self.seeker[1])

    elif action == 1:  # move left
        self.seeker = (self.seeker[0], max(self.seeker[1] - 1, 0))
    elif action == 2:  # move up
        self.seeker = (max(self.seeker[0] - 1, 0), self.seeker[1])
    elif action == 3:  # move right
        self.seeker = (self.seeker[0], min(self.seeker[1] + 1, 4))
    else:
        raise ValueError("Invalid action")

    obs = self.get_observation()
    rew = self.get_reward()
    done = self.is_done()
    return obs, rew, done, self.info  ❶
```

❶ 관찰, 보상, 완료 여부와 지정된 방향으로 한번 움직인 이후 유용할 여러 추가 정보를 반환합니다.

step 메서드가 마지막으로 구현해야 하는 필수적인 메서드라고 말했지만 게임을 시작화하고 이해하기 위해 매우 유용한 도우미 메서드를 하나만 더 정의하고 싶습니다. render 메서드는 게임의 현재 상태를 커맨드라인에 출력합니다.

```python
def render(self, *args, **kwargs):
    """환경을 렌더링합니다."""
    os.system('cls' if os.name == 'nt' else 'clear')  ❶
```

```
grid = [['¦ ' for _ in range(5)] + ["¦\n"] for _ in range(5)]
grid[self.goal[0]][self.goal[1]] = '¦G'
grid[self.seeker[0]][self.seeker[1]] = '¦S' ❷
print(''.join([''.join(grid_row) for grid_row in grid])) ❸
```

❶ 화면을 초기화합니다.

❷ 그리드를 그린 뒤 목표를 G로 표시하고 시커를 S로 표시합니다.

❸ 그리드를 화면에 출력해서 렌더링합니다.

이제 2D 미로 게임을 정의하는 **Environment** 클래스를 구현했습니다. 게임은 단계별로 실행하고, 완료되면 다시 초기화됩니다. 게임의 플레이어인 시커도 주변 환경을 관찰하고 목표를 찾으면 보상을 받습니다.

이 구현체로 무작위 행동을 하는 시커를 위한 목표 찾기 게임을 해보죠. 이를 위해 새로운 **Environment**를 생성하고 샘플링 및 액션을 환경에 적용하고 게임이 끝날 때까지 환경을 렌더링해서 수행합니다.

```
import time
environment = Environment()

while not environment.is_done():
    random_action = environment.action_space.sample() ❶
    environment.step(random_action)
    time.sleep(0.1)
    environment.render() ❷
```

❶ 끝날 때까지 샘플링된 액션을 적용해서 환경을 테스트합니다.

❷ 환경을 시각화하려면 1/10초 동안 기다리고 렌더링합니다(이렇게 하지 않으면 코드가 너무 빨리 실행되어 따라갈 수 없습니다).

컴퓨터로 예시를 실행하면 시커가 목표를 달성하고 게임이 종료됩니다. 경우에 따라 시간이 더 걸릴 수도 있습니다.

이 문제는 정말 간단한 문제라 그냥 순서에 상관없이 오른쪽과 아래로 각각 4번씩 총 8번만 움직이면 된다고 이의를 제기할 분이 계실지도 모릅니다. 사실 그렇게 간단한 문제가 아닙니다.

예시는 머신러닝을 사용해 문제뿐만 아니라 훨씬 더 어려운 문제를 풀기 위한 시작 단계입니다. 구체적으로, 단순히 게임만 플레이하면서 게임을 하는 방법을 스스로 파악하는 알고리즘을 만드는 중입니다. 무슨 일이 일어나는지 관찰하고, 다음에 할 일을 결정하고, 액션에 대한 보상을 받으면서요.

이야기가 나왔으니 게임을 더 복잡하게 만들어 보길 추천합니다. Environment 클래스에 정의한 인터페이스를 변경하지 않고 게임을 수정할 방법이 많습니다. 다음은 게임에 적용해보면 좋을 몇 가지 수정사항입니다.

- 그리드를 10x10으로 확장하거나 시커의 초기 위치를 무작위로 정합니다.
- 그리드의 외벽을 더 위험하게 만듭니다. 외벽에 닿을 때마다 −100의 보상(극단적인 페널티)을 줍니다.
- 시커가 통과할 수 없는 장애물을 도입합니다.

정말로 모험적인 수정을 하고 싶다면 목표의 위치도 무작위로 정하는 방법도 있습니다. 현재 시커는 get_observation 메서드에서 목표의 위치에 대한 정보가 없으므로 이에 대한 수정도 추가적으로 고려해야 합니다. 이 장을 다 읽은 뒤에 시도해도 좋습니다.

3.3 시뮬레이션 구현

Environment 클래스가 구현된 상태에서 시커가 게임을 잘하도록 '가르치는' 문제를 해결하려면 무엇이 필요할까요? 어떻게 하면 시커가 최소 8번의 스텝 내에 목표를 찾을까요? 환경에 보상을 제공했고, 시커는 신호를 사용해 게임을 플레이하는 방법을 학습했습니다. 강화학습에서는 알고리즘이 반복적으로 게임을 플레이하는 과정에서 얻은 경험을 통해서 배웁니다. 게임 플레이어는 환경에서 액션을 수행하고, 상태를 관찰하고, 보상을 받는 에이전트agent라고 불립니다.[39] 에이전트가 더 잘 학습할수록 현재 게임의 상태를 잘 해석하고, 더 많은 보상을 받는 액션을 잘 찾게 됩니다.

사용하려는 강화학습 알고리즘과 상관없이 경험 데이터를 수집하려면 게임을 반복적으로 시뮬레이션해야 합니다. 이런 이유로 간단한 Simulation 클래스를 구현하려 합니다.

----

39 4장에서 살펴볼 예정이지만 멀티플레이 게임에서도 강화학습을 적용할 수 있습니다. 미로 환경을 다중 에이전트 환경으로 만드는 건 여러 시커가 목표를 위해서 경쟁하는 흥미로운 작업입니다.

또 필요한 유용한 추상화로는 액션을 정하는 방법인 **Policy**의 추상화가 있습니다. 지금 게임을 하면 시커는 무작위로 액션을 취하기만 합니다. 여기서 **Policy**는 게임의 현재 상태에 더 좋은 액션을 수행하도록 만듭니다. **Policy** 클래스에 **get_action** 메서드를 추가해 게임의 상태를 받은 뒤 액션을 반환하도록 하겠습니다.

게임에서 시커는 그리드에 총 25개의 상태를 가지고, 4가지의 액션을 수행합니다. 간단한 아이디어는 상태-액션의 쌍을 보고 이 상태에서 액션을 취해 높은 보상을 받는다면 높은 값을 주고, 그렇지 않다면 낮은 값을 줍니다. 예를 들어 사람은 게임을 보면 직관적으로 아래로 이동하거나 오른쪽으로 이동하면 항상 좋은 결과를 주며, 왼쪽이나 위로 이동하면 좋지 않은 결과가 나온다는 사실을 알아챕니다. 그다음 모든 상태-액션 쌍에 25x4의 조회용 테이블을 만들어 **Policy**에 저장합니다. 그다음 주어진 특정 상태에서 단순히 4가지 모든 액션 중 가장 높은 값을 반환하도록 합니다. 물론 상태-액션 쌍에서 좋은 값을 찾는 알고리즘을 만들기는 어렵습니다. **Policy**에 대한 아이디어를 먼저 구현하고 나중에 적절한 알고리즘을 고민하겠습니다.

```python
import numpy as np

class Policy:
    def __init__(self, env):
        """정책은 현재 상태를 기반으로 취해야할 액션을 제안합니다.
           각 상태-액션 쌍의 값을 추적해 이를 수행합니다."""

        self.state_action_table = [
            [0 for _ in range(env.action_space.n)]
            for _ in range(env.observation_space.n) ❶
        ]
        self.action_space = env.action_space

    def get_action(self, state, explore=True, epsilon=0.1): ❷
        """무작위 탐색을 하거나 현재 사용 가능한 최고의 값을 활용합니다.."""
        if explore and random.uniform(0, 1) < epsilon: ❸
            return self.action_space.sample()
        return np.argmax(self.state_action_table[state]) ❹
```

❶ 0으로 초기화된 각 상태-액션 쌍에 대한 중첩된 값 리스트를 정의합니다.

❷ 최적화되지 않은 액션에 갇히지 않도록 하기 위해 **explore**를 사용해 무작위 액션을 실행합니다.

❸ get_action 메서드에 explore 인자를 도입합니다. 게임에서 임의의 액션을 수행할 수도 있기 때문입니다. 기본적으로 예시에서는 10% 확률로 탐색explore합니다.

❹ 현재 상태가 지정된 경우에 조회용 테이블에서 가장 높은 값을 가진 액션을 반환합니다.

구현 세부정보를 Policy 정의에 살짝 넣었는데, 이는 조금 혼란스러울 지도 모릅니다. get_action 메서드에는 explore 인자가 있습니다. 만약 이게 없는 상태에서 매우 형편없는 정책 (항상 왼쪽으로 이동하기를 원하는 정책 등)을 배우게 되면 더 나은 설루션을 찾을 기회가 완전히 사라져 버립니다. 때로는 게임에 대한 현재의 지식을 '활용'하지 않고 새로운 방법을 탐색할 필요가 있습니다. 앞에서 설명했듯 정책의 state_action_table에서 값을 개선하는 방법을 논의한 적은 없습니다. 지금은 정책이 미로 게임을 시뮬레이션할 때 따라야 할 액션을 알려준다는 점을 기억하세요.

앞서 설명한 Simulation 클래스로 돌아가면, 시뮬레이션은 Environment를 가지고 목표에 도달해서 게임이 종료될 때까지 특정 Policy의 액션을 계산해야 합니다. 이렇게 완전한 게임을 '롤아웃'[40]하면서 관찰된 데이터를 '경험experience'이라고 부릅니다. 그래서 Simulation 클래스에서 전체 게임 경험을 계산하고 반환하는 rollout 메서드가 있습니다. Simulation 클래스는 다음과 같습니다.

```python
class Simulation(object):
    def __init__(self, env):
        """어떤 정책을 따라야할지 정해지면 환경을 롤아웃해 시뮬레이션합니다.."""
        self.env = env

    def rollout(self, policy, render=False, explore=True, epsilon=0.1):  ❶
        """정책을 롤아웃 한 경험을 반환합니다."""
        experiences = []
        state = self.env.reset()  ❷
        done = False
        while not done:
            action = policy.get_action(state, explore, epsilon)  ❸
            next_state, reward, done, info = self.env.step(action)  ❹
            experiences.append([state, action, reward, next_state])  ❺
            state = next_state
            if render:  ❻
                time.sleep(0.05)
```

----

40 옮긴이_ 한 판의 게임을 끝까지 플레이함을 의미

```
        self.env.render()
    return experiences
```

❶ 정책의 액션에 따라서 게임의 롤아웃을 계산하고 원한다면 시뮬레이션을 렌더링합니다.

❷ 확실하게 하려면 롤아웃을 하기 전에 환경을 초기화합니다.

❸ 전달된 정책은 이후에 취할 액션을 주도합니다.

❹ 정책의 액션을 적용해서 환경을 단계적으로 실행합니다.

❺ experience를 (state, action, reward, next_state)로 4중으로 정의합니다.

❻ 원한다면 각 스텝마다 환경을 렌더링합니다.

롤아웃 과정에서 수집된 각 experiences는 현재 상태, 수행한 액션, 받은 보상 및 다음 상태라는 네 개의 값으로 구성됩니다. 잠시 후에 구현할 알고리즘은 경험을 통해서 학습합니다. 알고리즘에 따라 다른 경험 값으로 학습할 수도 있지만, 이번에는 이 네 값을 사용해서 진행하겠습니다.

아직 전혀 학습되지 않은 정책을 사용하지만, 정책의 인터페이스를 테스트해서 작동하는지 확인합니다. Simulation 객체를 초기화하고 별로 똑똑하지 않은 정책에서 rollout 메서드를 호출한 뒤에 state_action_table을 출력하겠습니다.

```
untrained_policy = Policy(environment)
sim = Simulation(environment)

exp = sim.rollout(untrained_policy, render=True, epsilon=1.0) ❶
for row in untrained_policy.state_action_table:
    print(row) ❷
```

❶ '훈련하지 않은' 정책으로 게임 전체를 롤아웃합니다.

❷ 상태-액션 값은 현재 모두 0입니다.

이전 절 이후에 별로 진전이 없다고 염려되신다면 다음 절에서 모든 과정을 종합할 테니 안심하세요. 문제를 올바르게 구성하려면 Simulation과 Policy를 설정하는 준비 작업이 필요했습니다. 이제 수집한 경험을 바탕으로 정책의 내부 상태를 업데이트해 미로 게임을 훈련할 현명한 방법을 만드는 일만 남았습니다.

3.4 강화학습 모델 훈련

몇 번의 게임으로 경험을 수집했다고 가정해보세요. Policy의 state_action_table 값을 업데이트하는 좋은 방법은 무엇일까요? 한 경우를 생각해보죠. 여러분이 (3, 5)에 있고 오른쪽으로 가기로 결정했다고 가정해봅시다. 그러면 목표에서 한 칸 떨어져 있는 (4, 5)에 가게 됩니다. 그다음 오른쪽으로 가면 목표에 도달하므로 1의 보상을 받습니다. 이건 '오른쪽'으로 이동하는 액션과 결합된 현재 상태가 높은 값을 가져야 한다는 의미입니다. 즉, 특정 상태-액션의 값이 높아야 합니다. 반대로 동일한 상태에서 왼쪽으로 이동하면 아무 일도 일어나지 않기에 상태-액션 쌍은 낮은 값을 가져야 합니다.

더 쉽게 정리하면 (state, action, reward, next_state)라는 경험은 어떤 주어진 상태(state)에서 특정한 액션(action)을 취해 보상(reward)을 받아 다음 상태(next_state)에 있다고 가정합시다. policy.state_action_table을 사용하면 next_state에서 액션을 취해 얻을 보상이 있는지 미리 엿볼 수 있습니다. 즉, 다음 단계를 예측하는 겁니다.

```
next_max = np.max(policy.state_action_table[next_state])
```

이 값을 상태-액션 값인 value = policy.state_action_table[state][action]과 어떻게 비교해야 할까요? 여러 방법이 있겠지만 현재 값을 버리고 next_max만을 믿을 수는 없습니다. 결국 여기서 값은 사용할 경험일 뿐 다른 의미가 없습니다. 그러면 첫 근사치로 단순하게 이전 값과 예상 값의 가중합을 계산하는 new_value = 0.9 * value + 0.1 * next_max는 어떨까요? 여기에 나온 값인 0.9와 0.1은 그냥 임의로 선택한 값입니다. 여기서 유일하게 중요한 부분은 첫 번째 값이 이전 값을 유지할 만큼 충분히 크며 두 가중치의 합이 1이 된다는 점입니다. 이 공식은 분명 좋은 출발점이지만 중요한 정보인 '보상'을 전혀 고려하지 않았습니다. 사실 예상치인 next_max 보다 현재 보상 값을 훨씬 많이 신뢰해야 하기에 후자를 10% 정도로 디스카운트하는 게 좋습니다. 상태-액션 값을 업데이트하면 다음과 같습니다.

```
new_value = 0.9 * value + 0.1 * (reward + 0.9 * next_max)
```

이런 방식의 추론은 여러분의 경험 수준에 따라서 마지막 몇 문단은 이해하기 어렵게 느껴질 겁니다. 지금까지 설명을 모두 이해했다면 이 장의 나머지 부분은 쉽게 이해할 겁니다. 지금까지 소개한 수학적인 내용은 예시의 유일한 어려운 부분입니다. 이전에 강화학습을 다뤄 본 적

있다면, 이건 Q학습Q-Learning 알고리즘의 구현임을 눈치챘을 겁니다. 상태–액션 테이블은 이런 쌍에 대한 값을 반환하는 함수 Q(state, action)으로 해석되는 경우도 있기 때문이죠.

이제 거의 다 왔으니 정책과 수집된 경험에 대한 update_policy 함수를 통해 절차를 다듬겠습니다.

```python
def update_policy(policy, experiences, weight=0.1, discount_factor=0.9):
    """주어진 정책을 (상태, 액션, 보상, 상태) 리스트로 업데이트합니다."""
    for state, action, reward, next_state in experiences:  ①
        next_max = np.max(policy.state_action_table[next_state])  ❷
        value = policy.state_action_table[state][action]  ❸
        new_value = (1 - weight) * value + weight * \
                    (reward + discount_factor * next_max)  ❹
        policy.state_action_table[state][action] = new_value  ❺
```

❶ 모든 experiences를 순서대로 반복합니다.

❷ 다음 상태에서 가능한 액션의 결과 중 최대값을 고릅니다.

❸ 현재 상태–액션 값을 추출합니다.

❹ 새로운 값은 이전 값과 예상 값의 가중합이며, 이는 현재 보상과 디스카운트된 next_max의 합입니다.

❺ 업데이트 이후 새 state_action_table 값을 설정합니다.

이제 함수를 사용해 다음 과정처럼 간단하게 더 나은 결정을 내리도록 정책을 훈련할 수 있습니다.

1. 정책과 시뮬레이션을 초기화합니다.
2. 시뮬레이션을 여러 번 실행합니다. 여기서는 10,000번 실행한다고 가정합니다.
3. 각 게임에 롤아웃을 실행해서 경험을 수집합니다.
4. 수집된 경험에서 update_policy를 호출해서 정책을 업데이트합니다.

끝입니다! 앞서 설명한 절차를 코드로 구현하면 train_policy 함수와 같습니다.

```python
def train_policy(env, num_episodes=10000, weight=0.1, discount_factor=0.9):
    """롤아웃에서 얻은 경험을 통해 업데이트해 정책을 훈련합니다."""
```

```
    policy = Policy(env)
    sim = Simulation(env)
    for _ in range(num_episodes):
        experiences = sim.rollout(policy) ❶
        update_policy(policy, experiences, weight, discount_factor) ❷
    return policy

trained_policy = train_policy(environment) ❸
```

❶ 각 게임에서 experiences를 수집합니다.

❷ experiences로 가지고 정책을 업데이트합니다.

❸ 마지막으로 이전 environment에 대한 정책을 훈련하고 반환합니다.

강화학습의 언어로 미로 게임을 전체 플레이를 말하는 전문적인 단어는 '에피소드'입니다. 그래서 train_policy 함수에서 num_games가 num_episodes로 호출합니다.

Q 학습

방금 구현한 Q 학습 알고리즘은 상대적으로 이해하기 쉬워서 강화학습 수업에서 보통 첫 번째로 구현해보는 알고리즘입니다. 상태-액션 쌍이 얼마나 잘 작동하는지 보여주는 경험 데이터를 수집하고 테이블로 만든 다음 Q 학습의 업데이트 규칙에 따라서 테이블을 업데이트합니다.

상태나 액션이 많은 강화학습 문제의 경우에는 Q 테이블이 많이 커지기도 합니다. 그러면 상태-액션 상에 대한 경험 데이터를 수집하는 데 많은 시간이 걸리기에 알고리즘이 효율적성이 떨어집니다.

문제를 해결하기 위해 신경망을 사용해서 Q 테이블을 근사하는 방법이 있습니다. 이는 딥러닝을 사용해서 상태를 액션에 매핑하는 함수를 학습시킬 수 있어서 가능한 방법입니다. 이런 접근을 심층 Q 학습Deep Q-Learning이라고 부르고, 학습에 사용되는 네트워크를 심층 Q 신경망Deep Q-Networks(DQN)이라고 부릅니다. 이 책의 4장부터는 강화학습을 풀기 위해 딥러닝만 사용합니다.

이제 정책을 훈련했으니 이게 얼마나 잘 작동하는지 알아봅시다. 이 장에서는 미로 문제에 대해서 얼마나 알고리즘이 잘 작동하는지 확인하기 위해 무작위 정책을 두 번 실행했습니다. 하지만 이제는 여러 게임을 통해 학습된 정책을 제대로 평가하고 평균적으로 어떻게 작동하는지

살펴보겠습니다. 구체적으로 몇 번의 에피소드에 대해서 시뮬레이션하고 목표까지 도달하기까지 에피소드마다 몇 단계가 걸렸는지 계산합니다. 그래서 평가를 위한 evaluate_policy 함수를 구현합니다.

```python
def evaluate_policy(env, policy, num_episodes=10):
    """롤아웃으로 훈련한 정책을 평가합니다."""
    simulation = Simulation(env)
    steps = 0

    for _ in range(num_episodes):
        experiences = simulation.rollout(policy, render=True, explore=False)  ❶
        steps += len(experiences)  ❷

    print(f"{steps / num_episodes} steps on average "
          f"for a total of {num_episodes} episodes.")
    return steps / num_episodes

evaluate_policy(environment, trained_policy)
```

❶ 이번에는 훈련한 정책의 지식을 완전히 활용하기 위해서 explore를 False로 설정합니다.

❷ experiences 리스트의 길이는 게임이 끝날 때까지 걸린 단계의 횟수입니다.

훈련된 정책은 10번 연속으로 미로를 풀고 다음 프롬프트를 출력합니다.

```
8.0 steps on average for a total of 10 episodes.
```

즉, 훈련된 정책은 미로 게임에 대한 최적의 설루션을 찾을 수 있습니다. 처음으로 밑바닥부터 강화학습 알고리즘을 구현했습니다.

만약 시커를 무작위 시작 위치에 배치하더라도 평가 함수가 정상적으로 작동한다고 생각하시나요? 이게 작동하도록 변경해보면 어떨까요?

또 사용한 알고리즘에 어떤 가정을 적용했는지도 생각해보면 좋습니다. 예를 들어서 알고리즘은 모든 상태-액션 쌍을 테이블로 정리한다고 가정합시다. 만약 수백만 개의 상태와 수천 개의 액션이 있더라도 여전히 잘 작동할까요?

3.5 레이 분산 애플리케이션 구축

앞에서 소개한 예시를 즐겼다면 좋겠지만 지금까지 수행한 내용이 레이와 무슨 관련이 있는지 의문이 생길지도 모릅니다. 곧 보겠지만 강화학습 실험을 분산 레이 애플리케이션으로 변환하려면 세 줄의 짧은 코드 스니펫만 추가로 작성하면 됩니다.

1. 단 몇 줄의 코드만 사용해서 Simulation을 레이 액터로 만드세요.

2. 원래 코드와 구조적으로 비슷한 train_policy의 병렬화된 버전을 정의합니다. 단순하게 하기 위해 정책 업데이트가 아니라 롤아웃만 병렬화합니다.

3. 이전과 같이 정책을 훈련하고 평가합니다. 단, train_policy_parallel 메서드를 사용한다는 점만 다릅니다.

SimulationActor라는 레이 액터를 구현해서 첫 번째 단계를 해결해봅시다.

```
import ray

ray.init()

@ray.remote
class SimulationActor(Simulation):  ❶
    """시뮬레이션을 위한 레이 액터."""
    def __init__(self):
        env = Environment()
        super().__init__(env)
```

❶ 레이 액터는 Simulation 클래스를 간단하게 래핑합니다.

2장에서 만든 레이 코어의 기초를 이해했다면, 코드를 읽는 데 문제가 없습니다. 직접 코드를 짜려면 연습이 필요할 수도 있지만, 개념은 이해할 겁니다.

다음으로 로컬 레이 클러스터에 강화학습 워크로드를 분산시켜서 실행하는 train_policy_parallel 함수를 정의합니다. 이를 위해 분산 롤아웃에 사용할 총 4개의 SimulationActor 인스턴스와 드라이버에 대한 정책을 생성합니다. 그다음 ray.put으로 정책을 오브젝트 스토어에 넣고, 지정한 만큼 학습의 에피소드 경험을 수집하기 위해 원격 롤아웃을 실행할 때 인자로 정책 오브젝트 레퍼런스를 전달합니다. 그다음 ray.wait을 사용해서 완료된 롤아웃(일부 롤아웃은 다른 롤아웃보다 더 빨리 완료되기도 함)을 가져오고 수집된 경험을 통해 정책을 업데이트합니다. 마지막으로 훈련한 정책을 반환합니다.

```
def train_policy_parallel(env, num_episodes=1000, num_simulations=4):
    """병렬 정책 훈련 함수."""
    policy = Policy(env) ❶
    simulations = [SimulationActor.remote() for _ in range(num_simulations)] ❷

    policy_ref = ray.put(policy) ❸
    for _ in range(num_episodes):
        experiences = [sim.rollout.remote(policy_ref) for sim in simulations] ❹
        while len(experiences) > 0:
            finished, experiences = ray.wait(experiences)  ❺
            for xp in ray.get(finished):
                update_policy(policy, xp)
    return policy
```

❶ 주어진 환경으로 정책을 초기화합니다.

❷ 하나의 시뮬레이션 대신 4개의 시뮬레이션 액터를 만듭니다.

❸ 정책을 오브젝트 스토어에 넣습니다.

❹ 각 1,000개의 에피소드에 대해 시뮬레이션 액터를 사용해 경험 데이터를 병렬로 수집합니다.

❺ 완료된 롤아웃은 오브젝트 스토어에서 가져와서 정책을 업데이트하는 데 사용합니다.

이를 통해 마지막 단계를 실행하고 모델 훈련 과정을 병렬로 실행한 뒤 이전과 같이 결과를 평가합니다.

```
parallel_policy = train_policy_parallel(environment)
evaluate_policy(environment, parallel_policy)
```

이 두 줄은 이전에 미로 강화학습의 순차적 구현과 결과가 동일합니다. train_policy_parallel이 train_policy와 하이레벨에서 동일한 구조를 가졌다는 사실을 알기 바랍니다. 두 함수를 한 줄씩 비교하면 병렬화 과정을 이해하는 좋은 연습이 될 겁니다.

기본적으로 훈련 과정을 병렬화하려면 적절한 방법으로 클래스에서 ray.remote 데코레이터를 사용한 다음 올바른 원격 호출을 실행하면 됐습니다. 물론 이걸 제대로 하려면 조금의 경험이 필요하긴 합니다만, 작업에서 분산 컴퓨팅이라는 개념을 얼마나 조금 고려했는지, 그로 인해 실제 애플리케이션 코드에 얼마나 많은 시간을 쏟게 되었는지 생각해보세요. 분산 컴퓨팅을 적용하려 완전히 새로운 프로그래밍 패러다임을 도입할 필요가 없이 가장 자연스러운 방법으로 문제를 풀었습니다. 지금껏 궁극적으로 바라던 분산 컴퓨팅 아닐까요? 레이는 유연성을 훌륭하게 제공합니다.

이제 마무리하기 위해서 방금 만든 레이 애플리케이션의 실행 그래프를 살펴보겠습니다. [그림 3-1]은 작업 그래프를 간결하게 요약합니다.

> **NOTE_** 이 장에서 다룬 예시는 레이의 초기 논문(https://oreil.ly/ZKZFY)에서 레이의 유연성을 소개하는 데 사용된 수도 코드 예시를 구현한 코드입니다. 논문에는 [그림 3-1]과 비슷한 그림이 있으니 한 번쯤 읽기를 추천합니다.

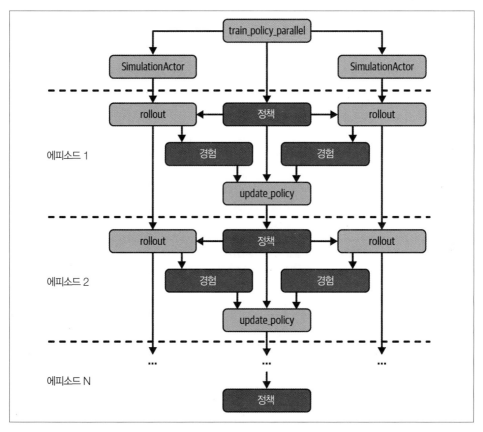

그림 3-1 레이를 사용한 강화학습 정책의 훈련 병렬화

3.6 강화학습 용어 요약

이 장을 마무리하기 전에 미로 예시에서 다룬 개념을 더 넓은 맥락에서 알아보겠습니다. 이러면 다음 장에서 더 복잡한 강화학습을 시도하고, 장의 실행 예시를 조금 더 단순화할 수 있습니다. 만약 강화학습에 충분히 익숙하다면 장은 넘어가도 됩니다.

모든 강화학습 문제는 플레이하려는 '게임'의 역학 관계를 설명하려는 환경의 공식화에서 시작됩니다. 환경은 간단한 인터페이스를 통해 환경과 상호작용하는 플레이어나 에이전트를 호스팅합니다. 에이전트는 환경의 현재 상태, 현재 상태에서 받은 보상과 게임 완료 여부 같은 정보를 환경에게 요청합니다. 에이전트는 상태와 보상을 관찰하면서 얻는 정보를 기반으로 의사 결정을 내리는 방법을 배웁니다. 특히 에이전트는 다음 단계를 수행해서 환경에서 실행할 액션을 내보냅니다.

에이전트가 주어진 상태에 대한 액션을 생성하기 위해 사용하는 메커니즘을 정책이라고 부릅니다. 에이전트는 정책이 주어지면 그 정책을 사용해서 몇 단계나 혹은 전체 게임을 시뮬레이션하거나 롤아웃합니다. 이를 두고 에이전트가 정책을 따른다고 칭하기도 합니다. 롤아웃을 하는 중에는 현재 상태와 보상, 다음 액션과 결과 상태가 포함된 경험을 수집합니다. 게임을 처음부터 끝까지 실행하는 단계를 에피소드라고 부르고 환경을 초기 상태로 초기화하면 새로운 에피소드를 시작할 수 있습니다.

이번 장에서 사용했던 정책은 상태-액션 값(Q 값$^{Q-values}$)을 테이블로 만드는 간단한 아이디어를 기반으로 하며 롤아웃 중에 수집된 경험을 가지고 정책을 업데이트하는 알고리즘을 Q 학습이라고 부릅니다. 더 일반적으로는 정책에서 사용되는 모델로 구현한 상태-액션 테이블을 사용해도 괜찮습니다. 다음 장에서는 신경망 같은 더 복잡한 모델을 통해서 상태-액션 값을 학습시키는 예시를 살펴보겠습니다. 정책은 모델에서 가장 좋은 값을 선택해서 환경에 대해 학습한 내용을 활용^{exploit}하거나 무작위로 액션을 선택해서 환경을 탐색^{explore}합니다.

지금 소개한 대부분의 기본 사항은 모든 강화학습 문제에서 그대로 적용되지만, 몇 가지 단순화된 가정을 적용했습니다. 예를 들면 하나의 환경에서 다수의 에이전트가 활동하는 경우가 있습니다(여러 시커가 먼저 목표에 도착하기 위해서 서로 경쟁하는 경우). 지금은 에이전트의 액션 공간이 고정된 액션만 수행하는 이산 액션만 가졌다고 가정했지만, 연속적인^{continuous} 액션 공간을 가질 수도 있습니다. 1장에서 살펴본 카트-막대 예시가 대표적입니다. 특히 에이전트가 여러 개라면 액션 공간이 더 복잡해질 수도 있습니다. 이때는 액션을 표현하는 데 튜플을 이용하거나 액션을 중첩할 수도 있습니다. 앞서 미로 게임에 만든 관찰 공간은 꽤 단순했고 이산 상태 집합으로 모델링했습니다. 복잡한 에이전트(예.: 환경과 상호작용하는 로봇)가 이미지나 비디오 같은 시각 데이터를 사용할 경우 자연스레 더 복잡한 관찰 공간이 필요하리라 생각될 겁니다.

또 환경이 결정론적deterministic이라는 가정도 적용했습니다. 이는 에이전트가 액션을 수행하기로 했을 때 결과 상태는 항상 그 선택에 의존해 결정된다는 의미입니다. 보통의 일반적인 환경에서는 무작위 요소가 존재할 수 있어, 항상 동일한 액션이 동일한 결과를 항상 가져오지는 않습니다. 예를 들어서 미로 게임에서 동적 뒤집기 요소가 포함되어 있다고 했을 때, 동전의 뒷면이 나올 때마다 에이전트가 무작위 방향으로 밀려난다고 합시다. 이 시나리오에서는 액션이 특정 항상 동일한 다음 상태를 가져오지 않기에 이번 장에서처럼 미리 어떤 일이 일어날지 알고 계획할 수 없습니다. 일반적으로 확률론적 액션을 반영하기 위해서는 강화학습 실험에서 상태 전이 확률state transition probabilities을 고려해야 합니다.

마지막으로 이 장에서는 환경과 환경의 역학을 완벽하게 시뮬레이션할 수 있는 게임으로 취급했다는 점을 말씀드리려 합니다. 일부 물리적인 시스템은 완벽하게 시뮬레이션할 수 없습니다. 이런 경우, `Environment` 클래스에서 정의한 인터페이스 등을 통해 물리적인 환경과 상호작용할 수는 있어도 약간의 통신 오버헤드가 수반됩니다. 실제로 강화학습 문제를 게임이라고 가정하는 경우는 실험 환경뿐이라고 봐야 합니다.

3.7 요약

지금까지 일반 파이썬에서 간단한 미로 환경을 강화학습 알고리즘을 사용해 미로에서 목표에 도달하는 문제를 해결했습니다. 그다음 문제를 해결하는 데 사용한 솔루션을 통해 약 25줄의 코드로 분산된 레이 애플리케이션으로 포팅했습니다. 레이로 포팅할 때는 별도의 설계가 필요 없습니다. 그저 레이 API를 사용해서 파이썬 코드를 병렬화했습니다. 예시는 레이가 어떻게 분산 환경에 대한 고려를 하지 않고도 오직 애플리케이션 코드에만 집중하게 만드는지 보여줍니다. 또한 강화학습과 같은 고급 기술을 사용하는 커스텀 워크로드를 레이로 효율적으로 구현하고 배포하는 방법을 배웠습니다.

4장에서는 지금까지 배운 내용을 바탕으로 더 높은 레벨의 강화학습 라이브러리인 레이 RLlib 을 사용해 더 쉽게 미로 문제를 해결하겠습니다.

## CHAPTER 4

레이 RLlib을 활용한 강화학습

3장에서는 강화학습 환경과 게임을 플레이하기 위한 시뮬레이션, 강화학습 알고리즘과 훈련 병렬화 과정을 직접 구축하며 살펴봤습니다. 모든 과정을 직접 구현해도 좋지만, 실제로 강화학습 알고리즘을 훈련할 때는 플레이할 '게임'만 지정하면 됩니다.[41] 남은 시간에는 좋은 알고리즘을 선택하고 설정하며, 문제에 대한 최적의 파라미터를 찾고 일반적으로 잘 수행되는 정책을 훈련하는 데에만 신경 쓰면 됩니다.

레이 RLlib은 규모에 맞는 강화학습 알고리즘을 구축하기 위한 프로덕션 수준의 라이브러리입니다. 1장에서 RLlib 예시를 간단히 살펴보셨겠지만, 이번 장에서는 훨씬 더 자세히 살펴봅니다. RLlib의 장점은 좋은 추상화와 함께 제공되는 개발자를 위한 성숙한 라이브러리라는 점입니다. 추상화의 대부분은 이전 장에서 살펴봤습니다.

먼저 RLlib의 기능의 개요를 알아봅니다. 그다음 3장의 미로 게임을 빠르게 다시 살펴보고 몇 줄의 코드로 Rllib CLI와 RLLib 파이썬 API를 사용해서 미로 게임 문제를 해결하는 과정을 살펴봅니다. RLlib은 RLlib 환경과 알고리즘 같은 핵심 개념에 대해서 배우지 않아도 쉽게 사용할 수 있습니다.

또한 실제로는 매우 유용하나 다른 강화학습 라이브러리에서 제대로 지원하지 않는 고급 강화학습 내용도 자세히 살펴봅니다. 한 예로, 강화학습 에이전트가 더 어려운 시나리오를 학습하기 전에 미리 더 간단한 시나리오를 학습하는 커리큘럼을 만드는 방법을 소개합니다. 또 단일

---

41 이 책에서는 강화학습을 설명하기 위해서 간단한 게임을 사용하지만 게임이 아닌 흥미로운 산업 애플리케이션이 많습니다.

환경에 여러 에이전트를 사용하는 경우 RLlib이 문제를 어떻게 처리하며, 현재의 애플리케이션 외부에서 수집된 경험 데이터를 활용해 에이전트 성능을 향상하는 방법도 확인합니다.

4.1 RLlib 개요

예시를 살펴보기 전에 RLlib이 무엇이고 어떤 역할을 하는지 빠르게 살펴보겠습니다. 레이 생태계의 일부인 Rllib은 레이의 모든 성능적인 부분과 확장성의 장점을 상속받습니다. 특히 RLlib은 기본적으로 분산되어 실행되므로 훈련할 노드 수만큼 확장합니다.

RLlib이 레이 위에서 구축된다는 점은 다른 레이 라이브러리와 긴밀하게 통합되어 있다는 의미입니다. 예를 들어 5장에서 이야기하겠지만 모든 RLlib의 알고리즘의 하이퍼파라미터를 레이 튠으로 튜닝이 가능합니다. 레이 서브로 RLlib을 배포할 수도 있습니다.[42]

이 글을 쓰는 시점에서 가장 중요한 딥러닝 프레임워크인 텐서플로와 파이토치와 함께 작동합니다. 즉, 백엔드로 사용할 프레임워크를 변경하려면 코드 한 줄만 수정하면 됩니다. 일반적으로 기업은 기존 딥러닝 프레임워크에 의존하는 경향이 있어 다른 시스템으로 전환하기 위해 코드를 다시 짤 여유가 없기 때문에 이는 큰 장점이 됩니다.

RLlib은 실제 환경의 문제를 해결해본 실적이 있는 많은 회사에서 강화학습 워크로드를 프로덕션에서 사용하기 위해서 사용하는 성숙한 라이브러리입니다. RLlib API는 많은 애플리케이션에 적합한 추상화를 제공하는 동시에 확장이 가능할 만큼 유연하기 때문에 많은 엔지니어에게 매력적으로 다가올 겁니다.

일반적인 장점 외에도 RLlib에는 이 장에서 다룰 다양한 강화학습 관련 기능을 포함합니다. 사실, RLlib은 가진 기능이 너무나 풍부하기에 RLlib만 주제로 삼아도 한 권의 책이 나옵니다. 그러므로 이 책에서는 RLlib의 일부만 다루겠습니다. RLlib에는 풍부한 고급 강화학습 라이브러리가 있지만 이 장에서는 몇 가지 선택 사항에만 초점을 맞춥니다. 나머지 선택지와 추가로 생겨날 라이브러리는 RLlib 알고리즘 페이지(https://oreil.ly/14JhM)에서 확인하세요. 또한 RLlib은 강화학습 환경을 지정하기 위한 옵션이 많지만 내용을 살펴보며 자연스럽게 익힐

---

42 이 책에서 다루지 않지만 RLlib 모델을 배포하는 방법을 알고 싶다면 레이 공식 문서의 튜토리얼 'Serving RLlib Models'(https://oreil.ly/vsz0A)를 추천합니다.

겁니다. RLlib 환경에 대한 개요는 문서(https://oreil.ly/Vp6xY)를 참조하세요.

4.2 RLlib 시작하기

RLlib을 사용하려면 먼저 컴퓨터에 RLlib을 설치합니다.

```
pip install "ray[rllib]==2.2.0"
```

> **NOTE_** 이 책의 예시 코드는 https://github.com/hanbit/learning-ray에서 노트북 형태로 제공
> 합니다. 해당 노트북은 구글 코랩에서 실행할 수 있습니다.

모든 강화학습 문제의 시작점은 흥미로운 환경입니다. 1장에서는 고전적인 문제인 카트-막대 문제를 살펴봤습니다. 카트-막대 문제의 환경은 Rllib이 기본적으로 제공해 직접 구현할 필요가 없습니다.

반면 3장에서는 간단한 미로 게임을 직접 구현했습니다. 이렇게 직접 구현한 경우에는 RLlib이나 다른 강화학습 라이브러리와 함께 사용할 수 없다는 문제가 있습니다. 이게 문제인 이유는 강화학습에는 흔한 표준이 있고, 환경은 특정 인터페이스에 맞게 구현되어야 한다는 점 때문입니다. 강화학습 환경 중 가장 잘 알려지고 많이 사용되는 라이브러리는 오픈AI의 **gym** 프로젝트(https://oreil.ly/ZKZFY)입니다.

Gym에 대해 알아보고 이전 장에서 만든 미로 환경을 RLlib과 호환되는 Gym 환경으로 만드는 방법에 대해 알아보겠습니다.

4.2.1 Gym 환경 구축

문서화가 잘 되어있고 읽기 쉬운 깃허브(https://oreil.ly/R30b1)에 따르면 **gym.Env** 환경 인터페이스는 두 개의 필수 클래스 변수와 서브클래스에서 구현해야 하는 세 개의 메서드로 구성되어 있습니다. 소스코드를 확인할 필요는 없지만 코드를 살펴봐도 도움이 됩니다. 환경을 얼마나 많이 아는지 확인하면 놀랄지도 모릅니다.

간단히 말해서 gym 환경의 인터페이스는 다음과 같은 의사 코드와 유사합니다.

```python
import gym

class Env:
        action_space: gym.spaces.Space
        observation_space: gym.spaces.Space ❶

        def step(self, action): ❷
            ...
        def reset(self): ❸
            ...
        def render(self, mode="human"): ❹
            ...
```

❶ gym.Env 인터페이스에는 액션과 관찰 공간이 있습니다.

❷ Env는 각 스텝을 실행하며 관찰, 보상, 완료 조건과 추가 정보에 대한 튜플을 반환합니다.

❸ Env는 에피소드에 대한 초기의 관찰 정보를 반환하는 reset 메서드로 스스로를 초기화합니다.

❹ 사람이 볼 수 있는 형태로 렌더링하거나 문자열로 표현하는 등 다양한 용도로 렌더링합니다.

3장에서 구축해본 미로 환경의 인터페이스와 매우 유사하다는 사실을 알아차렸을 겁니다. 사실 gym.spaces에 이미 이산 공간이 구현되어 있으므로, Gym을 사용해 미로 환경을 만들 수 있습니다. 코드를 maze_gym_env.py라는 파일에 저장하고 3장의 Environment 코드가 해당 파일의 상단에 있다고 가정합시다.

```python
# maze_gym_env.py ┆ Environment를 정의한 코드는 상단에 있습니다.
import gym
from gym.spaces import Discrete ❶

class GymEnvironment(Environment, gym.Env): ❷
    def __init__(self, *args, **kwargs):
        """Make our original Environment a gym `Env`."""
        super().__init__(*args, **kwargs)

gym_env = GymEnvironment()
```

❶ 자체적으로 구현한 Discrete를 Gym 구현체로 교체합니다.

❷ GymEnvironment에서 gym.Env를 구현합니다. 본질적으로 인터페이스는 이전과 동일합니다.

물론, Environment로 gym.Env를 구현할 수도 있습니다. 하지만 핵심은 gym.Env 인터페이스가 강화학습의 맥락에서 아주 자연스럽게 나타나기에 외부 라이브러리에 의존하지 않고 구현해보면 좋은 연습이 됩니다.[43]

gym.Env 인터페이스는 유용한 유틸리티 기능과 많은 흥미로운 예시를 함께 제공합니다. 1장에서 사용한 CartPole-v1 환경을 비롯해 Gym[44]에는 강화학습 알고리즘을 테스트할 환경이 많습니다(https://oreil.ly/Mj6_t).

4.2.2 RLlib CLI

gym.Env로 구현한 GymEnvironment를 Rllib에서 사용하는 방법은 다음과 같습니다. 1장에서 RLlib CLI를 사용했지만 이번에는 약간 상황이 다릅니다. 첫 장에서는 단순히 rllib example 명령어를 사용해서 튜닝된 예시를 실행했습니다.

이번에는 maze_gym_env.py에서 정의한 GymEnvironment를 가져와서 실행해야 합니다. 레이 RLlib에서 해당 클래스를 사용할 때는 사용하는 위치에 있는 정규화된 전체 클래스 이름을 사용합니다. 즉, maze_gym_env.GymEnvironment라는 이름으로 사용합니다. 파이썬 프로젝트가 더 복잡하며 환경이 다른 모듈에 저장 경우 그에 따른 모듈 이름을 추가하면 됩니다.

다음 파이썬 파일은 GymEnvironment 클래스를 사용해서 RLlib 알고리즘을 훈련할 때 필요한 최소 구성을 지정합니다. Q 학습 알고리즘을 사용했던 3장의 실험과 최대한 비슷하게 하기 위해 DQNConfig를 사용해서 DQN 알고리즘을 정의한 뒤 maze.py에 저장합니다.

---

43 RLlib은 레이 2.3.0 버전 이후부터 Gym 대신에 Gymnasium 라이브러리를 사용합니다. 이렇게 되면 많은 변화가 생기므로 이 장에서는 레이 2.2.0을 사용하기를 추천합니다.

44 Gym에는 다양한 흥미로운 환경이 있습니다. 예를 들어서 딥마인드의 유명한 논문 「Playing Atari with Deep Reinforcement Learning」(https://arxiv.org/abs/1312.5602)의 아타리 게임 환경이나 MuJoCo 엔진을 사용한 물리 시뮬레이션에서 사용된 환경도 찾습니다.

```
from ray.rllib.algorithms.dqn import DQNConfig
config = DQNConfig().environment("maze_gym_env.GymEnvironment")\
    .rollouts(num_rollout_workers=2)
```

다음 절에서 다룰 Rllib의 파이썬 API를 빠르게 훑어봤습니다. RLlib에서 **maze.py**를 실행하려면 **rllib train** 명령어에 **maze.py**를 옵션으로 지정합니다. 훈련 시간을 제어하기 위해 알고리즘에 총 10,000개의 스텝만(**timesteps_total**)을 실행하도록 한 후 이후 중지되도록 지시합니다.

```
$ rllib train file maze.py --stop '{"timesteps_total": 10000}'
```

이 한 줄은 3장에서 수행했던 모든 작업을 그대로 처리하지만, 더 나은 방법으로 처리합니다.

- 더 정교한 버전인 Q 학습(DQN)을 실행합니다.[45]

- 내부에서 여러 개 워커(이 경우에는 2개)를 사용하도록 스케일아웃합니다.

- 알고리즘의 체크포인트도 자동으로 생성합니다.

이 스크립트의 출력을 보면 레이가 **~/ray_results/maze_env**에 있는 디렉터리에 훈련 결과를 기록합니다. 성공적으로 훈련이 완료되면,[46] 1장의 예시처럼 체크포인트와 **rllib evaluate** 명령어가 출력됩니다. 다음 명령어에 결과로 나온 **<checkpoint>**를 넣어 실행하면 커스텀 환경에서 훈련한 정책을 평가합니다.

```
$ rllib evaluate ~/ray_results/maze_env/<checkpoint>\
    --algo DQN\
    --env maze_gym_env.Environment\
    --steps 100
```

--algo에서 사용된 알고리즘과 **--env**에서 지정된 환경은 훈련에 사용된 환경과 같아야 하고 총 100스텝으로 훈련한 알고리즘을 평가합니다. 명령어를 제대로 입력하면 다음과 같은 결과를 출력합니다.

---

45 구체적으로 설명하면 RLlib은 더블 DQN 혹은 듀얼링 DQN을 사용합니다.

46 이 책의 깃허브 리포지토리에 maze.yml 파일이 있습니다. 해당 파일을 rllib train file maze.yml를 입력해 실행합니다(--type 을 입력할 필요 없음).

```
Episode #1: reward: 1.0
Episode #2: reward: 1.0
Episode #3: reward: 1.0
...
Episode #13: reward: 1.0
```

RLlib의 DQN 알고리즘이 단순한 미로 환경에서 항상 최대 1의 보상을 받는 건 크게 놀라운 일이 아닙니다.

파이썬 API로 넘어가기 전에 RLlib CLI가 예를 들어 알고리즘의 체크포인트를 생성하기 위해서 내부에서 레이 튠을 사용한다는 점을 알려드리고 싶습니다. 통합에 대한 자세한 내용은 5장에서 설명합니다.

4.2.3 RLlib 파이썬 API

RLlib CLI는 사실상 파이썬 라이브러리를 래핑했을 뿐입니다. 파이썬에서 강화학습 실험에 필요한 코드를 짜는 데 대부분의 시간을 사용해야 하므로 이 장의 나머지 부분에서는 API를 중점적으로 보겠습니다.

Algorithm 클래스는 파이썬의 RLlib으로 강화학습 워크로드를 실행하는 주요 진입점입니다. 항상 AlgorithmConfig 클래스로 시작해서 알고리즘을 정의합니다. 예를 들어서 이전 절에서는 DQNConfig를 진입점으로 사용했고, rllib train 명령어가 DQN 알고리즘을 인스턴스화했습니다. 다른 모든 RLlib의 알고리즘도 동일한 패턴을 따릅니다.

RLlib 알고리즘 학습하기

모든 RLlib의 Algorithm에는 합리적인 기본 파라미터가 제공되므로 알고리즘에 대한 설정 파라미터는 조정하지 않아도 초기화할 수 있습니다.[47]

물론 RLlib의 알고리즘을 사용자가 마음껏 조정할 수 있다는 점도 중요합니다. 다음 예시를 보겠습니다. 먼저 DQNConfig 객체를 생성합니다. 그다음 environment을 지정한 뒤 rollouts 메서드에서 워커의 수를 2개로 설정합니다. 즉, DQN 알고리즘은 기본적으로 CPU를 사용하

---

47 물론 강화학습 실험에서 모델 구성은 중요합니다. RLlib 알고리즘의 설정은 다음 섹션에서 자세히 설명하겠습니다.

는 두 개의 레이 액터를 생성하고 알고리즘을 병렬로 실행합니다. 또한 이후에 평가를 하기 위해서 `create_env_on_local_worker`를 True로 설정합니다.

```python
from ray.tune.logger import pretty_print
from maze_gym_env import GymEnvironment
from ray.rllib.algorithms.dqn import DQNConfig

config = (DQNConfig().environment(GymEnvironment) ❶
    .rollouts(num_rollout_workers=2, create_env_on_local_worker=True))
pretty_print(config.to_dict())

algo = config.build() ❷

for i in range(10):
    result = algo.train() ❸

print(pretty_print(result)) ❹
```

❶ Environment를 커스텀 GymEnvironment 클래스로 설정하고 롤아웃 워커의 수를 설정한 뒤 로컬 워커에 environment 인스턴스가 생성되었는지 확인합니다.

❷ RLlib의 DQNConfig를 사용해서 훈련에 사용할 DQN 알고리즘을 만듭니다. 이번에는 롤아웃 워커 두 개를 사용합니다.

❸ train 메서드를 사용해서 알고리즘을 10번 반복합니다.

❹ pretty_print 유틸리티를 사용하면 다음과 같이 사람이 읽기 쉬운 형태로 훈련 결과를 출력합니다.

반복 횟수 자체가 특별한 의미를 갖지 않지만 사용자가 모델 훈련 과정을 완전히 제어할 수 있다는 점을 보여주기 위한 예시이기에 알고리즘이 미로 문제를 해결하는 방법을 배우기 충분한 수로 설정해야 합니다.

Config 딕셔너리를 출력할 때 num_rollout_workers가 2로 설정되어 있습니다.[48] result에는 여기에서 전부 표시하기에는 너무 상세한 DQN 알고리즘의 상태와 학습 결과에 대한 자세한 정보가 포함되어 있습니다. 현재 가장 중요한 부분은 알고리즘의 보상에 대한 정보로, 이

---

48 만약 num_rollout_workers를 0으로 설정하면 헤드 노드의 로컬 워커만 생성되며 여기에서 env의 모든 샘플링이 수행됩니다. 추가 레이 액터 프로세스가 생성되지 않기에 디버깅을 할 때 특히 유용합니다.

상적으로 알고리즘이 미로 문제를 해결하기 위해서 훈련했음을 나타냅니다. 다음과 비슷한 형태의 결과가 출력되어야 합니다(명확하게 하기 위해서 가장 관련성이 높은 정보만 표시함).

```
...
episode_reward_max: 1.0
episode_reward_mean: 1.0
episode_reward_min: 1.0
episodes_this_iter: 15
episodes_total: 19
...
training_iteration: 10
...
```

특히, 출력은 에피소드마다 평균적으로 달성하는 최소 보상은 1.0로, 에이전트가 항상 목표에 도착해서 최대 보상인 1.0을 얻었다는 의미입니다.

RLlib 모델의 저장과 로드, 평가

이 간단한 예시에서 에이전트가 목표까지 도달하기는 어렵지 않지만, 훈련을 마친 알고리즘에서 에이전트가 최적의 방법인 8단계 만에 목표에 도달하는지 평가해보겠습니다.

이를 위해서 RLlib CLI에서 확인한 체크포인트checkpoint라는 메커니즘을 사용합니다. 알고리즘의 체크포인트를 만들면 충돌된 작업을 복구하거나 훈련 진행 상황을 지속적으로 추적하는 데 유용합니다. 훈련 과정 어디서든 `algo.save()`를 호출하면 RLlib 알고리즘의 체크포인트를 생성합니다. 알고리즘은 체크포인트가 있다면 쉽게 복원됩니다. 생성한 체크포인트로 `algo.evalute(checkpoint)`를 호출하면 모델 평가는 끝입니다. 지금까지 설명한 코드를 종합하면 다음과 같습니다.

```
from ray.rllib.algorithms.algorithm import Algorithm

checkpoint = algo.save() ❶
print(checkpoint)

evaluation = algo.evaluate() ❷
print(pretty_print(evaluation))

algo.stop() ❸
restored_algo = Algorithm.from_checkpoint(checkpoint) ❹
```

❶ 체크포인트를 생성해 알고리즘을 저장합니다.

❷ evalute를 호출해 언제든 RLlib 알고리즘을 평가합니다.

❸ algo를 중지해 모든 할당된 리소스를 해제합니다.

❹ from_checkpoint를 사용해 지정된 체크포인트에서 알고리즘을 복원합니다.

이 예시의 출력을 살펴보면 훈련을 마친 RLlib 알고리즘의 에피소드 길이가 8로 평가됩니다. 이를 통해 훈련을 마친 RLlib 알고리즘은 미로 문제에서 좋은 결과를 내는 설루션으로 수렴되었음이 확인됩니다.

```
~/ray_results/DQN_GymEnvironment_2022-02-09_10-19-301o3m9r6d/checkpoint_000010/
checkpoint-10 evaluation:
    ...
    episodes_this_iter: 5
    hist_stats:
        episode_lengths:
        -8
        -8
        ...
```

액션 계산하기

RLlib 알고리즘에는 지금까지 본 train, evaluate, save, from_checkpoint 메서드 외에도 훨씬 많은 기능이 있습니다. 예를 들어서 현재 환경의 상태가 주어지면 액션을 계산할 수 있습니다. 3장에서 환경을 활용해 보상을 수집하고 에피소드의 롤아웃을 구현했습니다. RLlib을 통해 GymEnvironment에서 동일한 작업을 수행하겠습니다.

```
env = GymEnvironment()
done = False
total_reward = 0
observations = env.reset()
while not done:
    action = algo.compute_single_action(observations) ❶
    observations, reward, done, info = env.step(action)
    total_reward += reward
```

❶ 주어진 observations에 대해서 액션을 계산하기 위해 compute_single_action을 사용합니다.

단일 액션이 아닌 한 번에 많은 액션을 계산해야 하는 경우에는 compute_single_action 대신 compute_actions를 사용합니다. 메서드는 관찰 딕셔너리를 입력으로 사용하고 동일한 딕셔너리의 키를 출력으로 액션의 딕셔너리를 생성합니다.

```
action = algo.compute_actions( ❶
    {"obs_1": observations, "obs_2": observations}
)
print(action)
# {'obs_1': 0, 'obs_2': 1}
```

❶ 다중 액션을 위해 compute_actions를 사용합니다.

정책과 모델 상태에 접근하기

각 강화학습 알고리즘은 현재 환경의 관찰을 따라 다음 액션을 선택하는 정책을 기반으로 하며, 각 정책은 차례로 기본 모델을 기반으로 합니다.

3장에서 알아본 기본 Q 학습의 경우 모델은 Q 값이라고 부르는 상태-액션 값의 조회용 테이블입니다. 정책은 모델이 지금까지 배운 내용을 활용하거나 무작위 액션으로 환경을 탐색하기로 결정한 경우 다음 액션을 예측하기 위해서 모델을 사용합니다.

심층 Q 학습을 사용할 때 정책의 기본 모델은 쉽게 말해 관찰을 행동에 매핑하는 신경망입니다. 환경에서 다음 액션을 선택할 때는 대략적인 Q 값의 구체적인 값이 아닌 각 행동을 취할 확률에 관심이 있습니다. 모든 액션에 대한 확률 분포를 액션 분포action distribution라고 부릅니다.

지금까지 사용한 미로 문제에서는 위, 오른쪽, 아래 혹은 왼쪽으로 움직입니다. 따라서 이 경우 액션 분포는 각각의 행동에 대해서 하나씩 네 개로 구성된 확률 벡터입니다. Q 학습의 경우 알고리즘은 항상 이 분포의 가장 높은 액션을 탐욕적으로 선택하지만 다른 알고리즘은 이 분포를 따라 샘플링합니다.

구체적으로 설명하기 위해서 RLlib에서 정책과 모델에 접근하는 방법을 살펴보겠습니다.[49]

```
policy = algo.get_policy()
print(policy.get_weights())

model = policy.model
```

policy와 model을 모두 확인하는 유용한 메서드가 많습니다. 예시에서는 get_weights를 사용해 정책의 기본 모델이 되는 모델의 파라미터(일반적으로 weights라고 부름)를 검사합니다.

여기서 하나의 모델 대신 여러 모델이 사용된다는 점을 확인하기 위해서 foreach_worker를 사용해 훈련에 사용한 모든 워커에 접근에 각자 가진 정책에 대한 가중을 확인하겠습니다.[50]

```
workers = algo.workers
workers.foreach_worker(
    lambda remote_trainer: remote_trainer.get_policy().get_weights()
)
```

이러한 방법으로 각 워커의 Algorithm 인스턴스에서 사용 가능한 모든 메서드에 접근합니다. 이 옵션은 원칙적으로 모델의 파라미터를 설정하거나 워커를 구성하는 데 사용합니다. RLlib 워커는 궁극적으로 레이 액터이므로 사용자가 원하는 모든 방식으로 변경하고 조작할 수 있습니다.

DQN에서 사용하는 딥 Q 학습의 구체적인 구현법은 언급하지 않았지만, 사실 사용한 모델은 설명보다 조금 더 복잡합니다. 정책에서 얻은 모든 RLlib 모델은 base_model을 가지고 base_model은 모델 스스로를 설명하는 깔끔한 summary 메서드를 가집니다.[51]

---

49 RLlib의 Policy 클래스는 향후 릴리즈에서 교체될 예정입니다. 새 Policy 클래스는 대부분 교체될 가능성이 높고 약간의 차이가 발생하는 경우도 있습니다. 하지만 클래스의 개념은 동일합니다. Policy는 주어진 관찰을 선택하는 논리를 캡슐화하는 클래스로 사용 중인 기본 모델에 접근할 수 있습니다.

50 솔직하게 말씀드리면 실제 모델 훈련에는 로컬 모델만 사용합니다. 두 워커 모델은 액션 계산과 데이터 수집(롤아웃)에 사용됩니다. 각 훈련 단계 후에 로컬 모델은 동기화를 위해 워커에게 현재 가중치를 전달합니다. 분산 샘플링과 달리 완전히 분산된 훈련은 향후 레이의 모든 RLlib 알고리즘에서 사용됩니다.

51 내부적으로 텐서플로와 케라스를 사용해서 그렇습니다. 파이토치에서 직접 작동하도록 알고리즘의 프레임워크 스펙을 변경하려면 print(model)을 수행하세요. 이 경우 모델은 torch.nn.Module입니다. 기본 모델에 대한 접근은 향후 모든 프레임워크에서 통합될 예정입니다.

```
model.base_model.summary()
```

다음 출력에서처럼 모델은 observations를 전달받습니다. observations의 모양은 [(None, 25)]로 약간 이상하게 주석이 달렸지만 이것은 기본적으로 5x5로 예상되는 미로 그리드 값이 올바르게 인코딩되었음을 의미합니다. 모델은 Dense라고 부르는 레이어를 사용해 마지막에 단일 값을 예측합니다.[52]

```
Model: "model"
_____
Layer (type)             Output Shape         Param #    Connected to
=======================================================================
observations (InputLayer) [(None, 25)]         0
_____
fc_1 (Dense)             (None, 256)          6656       observations[0][0]
_____
fc_out (Dense)           (None, 256)          65792      fc_1[0][0]
_____
value_out (Dense)        (None, 1)            257        fc_1[0][0]
=======================================================================
Total params: 72,705
Trainable params: 72,705
Non-trainable params: 0
_____
```

RLlib 실험을 위해서 모델을 완벽하게 커스텀할 수 있습니다. 예를 들어서 복잡한 환경이 있고 관찰 공간이 크다면 복잡성을 다루기 위해 더 큰 모델이 필요합니다. 하지만 그 경우 딥러닝 프레임워크(이 경우에는 텐서플로)에 대한 깊은 지식을 필요로 하지만 여러분은 모른다고 가정하겠습니다.[53]

----

52 이 네트워크의 value는 상태-행동 쌍의 Q값을 의미합니다.

53 RLlib 모델을 커스텀하는 방법을 자세히 알아보려면 레이 문서(https://oriel.ly/cpRdf)에서 제공하는 커스텀 모델에 관한 가이드를 살펴보세요.

다음으로 환경에서 관찰한 내용을 정책에서 방금 추출한 모델로 전달하는 방법을 알아보겠습니다. 이 부분은 RLlib 모델에서 직접 접근하기 더 어렵기 때문에 기술적으로 약간 복잡합니다. 보통은 정책을 통해서만 모델과 통신하며 이 정책은 관찰을 전처리하는 역할을 수행합니다. 다행히도 전처리기에 접근해 환경의 관측을 변환해 다음 모델에 전달합니다.

```
from ray.rllib.models.preprocessors import get_preprocessor

env = GymEnvironment()
obs_space = env.observation_space
preprocessor = get_preprocessor(obs_space)(obs_space) ❶

observations = env.reset()
transformed = preprocessor.transform(observations).reshape(1, -1) ❷

model_output, _ = model({"obs": transformed}) ❸
```

❶ get_preprocessor를 사용해 정책에서 사용하는 전처리기에 접근합니다.

❷ transform으로 환경에서 얻은 모든 관찰을 모델에서 예상하는 형식으로 변환합니다. 관찰도 재구성해야 합니다.

❸ 전처리된 관찰 딕셔너리에서 모델을 호출해 모델 출력을 가져옵니다.

model_output을 계산했으므로 출력에 대한 Q 값과 모델의 액션 분포에 접근하겠습니다.

```
q_values = model.get_q_value_distributions(model_output) ❶
print(q_values)

action_distribution = policy.dist_class(model_output, model) ❷
sample = action_distribution.sample() ❸
print(sample)
```

❶ get_q_value_distributions 메서드는 DQN 모델에서만 사용합니다.

❷ dist_class에 접근해서 정책의 액션 분포 클래스를 가져옵니다.

❸ 액션 분포는 이 위치에서 샘플링됩니다.

4.3 RLlib 실험 구성

RLlib이 제공하는 기본 파이썬 훈련 API를 살펴보았으니, 이제 한 걸음 물러나서 RLlib 실험을 구성하고 실행하는 방법을 자세히 알아보겠습니다. Algorithm을 정의하려면 AlgorithmConfig에서 시작해 알고리즘을 만들어야 합니다. 지금까지는 AlgorithmConfig 의 롤아웃 메서드만 사용해서 롤아웃 워커를 2개로 사용하고 그에 따른 환경을 설정했습니다.

RLlib의 기본 훈련 방식을 변경하려면 AlgorithmConfig 인스턴스에 더 많은 유틸리티 메서드를 연결하고 마지막에 build를 호출합니다. RLlib 알고리즘은 상당히 복잡하기에 많은 구성 옵션이 제공됩니다. 이를 더 쉽게 하기 위해서 알고리즘의 공통 속성을 자연스럽게 유용한 범주로 분류합니다.[54] 범주는 각각의 AlgorithmConfig 메서드와 함께 제공됩니다.

| training() |
알고리즘의 모든 훈련 관련 구성 옵션을 처리합니다. training 메서드는 유일하게 알고리즘에 영향을 받습니다. 뒤에 설명하는 모든 메서드는 알고리즘에 영향을 받지 않습니다.

| environment() |
환경과 관련된 모든 부분을 구성합니다.

---

54 이 장에서 소개하는 메서드만 나열하겠습니다. 앞서 언급한 메서드 외에도 알고리즘의 평가, 보고, 디버깅, 체크포인트, 콜백 추가, 딥러닝 프레임워크 변경, 리소스 요청 및 실험 기능 액세스를 위한 옵션도 있습니다.

| rollouts() |

롤아웃 워커의 설정과 작동을 수정합니다.

| exploration() |

탐색 전략의 행동을 변경합니다.

| resources() |

알고리즘에 사용되는 컴퓨팅 자원을 구성합니다.

| offline_data() |

4.5.3 '오프라인 데이터 작업'에서 다루는 소위 오프라인 데이터를 사용한 훈련에 대한 옵션을
정의합니다.

| multi_agent() |

다중 에이전트를 사용하는 훈련 알고리즘에 대한 옵션으로 다음 절에서 자세히 살펴봅니다.

training()의 알고리즘별 구성은 알고리즘을 결정하고 성능의 쥐어짜기를 원할 때 더 중요합
니다. 실제로 RLlib은 처음 시작하기에 적당한 기본값을 제공합니다.

RLlib 실험 구성에 대한 자세한 내용은 RLlib 알고리즘에 대한 API 참조(https://oreil.
ly/4q1e0)에서 구성 인자를 참조하세요. 하지만 예시를 살펴보기 전에 실제로 가장 일반적인
구성 옵션을 알아야 합니다.

4.3.1 리소스 구성

레이 RLlib을 로컬로 사용하든 클러스터로 사용하든 훈련에 사용할 리소스를 정할 수 있습니
다. 다음은 리소스 구성에서 고려해야 할 가장 중요한 옵션입니다. 예시에서는 DQN 알고리즘
을 사용하지만 다른 RLlib 알고리즘에도 적용됩니다.

```
from ray.rllib.algorithms.dqn import DQNConfig
config = DQNConfig().resources(
```

```
        num_gpus=1, ❶
        num_cpus_per_worker=2, ❷
        num_gpus_per_worker=0, ❸
)
```

❶ 학습에 사용할 GPU의 개수를 정합니다. 선택한 알고리즘이 GPU를 지원하는지 확인해야 합니다. 이 값은 분수가 될 수도 있습니다. 예를 들어서 DQN(num_rollout_workers=4)로 4개의 롤아웃 워커를 사용할 때 모든 롤아웃 워커가 잠재적인 속도 향상을 얻기 위해 동일한 GPU에 4개의 워커를 모두 채우도록 num_gpus=0.25라는 분수로 설정할 수도 있습니다. 이는 롤아웃 워커가 아닌 로컬 학습자 프로세스에만 영향을 미칩니다.

❷ 각 롤아웃 워커가 사용할 CPU의 개수를 정합니다.

❸ 각 워커당 사용할 GPU의 개수를 정합니다.

4.3.2 롤아웃 워커 구성

RLlib을 사용해서 롤아웃을 계산하는 방법과 분산시키는 방법을 구성하겠습니다.

```
from ray.rllib.algorithms.dqn import DQNConfig

config = DQNConfig().rollouts(
    num_rollout_workers=4, ❶
    num_envs_per_worker=1, ❷
    create_env_on_local_worker=True, ❸
)
```

❶ 이미 살펴본 인자입니다. 사용할 레이 워커의 개수를 정합니다.

❷ 워커당 평가할 환경의 수를 정합니다. 이 설정을 사용하면 환경을 평가하는 작업을 '배치 처리' 합니다. 특히 모델을 평가하는 데 긴 시간이 걸리는 경우 이와 같이 환경을 그룹화해 학습 속도를 높입니다.

❸ num_rollout_workers > 0이면 드라이버('로컬 워커')는 환경이 필요 없습니다. 표본 추출과 평가는 롤아웃 워커가 수행하기 때문입니다. 드라이버에서 환경을 사용하려면 True로 설정합니다.

4.3.3 환경 구성

```
from ray.rllib.algorithms.dqn import DQNConfig

config = DQNConfig().environment(
    env="CartPole-v1", ❶
    env_config={"my_config": "value"}, ❷
    observation_space=None,
    action_space=None, ❸
    render_env=True, ❹
)
```

❶ 훈련에 사용할 환경을 지정합니다. 모든 Gym 환경과 같이 레이 RLlib에 등록된 환경의 문자열 이름이거나 사용자가 구현한 커스텀 환경의 클래스가 사용됩니다.[55]

❷ 선택적으로 환경 구성자에게 전달될 환경에 대한 구성 옵션 딕셔너리를 지정합니다.

❸ 환경의 관찰 및 액션 공간도 지정할 수 있습니다. 지정하지 않는다면 환경에서 직접 유추됩니다.

❹ 환경을 렌더링하며 옵션을 사용하려면 환경에서 render 메서드를 구현해야 합니다. 기본값은 False입니다.

나열한 각 유형에 대한 사용 가능한 옵션을 많이 생략했습니다. 강화학습 과정에서 사용하는 많은 옵션(예. 훈련 모델 변경)이 있으나 모두 담지는 못했습니다. RLlib의 훈련 과정에 대한 보다 자세한 정보는 모두 RLlib Training API 문서(https://oreil.ly/mljW7)에서 살펴보기 바랍니다.

4.4 RLlib 환경

지금까지 Gym 환경만 다뤘지만 RLlib은 다양한 환경을 지원합니다. 사용 가능한 모든 옵션에 대한 간략한 개요(그림 4-1참조)를 살펴본 뒤 고급 RLlib 환경이 실제로 작동하는 2가지 구체적인 예시를 살펴보겠습니다.

---

55 환경을 등록할 때 이름으로 참조하도록 등록하는 방법이 있지만 그러려면 레이 튠을 사용해야 합니다. 5장에서 이 방법을 배웁니다.

4.4.1 RLlib 환경 개요

사용 가능한 모든 RLlib 환경은 공통 BaseEnv 클래스를 기반으로 확장됩니다. 동일한 gym. Env 환경에서 여러 복사본으로 작업하려면 RLlib의 VectorEnv 래퍼를 사용합니다. 벡터화된 환경은 유용하지만 앞서 설명한 내용을 쉽게 일반화한 환경입니다. RLlib에서 사용하는 두 유형의 환경은 매우 흥미로우니 더 많은 관심을 갖고 살펴보세요.

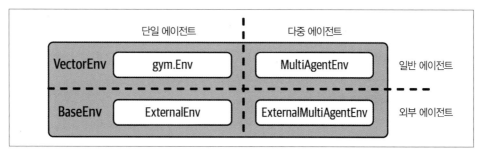

그림 4-1 사용 가능한 모든 RLlib 환경의 개요

첫 번째는 MultiAgentEnv라고 부르는데, 이를 통해 다중 에이전트로 모델을 훈련합니다. 적절한 인터페이스를 사용해서 환경 내에서 에이전트를 정의하고, 각 에이전트가 환경과 완전히 다른 방식으로 상호 작용한다는 사실을 고려해야 하므로 다중 에이전트는 사용하기 까다로운 작업입니다.

거기에 에이전트는 서로 상호작용하며 서로의 행동에 영향을 받습니다. 더 나아가 명시적으로 서로 의존하는 에이전트 계층hierarchy을 설정할 수 있습니다. 간단히 말해 다중 에이전트 강화학습 실험을 실행하기는 어렵기에 RLlib이 문제를 해결하는 방법을 살펴보겠습니다.

또 살펴볼 다른 환경 유형인 ExternalEnv은 외부 시뮬레이터를 RLlib에 연결할 때 사용합니다. 예를 들어서 지금까지 다룬 미로 문제가 미로를 탐색하는 실제 로봇 시뮬레이션이라고 생각해보세요. 이런 시나리오에서는 RLlib의 학습 에이전트와 함께 로봇(또는 다른 소프트웨어 스택에서 구현된 로봇의 시뮬레이션)을 공동으로 배치하는 게 부적합합니다. 이를 위해서 RLlib은 외부 시뮬레이터와 통신하기 위해 REST API 통신을 허용하는 간단한 클라이언트-서버 아키텍처를 제공합니다. 다중 에이전트와 외부 환경 설정에서 모두 작업하려고 한다면 RLlib은 둘을 결합한 MultiAgentExternalEnv라는 환경을 제공합니다.

4.4.2 다중 에이전트

RLlib에서 다중 에이전트 환경을 정의하는 기본 아이디어는 간단합니다. 먼저 각 에이전트에 할당한 에이전트 ID를 키로, 이전에 Gym 환경에서 정의한 단일 값(관찰, 보상 등)을 값으로 갖는 딕셔너리를 구성합니다. 물론 세부 사항은 조금 더 복잡하지만 여러 에이전트를 호스팅하는 환경을 정의하면 에이전트의 학습 방법을 정의해야 합니다.

단일 에이전트 환경에서는 하나의 에이전트와 하나의 정책을 학습해야 합니다. 다중 에이전트 환경에는 하나 이상의 정책에 매핑할 다중 에이전트가 있습니다. 예를 들어 환경에 같은 분류에 속한 여러 에이전트가 있고 해당하는 모든 에이전트에 단일 정책을 정의한다고 합시다. 만약 모든 에이전트가 같은 방식으로 행동한다면 해당 행동은 같은 방식으로 학습됩니다. 이와 대조적으로 서로 다른 분류에 속한 에이전트는 각 에이전트가 학습해야 정책이 서로 다를 수 있습니다. 두 극단 사이에는 [그림 4-2] 같은 다양한 가능성이 있습니다.

이 장에서는 계속해서 미로 게임을 예시로 사용합니다. 이렇게 하면 인터페이스가 갖는 차이를 직접 확인하기 좋습니다. 이제 방금 설명한 아이디어를 코드로 구현하기 위해서 `GymEnvironment` 클래스의 다중 에이전트 버전을 정의하겠습니다. `MultiAgentEnv` 클래스에는 정확히 두 개의 에이전트가 있고, 이를 에이전트라는 파이썬 딕셔너리로 인코딩합니다. 하지만 원칙적으로는 에이전트 수에 관계없이 작동합니다.

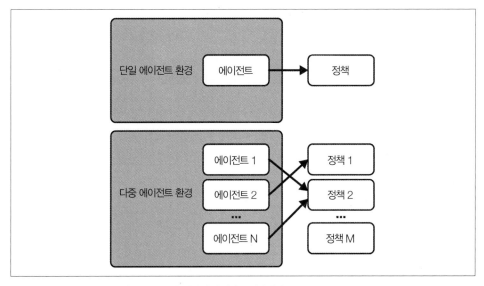

그림 4-2 다중 에이전트 강화학습 문제에서 정책에 에이전트 매핑하기

먼저 새로운 환경을 초기화합니다.

```python
from ray.rllib.env.multi_agent_env import MultiAgentEnv
from gym.spaces import Discrete
import os

class MultiAgentMaze(MultiAgentEnv):
    def __init__(self, *args, **kwargs):    ❶
        self.action_space = Discrete(4)
        self.observation_space = Discrete(5*5)
        self.agents = {1: (4, 0), 2: (0, 4)}.    ❷
        self.goal = (4, 4)
        self.info = {1: {'obs': self.agents[1]}, 2: {'obs': self.agents[2]}}.    ❸
    def reset(self):
        self.agents = {1: (4, 0), 2: (0, 4)}

        return {1: self.get_observation(1), 2: self.get_observation(2)}    ❹
```

❶ 액션 공간과 관찰 공간은 이전과 동일합니다.

❷ 이제 에이전트 딕셔너리에 $(0, 4)$ 및 $(4, 0)$의 출발점을 가진 두 시커가 있습니다.

❸ info 객체는 에이전트 ID를 키로 사용합니다.

❹ 관찰은 이제 에이전트 별 사전으로 구성됩니다.

같은 공간을 재사용하는 기본적으로 동일한 에이전트 두 개를 사용하므로 액션 공간과 관찰 공간은 전혀 건드리지 않습니다. 더 복잡한 상황에서는 에이전트에 따라 액션과 관찰이 다르게 보인다는 사실을 고려해야 합니다.[56]

헬퍼 메서드인 get_observation, get_reward와 is_done을 일반화해서 여러 에이전트와 함께 작동하도록 만들어보겠습니다. 이를 위해서 action_id를 인식표로 전달하고 각 에이전트를 전과 동일하게 처리합니다.

```python
def get_observation(self, agent_id):
    seeker = self.agents[agent_id]
    return 5 * seeker[0] + seeker[1]
```

---

56 RLlib 문서(https://oreil.ly/4yyE-)에는 여러 에이전트에 대해서 서로 다른 액션 공간과 관찰 공간을 정의하는 좋은 예가 있습니다.

```python
    def get_reward(self, agent_id):
        return 1 if self.agents[agent_id] == self.goal else 0

    def is_done(self, agent_id):
        return self.agents[agent_id] == self.goal
```

다음으로 step 메서드를 다중 에이전트로 포팅하려면 MultiAgentEnv는 step으로 에이전트 ID에 해당하는 키를 가진 딕셔너리가 입력되리라 예상합니다. 사용 가능한 모든 에이전트를 반복해서 대신 액션을 수행하는 방식으로 step을 정의해야 합니다.[57]

```python
    def step(self, action):  ❶
        agent_ids = action.keys()

        for agent_id in agent_ids:
            seeker = self.agents[agent_id]
            if action[agent_id] == 0:  # move down
                seeker = (min(seeker[0] + 1, 4), seeker[1])
            elif action[agent_id] == 1:  # move left
                seeker = (seeker[0], max(seeker[1] - 1, 0))
            elif action[agent_id] == 2:  # move up
                seeker = (max(seeker[0] - 1, 0), seeker[1])
            elif action[agent_id] == 3:  # move right
                seeker = (seeker[0], min(seeker[1] + 1, 4))
            else:
                raise ValueError("Invalid action")
            self.agents[agent_id] = seeker  ❷

            observations = {i: self.get_observation(i) for i in agent_ids}  ❸
            rewards = {i: self.get_reward(i) for i in agent_ids}
            done = {i: self.is_done(i) for i in agent_ids}

            done["__all__"] = all(done.values())  ❹

            return observations, rewards, done, self.info
```

❶ 이제 step의 액션은 에이전트별 딕셔너리로 구성됩니다.

❷ 각 시커에 대해서 올바른 액션을 적용한 뒤 모든 에이전트의 올바른 상태를 설정합니다.

---

57 이로 인해서 어떤 에이전트가 먼저 행동할지 결정해야 하는 등의 문제가 발생하기도 합니다. 지금 사용하는 미로 문제에서 행동 순서는 무관하지만, 더 복잡한 시나리오의 경우 강화학습 문제를 알맞게 모델링하는 데 중요한 부분이 됩니다.

❸ observations, rewards 및 done는 에이전트 ID를 키로 하는 딕셔너리입니다.

❹ 추가로 RLlib은 모든 에이전트가 완료된 시점을 알아야 합니다.

마지막으로 미로를 출력할 때 ID로 각 에이전트를 출력하는 환경 렌더링을 수정합니다.

마지막 단계는 환경 렌더링을 수정해서 미로를 화면에 출력할 때 각 ID로 각 에이전트를 표시합니다.

```python
def render(self, *args, **kwargs):
    os.system('cls' if os.name == 'nt' else 'clear')
    grid = [['¦ ' for _ in range(5)] + ["¦\n"] for _ in range(5)]
    grid[self.goal[0]][self.goal[1]] = '¦G'
    grid[self.agents[1][0]][self.agents[1][1]] = '¦1'
    grid[self.agents[2][0]][self.agents[2][1]] = '¦2'
    grid[self.agents[2][0]][self.agents[2][1]] = '¦2'
    print(''.join([''.join(grid_row) for grid_row in grid]))
```

다음 코드는 목표에 에이전트 하나가 도달할 때까지 에피소드를 무작위로 롤아웃합니다.[58]

```python
import time

env = MultiAgentMaze()

while True:
    obs, rew, done, info = env.step(
        {1: env.action_space.sample(), 2: env.action_space.sample()}
    )
    time.sleep(0.1)
    env.render()
    if any(done.values()):
        break
```

파이썬 딕셔너리를 사용해서 무작위 샘플 두 개를 step 메서드로 전달하는 방법과 에이전트가 완료되었는지 확인하는 방법을 주목해야 합니다. 두 시커가 우연히 목표에 동시에 도착하는 길을 찾을 가능성은 거의 없기 때문에 단순성을 위해 break를 사용합니다. 하지만 물론 두 에이전트 모두 미로 문제를 해결하려합니다.

----

58 다중 에이전트 강화학습에서 에피소드가 끝나는 시점은 매우 중요하고, 전적으로 당면한 문제와 달성하려는 목표에 달려있습니다.

어떤 경우든 `MultiAgentMaze`를 장착하면 알고리즘 훈련 과정은 이전과 같아집니다.

```python
from ray.rllib.algorithms.dqn import DQNConfig

simple_trainer = DQNConfig().environment(env=MultiAgentMaze).build()
simple_trainer.train()
```

이 코드로 다중 에이전트 강화학습 (MARL) 문제를 쉽게 훈련할 수 있습니다. 하지만 다중 에이전트가 사용될 때는 항상 에이전트와 정책 간의 매핑이 있습니다. 매핑을 구체적으로 지정하지 않으면 두 시커 모두에게 암시적으로 같은 정책을 할당됩니다. `DQNConfig`에서 `.multi_agent` 메서드를 호출하고 그에 따른 정책과 `policy_mapping_fn` 인자를 설정해 변경합니다.

```python
algo = DQNConfig()\
    .environment(env=MultiAgentMaze)\
    .multi_agent(
        policies={ ❶
            "policy_1": (
                None, env.observation_space, env.action_space, {"gamma": 0.80}
            ),
            "policy_2": (
                None, env.observation_space, env.action_space, {"gamma": 0.95}
            ),
        },
        policy_mapping_fn = lambda agent_id: f"policy_{agent_id}", ❷
    ).build()
    print(algo.train())
```

❶ 에이전트에 대해서 각 다른 gamma 값을 가진 여러 개의 정책을 정의합니다.

❷ 그다음 각 에이전트를 정책에 매핑하기 위해 `policy_mapping_fn`을 사용합니다.

보다시피 다중 에이전트 강화학습 실험의 실행은 RLlib의 일급 시민으로 이에 대해 다룰 만한 내용이 많습니다.

4.4.3 정책 서버와 클라이언트 작동

이 절의 마지막 예시는 지금까지 사용한 `GymEnvironment`가 리소스가 충분하지 않은 경우처럼 RLlib을 실행할 수 없는 시스템에서만 시뮬레이션한다고 가정하겠습니다. 이럴 때는 환경에 다음으로 적용할 적절한 액션을 각 서버에 요청하는 **PolicyClient**에서 환경을 실행합니다. 서버는 환경에 대해서 모르며 **PolicyClient**에서 입력 데이터를 수집하는 방법만 알고, 모든 강화학습 코드를 실행합니다. 특히 RLlib의 **AlgorithmConfig** 객체를 정의해서 **Algorithm**을 훈련하는 역할을 합니다.

일반적으로 강력한 레이 클러스터에서 알고리즘을 훈련하는 서버를 실행한 뒤 그 클라이언트를 클러스터 외부에서 실행하기를 원합니다. [그림 4-3]은 설정을 개략적으로 보여줍니다.

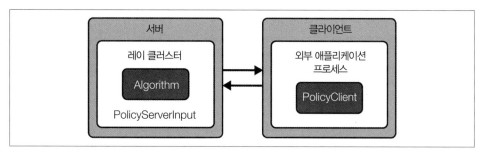

그림 4-3 RLlib의 정책 서버와 클라이언트의 작동

서버 정의하기

먼저 애플리케이션의 서버를 정의하겠습니다. 로컬 호스트의 9900번 포트에서 실행되는 **PolicyServerInput**을 정의합니다. 정책 입력값은 나중에 클라이언트가 제공합니다. **policy_input**을 알고리즘 구성에 대한 입력으로 정의해 서버에서 실행할 또다른 DQN을 정의합니다.

```
# policy_server.py
import ray
from ray.rllib.agents.dqn import DQNConfig
from ray.rllib.env.policy_server_input import PolicyServerInput
import gym

ray.init()

def policy_input(context):
    return PolicyServerInput(context, "localhost", 9900) ❶
```

```
config = DQNConfig()\
    .environment(
        env=None, ❷
        action_space=gym.spaces.Discrete(4), ❸
        observation_space=gym.spaces.Discrete(5*5))\
    .debugging(log_level="INFO")\
    .rollouts(num_rollout_workers=0)\
    .offline_data( ❹
        input=policy_input,
        input_evaluation=[])

algo = config.build()
```

❶ policy_input 함수는 로컬호스트의 9900 포트에서 실행 중인 PolicyServerInput 객체를 반환합니다.

❷ 서버는 env가 필요하지 않기에 명시적으로 None으로 설정합니다.

❸ 서버에서 observation_space와 action_space를 추론할 수 없기에 따로 정의해야 합니다.

❹ 작업을 수행하기 위해서는 policy_input을 실험의 input 입력해야 합니다.

이 알고리즘(algo)을 정의한 뒤[59] 다음과 같이 서버에서 훈련을 시작합니다.

```
# policy_server.py
if __name__ == "__main__":
    time_steps = 0
    for _ in range(100):
        results = algo.train()
        checkpoint = algo.save() ❶
        if time_steps >= 1000: ❷
            break
        time_steps += results["timesteps_total"]
```

❶ 최대 100번을 반복해 훈련하고, 각 반복마다 체크포인트를 저장합니다.

❷ 1,000번의 스텝을 넘으면 훈련을 멈춥니다.

....

59 기술적인 이유로 여기에 관찰 공간과 액션 공간을 지정해야 하는데, RLlib의 향후 버전에서 이런 작업은 필요 없어질 수도 있습니다. 또한 이 서버를 작동시키려면 input_evaluation을 빈 리스트로 설정해야 합니다.

다음에서 마지막 두 코드의 스니펫을 policy_server.py라는 파일에 저장한다고 가정합니다. 원하는 경우 터미널에서 python policy_server.py를 실행해 로컬 시스템에서 서버를 시작합니다.

클라이언트 정의하기

다음으로 애플리케이션의 클라이언트를 정의하기 위해서 방식 시작한 서버에 연결하는 정책 클라이언트를 정의합니다. 여러분의 집에 여러 대의 컴퓨터가 없을 수도 있기에 앞서 말했듯 달리 클라이언트를 서버와 동일한 컴퓨터에서 실행합니다. 즉, 클라이언트는 http://localhost:9900에 연결됩니다. 만일 다른 컴퓨터에서 서버를 실행한다면 localhost 부분을 해당 컴퓨터의 네트워크 상 IP 주소로 바꾸면 됩니다.

정책 클라이언트는 인터페이스가 상당히 간단합니다. 서버를 트리거해서 에피소드를 시작하거나 종료하고 다음 액션을 가져오고, 보상 정보를 로그에 기록합니다. 클라이언트를 정의하는 방법은 다음과 같습니다.

```
# policy_client.py
import gym
from ray.rllib.env.policy_client import PolicyClient
from maze_gym_env import GymEnvironment

if __name__ == "__main__":
    env = GymEnvironment()
    client = PolicyClient("http://localhost:9900", inference_mode="remote") ❶
    obs = env.reset()
    episode_id = client.start_episode(training_enabled=True) ❷
    while True:
        action = client.get_action(episode_id, obs) ❸
        obs, reward, done, info = env.step(action)
        client.log_returns(episode_id, reward, info=info) ❹
        if done:
            client.end_episode(episode_id, obs)  ❺
            exit(0)  ❻
```

❶ 원격 추론 모드를 사용해서 서버 주소에서 정책 클라이언트를 시작합니다.

❷ 서버에게 에피소드를 시작하라고 알려줍니다.

❸ 지정된 환경 관찰에 대한 다음 액션을 서버에서 가져옵니다.

❹ 클라이언트는 보상 정보를 서버에 기록합니다.

❺ 특정 조건에 도달하면 클라이언트 프로세스를 중지합니다.

❻ 환경이 완료되면 서버에 에피소드가 완료되었다고 알립니다.

이 코드를 `policy_client.py`라는 이름으로 저장하고 `python policy_client.py` 명령을 입력해 실행하면 이전에 시작한 서버는 클라이언트에서 얻은 환경 정보만으로 학습을 시작합니다.

4.5 고급 개념

지금까지는 RLlib의 가장 기본적인 강화학습 알고리즘 설정을 다루는 데 쉽고 간단한 환경으로 작업했습니다. 물론 항상 운이 좋게 쉬운 문제만 접할 일은 없고, 더 어려운 환경을 해결하기 위해서 다른 아이디어를 생각해 내야 합니다. 이 절에서는 미로 환경의 조금 더 어려운 버전을 소개하며 문제를 푸는 데 도움이 되는 몇 가지 고급 개념을 설명합니다.

4.5.1 고급 환경 구축

미로 GymEnvironment 환경을 조금 더 도전적인 문제로 만들어 봅시다. 먼저 미로의 크기를 5x5에서 11x11로 키우겠습니다. 그다음 에이전트가 통과할 수는 있지만 −1의 페널티 보상을 받는 장애물을 만듭니다. 이러면 시커 에이전트는 목표를 찾는 동안 장애물을 피하는 법을 배워야 합니다. 또한 에이전트의 초기 위치를 무작위로 설정합니다. 이렇게 강화학습 문제를 어렵게 만들었습니다. 새로운 AdvancedEnv를 초기화합시다.

```python
from gym.spaces import Discrete
import random
import os

class AdvancedEnv(GymEnvironment):
    def __init__(self, seeker=None, *args, **kwargs):
```

```
        super().__init__(*args, **kwargs)
        self.maze_len = 11
        self.action_space = Discrete(4)
        self.observation_space = Discrete(self.maze_len * self.maze_len)

        if seeker: ❶
            assert 0 <= seeker[0] < self.maze_len and \
                0 <= seeker[1] < self.maze_len
            self.seeker = seeker
        else:
            self.reset()

        self.goal = (self.maze_len-1, self.maze_len-1)
        self.info = {'seeker': self.seeker, 'goal': self.goal}
        self.punish_states = [ ❷
            (i, j) for i in range(self.maze_len) for j in range(self.maze_len)
            if i % 2 == 1 and j % 2 == 0
        ]
```

❶ 초기화될 때의 시커의 위치를 설정합니다.

❷ 에이전트가 피할 장애물로 punish_state를 도입합니다.

다음으로 환경을 재설정할 때는 에이전트의 초기 위치를 무작위 상태로 재설정해야 합니다.[60] 또한 장애물을 통과하더라도, 결국 목표에 도달하면 긍정적인 보상을 받아야 하기에 목표에 도달한 보상을 5로 증가시켜 장애물을 통과하며 생기는 부정적인 보상을 상쇄합니다. 이렇게 보상의 균형을 맞추는 작업은 강화학습 실험을 교정하는 데 중요합니다.

```
def reset(self):
    """시커 위치를 무작위로 설정하고 관찰을 반환"""
    self.seeker = (
        random.randint(0, self.maze_len - 1),
        random.randint(0, self.maze_len - 1)
    )
    return self.get_observation()

def get_observation(self):
    """시커 위치를 정수로 인코딩"""
```

....

60 reset에서 목표 위에 도달한 시커를 초기화하도록 정의해 조금 더 단순하게 유지합니다. 이런 사소한 예외를 허용해도 학습에 영향을 미치지 않습니다.

```
        return self.maze_len * self.seeker[0] + self.seeker[1]

    def get_reward(self):
        """목표 도착 시 보상, 장애물로 이동시 처벌"""
        reward = -1 if self.seeker in self.punish_states else 0
        reward += 5 if self.seeker == self.goal else 0
        return reward

    def render(self, *args, **kwargs):
        """환경을 렌더링. 예: 미로의 상태를 출력"""
        os.system('cls' if os.name == 'nt' else 'clear')
        grid = [['¦ ' for _ in range(self.maze_len)] +
            ["¦\n"] for _ in range(self.maze_len)]
        for punish in self.punish_states:
            grid[punish[0]][punish[1]] = '¦X'
        grid[self.goal[0]][self.goal[1]] = '¦G'
        grid[self.seeker[0]][self.seeker[1]] = '¦S'
        print(''.join([''.join(grid_row) for grid_row in grid]))
```

이 환경을 더 복잡하게 만드는 다른 방법이 많습니다. 예를 들어서 미로 크기를 훨씬 더 키우거
나, 에이전트가 특정 방향으로 움직이는 모든 스텝마다 부정적인 보상을 주던가, 에이전트가
미로에서 벗어나려고 하면 처벌하는 등의 방법이 있습니다. 문제 설정을 충분히 이해해 미로에
추가적인 수정을 적용해봅시다.

이 환경에서 성공적으로 훈련시켰다면 다른 강화학습 문제에 적용할 고급 개념을 소개하겠습
니다.

4.5.2 커리큘럼 학습 적용

RLlib은 알고리즘에 학습 가능한 커리큘럼을 제공하는 흥미로운 기능이 있습니다. 커리큘럼은
알고리즘이 무작위 환경 설정에서 학습하는 대신 알고리즘이 학습하기 훨씬 쉬운 상태를 선택
해 학습한 후 점점 어려운 상태를 도입해 학습을 유도합니다. 학습 커리큘럼을 구축하면 실험
이 솔루션에 더 빨리 수렴되도록 합니다. 커리큘럼 학습을 적용하려면 시작 상태가 다른 상태
보다 쉬우면 됩니다. 많은 환경에서 커리큘럼을 찾기란 힘들지만 예시에서 사용하는 미로에 적
용할 간단한 커리큘럼은 쉽게 떠올릴 수 있습니다. 목표에서 시커의 거리를 난이도의 척도로
삼아 커리큘럼을 구상하면 됩니다. 단순화를 위해서 사용할 거리 척도(difficulty)를 목표

에서 두 시커의 좌표의 절대 거리의 합으로 정의합니다.

RLlib을 통해 커리큘럼 학습을 실행하려면 AdvancedEnv와 RLlib의 TaskSettableEnv를 모두 확장하는 CurriculumEnv를 정의합니다. TaskSettableEnv의 인터페이스는 현재의 난이도를 얻는 방법(get_task)과 난이도를 설정하는 방법(set_task)만 정의하면 된다는 점에서 매우 간단합니다. CurriculumEnv의 전체 정의는 다음과 같습니다.

```python
from ray.rllib.env.apis.task_settable_env import TaskSettableEnv

class CurriculumEnv(AdvancedEnv, TaskSettableEnv):
    def __init__(self, *args, **kwargs):
        AdvancedEnv.__init__(self)

    def difficulty(self):  ❶
        return abs(self.seeker[0] - self.goal[0]) + \
                abs(self.seeker[1] - self.goal[1])

    def get_task(self):  ❷
        return self.difficulty()

    def set_task(self, task_difficulty):  ❸
        while not self.difficulty() <= task_difficulty:
            self.reset()
```

❶ 현재 상태의 difficulty를 두 시커의 좌표의 절대 거리 합으로 정의합니다.

❷ get_task를 정의하기 위해 단순하게 현재의 difficulty를 반환하면 됩니다.

❸ 작업 난이도를 어렵게 하기 위해서 환경의 난이도가 최대로 지정된 tast_difficulty까지 난이도 도달할 때까지 환경을 리셋합니다.

환경을 커리큘럼 학습에 활용하려면 알고리즘이 작업의 난이도를 설정하는 시점과 방법을 알고리즘에게 알려주는 커리큘럼 함수를 정의해야 합니다. 여기에는 많은 옵션이 있지만 간단히 스텝 1,000번마다 난이도를 한 단계씩 증가시키도록 합니다.

```python
def curriculum_fn(train_results, task_settable_env, env_ctx):
    time_steps = train_results.get("timesteps_total")
    difficulty = time_steps // 1000
    print(f"Current difficulty: {difficulty}")
    return difficulty
```

이 커리큘럼 함수를 테스트하기 위해 env_task_fn 속성을 curriculum_fn으로 설정하고 RLlib 알고리즘 구성에 추가합니다. 15번의 반복으로 DQN을 훈련하기 전에 구성 폴더도 설정해야 합니다. 이러면 훈련 경험 데이터가 지정된 임시 폴더에 저장됩니다.[61]

```python
from ray.rllib.algorithms.dqn import DQNConfig
import tempfile

temp = tempfile.mkdtemp() ❶

trainer = (
    DQNConfig()
    .environment(env=CurriculumEnv, env_task_fn=curriculum_fn) ❷
    .offline_data(output=temp) ❸
    .build()
)

for i in range(15):
    trainer.train()
```

❶ 훈련 데이터를 저장할 임시 파일을 생성합니다.

❷ 구성의 환경 부분에서 CurriculumEnv를 environment로 설정하고 curriculum_fn을 env_task_fn에 할당합니다.

❸ output을 임시 폴더에 저장하기 위해 offline_data 메서드를 사용합니다.

이 알고리즘을 실행하면 시간이 지남에 따라 작업의 난이도가 높아집니다. 이렇게 함으로써 알고리즘은 쉬운 문제를 풀고 이후 어려운 작업을 풀게 됩니다.

커리큘럼 학습은 알아 두면 좋습니다. 지금까지 설명한 RLlib의 커리큘럼 API를 사용하면 실험에 쉽게 통합할 수 있습니다.

4.5.3 오프라인 데이터 작업

이전 커리큘럼 학습 예시에서는 훈련 데이터를 임시 폴더에 저장했습니다. 3장에서 다뤘듯 Q

---

61 이 장의 코드는 코랩에서 실행하면 훈련을 마치기까지 시간이 걸릴 겁니다.

학습은 먼저 경험 데이터를 수집하고 나중에 이 데이터를 어느 훈련 단계에서 사용할지 결정한다는 사실은 상당히 흥미롭습니다. 이렇게 데이터를 수집하는 영역과 데이터를 사용해 훈련하는 영역을 나누면 많은 가능성이 열립니다. 완벽하지는 않아도 합리적으로 문제를 해결하는 뛰어난 휴리스틱 알고리즘을 사용하는 경우나 환경과 상호작용 기록으로 예시에 따라 해결하는 방법을 과정을 제공할 경우를 예로 들 수 있습니다.

나중에 훈련에서 사용하기 위한 경험 데이터를 수집하는 주제는 종종 오프라인 데이터 작업이란 이름으로 언급됩니다. 환경과 온라인으로 상호작용하는 정책에서 생성되지 않아서 '오프라인'이라고 부릅니다. 자체 정책에서 출력되는 정보를 바탕으로 훈련하지 않는 알고리즘을 정책 오프 폴리시off-policy 알고리즘이라고 부르며 Q 학습, 특히 DQN이 그 예입니다. 특성이 아닌 알고리즘을 온 폴리시on-policy 알고리즘이라고 부릅니다. 즉, 오프 폴리시 알고리즘은 오프라인 데이터로 훈련할 수 있습니다.[62]

임시 폴더를 입력에 전달해 그 안에 저장한 데이터를 사용하는 DQN 구성을 만들겠습니다. 데이터는 단순히 훈련에만 사용하므로 explore를 False로 설정합니다. 이렇게 하면 알고리즘은 자체 정책을 따라서 탐색하지 않습니다.

결과물인 RLlib 알고리즘을 사용하면 전과 동일하게 작동하며 10회 반복 훈련한 뒤 평가하고 시연합니다.

```python
imitation_algo = (
    DQNConfig()
    .environment(env=AdvancedEnv)
    .evaluation(off_policy_estimation_methods={})
    .offline_data(input_=temp)
    .exploration(explore=False)
    .build())

for i in range(10):
    imitation_algo.train()

imitation_algo.evaluate()
```

---

62 RLlib에는 PPO 같은 광범위한 온 폴리시 알고리즘이 있습니다.

예시에서는 알고리즘을 `imitation_algo`라고 불렀습니다. 알고리즘은 이전에 수집한 데이터에서 사용한 행동을 모방imitate하기 때문입니다. 따라서 강화학습에서 시연을 통한 이런 유형의 학습을 모방 학습imitation learning, 행동 복제behavior cloning라고 부릅니다.

4.5.4 다른 고급 주제

이 장을 마치기 전에 RLlib에서 제공하는 몇 가지 고급 주제를 알아보겠습니다. 다양한 환경에서 작업하고, 실험을 구성하고, 커리큘럼을 따라 훈련하거나 이미테이션 학습을 실행하는 등 RLlib이 얼마나 유연한지 이미 알아봤습니다. 이 절은 RLlib의 다른 가능성을 설명합니다.

RLlib을 사용하면 내부에서 사용되는 모델과 정책을 완전히 커스텀할 수 있습니다. 이전에 딥러닝 작업을 해봤다면 좋은 모델 아키텍처가 얼마나 중요한지 알 겁니다. 강화학습에서는 지도학습만큼 중요하지 않지만 고급 실험을 성공적으로 수행하는 데 중요합니다.

또한 커스텀 전처리기를 제공해서 관측이 전처리되는 방식을 변경할 수도 있습니다. 미로 예시에는 전처리가 필요 없지만 이미지나 비디오 데이터를 작업한다면 전처리가 중요합니다.

AdvancedEnv에서는 피해야 할 장애물을 도입했습니다. 에이전트는 이를 수행하는 방법을 배워야 했으나 RLlib에는 **파라메트릭 액션 공간**parametric action spaces을 통해서 자동으로 이것을 피하는 기능이 있습니다. 간단히 말하면 각 시점의 액션 공간에서 원하지 않는 액션을 모두 '마스킹masking'합니다. 경우에 따라 가변 관찰 공간이 필요한데 이 역시 RLlib에서 완벽하게 지원합니다.

오프라인 데이터에 대해서도 간단하게 살펴봤습니다. RLlib는 다양한 상황에서 사용할 경험 데이터를 읽고 쓰는 파이썬 API를 제공합니다.

여기에서는 단순성을 위해서 DQN만 사용했는데 RLlib에는 많은 훈련 알고리즘이 있습니다. 예를 들면 MARWIL 알고리즘은 오프라인 데이터에서 이미테이션 학습을 실행하는 동시에 '온라인'에서 생성된 데이터를 정기적으로 학습하는 복잡한 하이브리드 알고리즘입니다.

4.6 요약

이 장에서는 흥미로운 RLlib 기능을 살펴봤습니다. 다중 에이전트 환경 훈련, 다른 에이전트가 생성한 오프라인 데이터 기반 훈련, 강화학습의 훈련 과정에서 시뮬레이션을 분리하기 위한 클라이언트-서버 아키텍처, 커리큘럼 학습을 사용해서 쉬운 작업부터 점점 더 어려운 작업으로 지정하는 방법도 다뤘습니다.

또한 RLlib의 기본 개념과 CLI와 파이썬 API를 사용하는 방법에 대한 간략한 개요도 살펴봤습니다. 특히 RLlib 알고리즘과 환경을 필요에 맞게 구성하는 방법도 보았습니다. 지금은 RLlib의 일부 기능만 다뤘기에 자세히 알고 싶다면 RLlib 문서(https://oreil.ly/OmQYE)를 읽고 API를 체험하길 추천합니다.

다음 장에서는 레이 튠을 사용해서 RLlib 모델과 정책의 하이퍼파라미터를 튜닝하는 방법을 배웁니다.

## CHAPTER 5

레이 튠을 활용한
하이퍼파라미터 최적화

4장에서 다양한 강화학습 실험을 구현하고 실행하는 방법을 배웠습니다. 다만 실험은 많은 컴퓨팅 자원이나 실행 시간이 필요합니다. 알고리즘을 선택하자마자 특별한 조정 없이 바로 사용하면 좋은 결과를 얻기 어렵기 때문에 작업이 까다로워질수록 비용은 증폭될 수밖에 없습니다. 즉, 하이퍼파라미터 튜닝으로 알고리즘이 최상의 결과를 얻어야 하는 시점이 찾아옵니다. 이번 장에서는 어려운 머신러닝 모델 튜닝 작업을 해결하도록 돕는 레이 튠에 대해 알아봅니다.

레이 튠은 강력한 하이퍼파라미터 최적화(HPO) 도구입니다. 기본적으로 분산 방식(이 책에서 소개하는 레이의 다른 라이브러리도 마찬가지)으로 작동하면서 풍부한 기능을 가진 여러 라이브러리와 통합됩니다. 그래서 튠은 이미 다른 라이브러리를 사용하건 처음부터 새로 시작하건 분산 HPO 실험에 가장 이상적인 선택지입니다.

이번 장에서는 HPO를 사용하기 어려운 이유와 레이를 사용해서 HPO를 구현하는 방법을 자세히 살펴봅니다. 그 다음 레이 튠의 핵심 개념을 배우고 이전 장에서 구축한 RLlib 모델을 튜닝합니다. 마지막으로 케라스 같은 프레임워크를 사용해서 지도학습을 튜닝하는 방법도 살펴봅니다. 이 과정에서 레이 튠이 다른 라이브러리와 어떤 식으로 통합되는지 살펴보고 몇 가지 고급 기능도 알아봅니다.

5.1 하이퍼파라미터 튜닝

먼저 하이퍼파라미터 최적화에 대해서 간단하게 짚고 넘어가겠습니다. 이미 HPO에 익숙하다면 이번 절은 넘어가도 괜찮지만, 분산 HPO도 다루므로 읽기를 추천합니다. 항상 그렇듯 이 책의 깃허브 리포지토리에서 노트북 파일을 제공합니다.

3장에서 소개한 첫 번째 강화학습 실험에서 명시적인 업데이트 규칙에 따라 내부 상태-액션 값이 업데이트되는 아주 기본적인 Q 학습 알고리즘을 정의했습니다. 이 모델은 초기 구성 이후에는 모델의 파라미터를 직접 수정하지 않았고 오직 알고리즘으로만 학습했습니다. 반면 알고리즘을 설정할 때는 수동으로 가중치와 discount_factor를 정했습니다.

같은 방법으로 4장에서는 2개의 롤아웃 워커를 DQN 알고리즘에 적용하기 위해 num_rollout_workers=2를 파라미터로 지정해서 RLlib 알고리즘을 설정했습니다. num_rollout_worker 같은 파라미터를 하이퍼파라미터라고 하며, 성공적인 실험을 위해서는 적절한 하이퍼파라미터 값을 찾는 게 중요합니다. 하이퍼파라미터 최적화 분야는 효율적으로 좋은 하이퍼파라미터 값을 찾는 데 초점이 맞춰 있습니다.

5.1.1 레이를 사용한 랜덤 서치

Q 학습 알고리즘의 가중치나 discount_factor 같은 하이퍼파라미터는 연속된 파라미터라서 모든 조합을 테스트하는 게 불가능합니다. 더욱 파라미터를 선택하는 건 서로 독립적이지 않을 수도 있습니다. 값을 선택하려면 항목의 각 파라미터에 대한 범위도 지정해야 합니다(이 경우 두 하이퍼파라미터 모두 0에서 1 사이의 값을 가짐). 그러면 최적의 하이퍼파라미터를 고르는 방법은 무엇일까요?

하이퍼파라미터 튜닝에 대한 나이브하면서도 효과적인 접근 방식을 구현하는 예시를 살펴보겠습니다. 이번 예시에서는 나중에 사용할 몇 가지 용어도 소개합니다. 랜덤 서치의 핵심 아이디어는 하이퍼파라미터를 임의로 샘플링하고, 각 샘플에 알고리즘을 실행한 결과를 기반으로 최적의 실행을 선택하는 것입니다. 하지만 이 책의 주제에 맞게 순차 루프에서 실행하는 대신 레이로 병렬 연산을 합니다.

3장의 간단한 Q 학습 알고리즘을 다시 사용하죠. 당시 핵심 훈련 함수를 train_policy(env,

num_episodes=10000, weight=0.1, discount_factor=0.9)로 정의했습니다. 즉, train_policy 함수에서 알고리즘의 가중치(weight)와 감가율(discount_factor)을 조정하면 알고리즘이 실행되는 결과를 비교할 수 있습니다. 이를 위해서 소위 말하는 검색 공간을 정의합니다. 문제 두 파라미터에서 0에서 1사이의 값을 균일하게 샘플링해서 총 10개의 값을 선택합니다.

그러면 다음과 같은 코드로 구현됩니다.

```python
import random
search_space = []
for i in range(10):
    random_choice = {
        random.uniform(0, 1),
        discount_factor': : random.uniform(0, 1)
    }
    search_space.append(random_choice)
```

다음으로 목적 함수objective function를 정의합니다. 목적 함수는 작업에 주어진 하이퍼파라미터 조합의 성능을 평가합니다. 예시에서는 강화학습 알고리즘을 훈련하고, policy를 평가합니다. 3장에서는 이를 위해 evaluate_policy를 정의했습니다. evaluate_policy 함수는 에이전트가 미로 환경에서 목표에 도달하기까지 평균 스텝 횟수를 반환했습니다. 다시 말해서, 목적 함수의 결과를 최소화하는 하이퍼파라미터 집합을 찾아야 합니다. ray.remote 데코레이터를 이용해 목적 함수를 레이 태스크로 만들어 병렬화하겠습니다.

```python
import ray

@ray.remote
def objective(config):  ❶
    environment = Environment()
    policy = train_policy(  ❷
        environment,
        weight=config["weight"],
        discount_factor=config["discount_factor"]
    )
    score = evaluate_policy(environment, policy)  ❸
    return [score, config]  ❹
```

❶ 목적 함수에 하이퍼파라미터가 들어있는 딕셔너리를 전달한다.

❷ 선택한 하이퍼파라미터를 사용해서 강화학습 정책을 학습한다.

❸ 그다음에 정책을 평가해서 최소화해야 하는 점수를 반환받는다.

❹ 분석을 위해 점수와 하이퍼파라미터를 모두 반환한다.

마지막으로 반복을 통해 검색 공간의 결과를 가져온 뒤 레이를 사용해 목적 함수를 병렬로 실행합니다.

```
result_objects = [objective.remote(choice) for choice in search_space]
results = ray.get(result_objects)

results.sort(key=lambda x: x[0])
print(results[-1])
```

이번 실행은 쉽게 해결됩니다(대부분의 실행은 어떤 하이퍼파라미터를 선택하든 여덟 단계 만에 최적의 결과를 반환합니다). 여기서 더 흥미로운 점은 레이로 목적 함수를 쉽게 병렬화한다는 사실입니다. 이처럼 병렬이 아니라 단순하게 검색 공간을 반복하며 각 샘플에 대한 목적 함수를 호출하는 예시를 작성해보기 권장합니다. 그러면 순차 루프가 병렬 작업을 얼마나 심각하게 느리게 만드는지 볼 수 있습니다.

개념적으로, 예시를 실행하기 위해 수행한 3가지 단계는 일반적으로 하이퍼파라미터 튜닝이 어떻게 작동하는지 보여줍니다. 먼저 검색 공간을 정의한 뒤 목적 함수를 정의하고 마지막으로 최적의 하이퍼파라미터를 찾기 위해서 분석을 실행합니다. HPO에서는 일반적으로 하이퍼파라미터 샘플 당 하나의 목적 함수 평가를 보통 트라이얼trial이라고 부르고 모든 트라이얼이 분석의 기초가 됩니다. 검색 공간에서 파라미터가 어떻게 샘플링되는지는 검색 알고리즘search algorithm(이 경우에는 무작위로 결정)에 따라 결정됩니다. 실제로 좋은 하이퍼파라미터를 찾기란 말처럼 쉽지 않습니다. 그래서 왜 하이퍼파라미터를 찾는 게 이렇게 어려운 일인지 자세히 알아봅시다.

5.1.2 HPO가 어려운 이유

앞 예시를 자세히 보면 하이퍼파라미터 튜닝이 잘 작동하도록 만드는 데 연관된 몇 가지 복잡한 과정이 있습니다. 다음은 가장 중요한 항목에 대한 간단한 개요입니다.

- 검색 공간은 여러 개의 하이퍼파라미터로 구성될 수도 있습니다. 파라미터는 각기 다른 범위와 데이터 타입을 가질 수도 있으며, 일부 파라미터는 서로 상관관계가 있거나 다른 파라미터에 종속되어 있을 수도 있습니다. 복잡하고 고차원적인 공간에서 좋은 후보를 샘플링하기는 어렵습니다.

- 이렇게 랜덤으로 파라미터를 고르면 잘 작동하기도 하지만 항상 최고의 결과가 나오지는 않습니다. 일반적으로 최적의 파라미터를 찾으려면 더 복잡한 검색 알고리즘을 테스트해봐야 합니다.

- 특히 방금처럼 하이퍼파라미터 서치를 병렬로 실행해도 목적 함수의 실행 결과가 나오기까지 시간이 오래 걸리는 경우도 있기에, 전체적으로 아주 많은 파라미터 서치를 하는 건 어렵습니다. 예를 들어서 신경망 모델은 한번 훈련하는 데 몇 시간이 걸리는 때도 있어 하이퍼파라미터 서치는 자원, 시간 측면에서 효율적이어야 합니다.

- 실제로 파라미터 서치를 실행할 때 목적 함수에 대한 파라미터 서치를 효과적으로 실행하려면 충분한 컴퓨팅 리소스가 필요합니다. 예를 들어서 목적 함수는 빠르게 실행하려면 GPU가 필요해 모든 파라미터 서치가 GPU를 사용할 수 있어야 합니다. 파라미터 서치 속도를 높이기 위해서는 각 트라이얼에 필요한 적당한 리소스를 할당해야 합니다.

- 그래서 잘못된 트라이얼을 조기에 중지하고, 중간 결과를 저장하면서 이전 트라이얼부터 다시 시작하거나 서치를 잠시 멈추고 다시 시작하는 등의 기능을 제공하는 HPO를 위한 편리한 도구가 필요합니다.

성숙한 분산 HPO 프레임워크인 레이 튠은 문제를 해결하면서 하이퍼파라미터 튜닝을 위한 간단한 인터페이스를 제공합니다. 튠의 작동 방식을 살펴보기 위해서 전에 다뤘던 예시를 다시 살펴보겠습니다.

5.2 튠 소개

튠을 처음 다룰 때는 랜덤 서치의 나이브한 레이 코어 구현을 튠으로 포팅하길 추천합니다. 먼저 검색 공간을 정의합니다. 다만 전과 다르게 이번에는 random 라이브러리 대신에 tune.uniform을 사용합니다.

```
from ray import tune

search_space = {
    "weight": tune.uniform(0, 1),
```

```
        "discount_factor": tune.uniform(0, 1),
}
```

다음으로 이전에 만든 목적함수와 거의 비슷한 목적 함수를 정의합니다. 유일한 차이점은 이번에는 점수를 딕셔너리로 반환하며, 튠이 목적 함수를 내부적으로 분산시키기 때문에 `ray.remote` 데코레이터가 필요하지 않습니다.

```
def tune_objective(config):
    environment = Environment()
    policy = train_policy(
        environment,
        weight=config["weight"],
        discount_factor=config["discount_factor"]
    )
    score = evaluate_policy(environment, policy)
return {"score": score}
```

`tune_objective` 함수를 정의하고 `tune.run`에 검색 공간과 함께 전달합니다. 기본적으로 튠은 랜덤 서치를 실행하지만 다른 검색 알고리즘도 사용합니다.[63] `tune.run`을 호출하면 목적 함수에 대해서 랜덤 서치의 트라이얼이 실행되고 하이퍼파라미터 서치에 대한 정보가 포함된 `analysis` 객체가 반환됩니다. `get_best_config`를 호출하고 `metric`과 `mode` 인자를 지정해서 찾은 최상의 하이퍼파라미터를 얻습니다(점수를 최소화하는 하이퍼파라미터).

```
analysis = tune.run(tune_objective, config=search_space)
print(analysis.get_best_config(metric="score", mode="min"))
```

이 예시는 튠의 기본 사항을 다루지만 풀어야 하는 내용이 더 많습니다. `tune.run` 함수는 매우 강력하며 실행하기 위해 많은 인수를 사용합니다. 다양한 구성 옵션을 이해하기 위해서는 우선 튠의 핵심 개념을 알아야 합니다.

---

63 튠은 레이 코어와 동일한 리소스 모델을 사용합니다. 각 tune_objective의 실행은 서로 다른 CPU 코어에서 실행됩니다. 원하면 각 트라이얼에 사용할 GPU를 지정할 수 있습니다.

5.2.1 튠의 작동 방식

튠을 효과적으로 사용하기 위해서 6개의 주요 개념을 이해해야 하고 그중 4개는 이미 이전 예시에서 사용해 봤습니다. 다음은 레이 튠의 컴포넌트에 대한 개념에 대한 개요입니다.

| 검색 공간 |

이 공간은 선택할 파라미터를 결정합니다. 검색 공간은 각 파라미터 값의 범위와 샘플링할 방법을 정의합니다. 검색 공간은 딕셔너리로 정의되고 튠의 샘플링 함수로 유효한 하이퍼파라미터 값을 정합니다. 이미 `tune.uniform`을 살펴봤지만 더 많은 옵션이 있습니다(`https://oreil.ly/6beij`).

| 트레이너블 |

트레이너블은 조정하려는 목적 함수를 부르는 튠의 공식 표현입니다. 튠에는 클래스 기반 API도 있지만 이 책은 함수 기반 API만 사용합니다. 트레이너블은 튠에 점수를 보고하고 검색 공간을 인자로 가지는 함수입니다. 점수를 보고하는 가장 쉬운 방법은 관심 있는 값을 포함한 딕셔너리를 반환하는 방법입니다.

| 트라이얼 |

`tune.run(...)` 실행하면 튠이 트라이얼을 설정해 클러스터에서 실행되도록 스케줄링합니다. 트라이얼은 하이퍼파라미터 집합이 주어진 목적 함수를 실행하는 데 필요한 모든 정보가 포함되어 있습니다.

| 분석 |

`tune.run` 호출이 끝나면 모든 트라이얼 결과가 포함된 `ExperimentAnalysis` 객체를 반환합니다. 이 객체를 사용해서 트라이얼의 결과를 분석합니다.

| 검색 알고리즘 |

튠은 하이퍼파라미터 튜닝을 위한 다양한 검색 알고리즘을 지원합니다. 지금까지 검색 공간에서 하이퍼파라미터를 무작위로 선택하는 튠의 기본 검색 알고리즘을 사용했습니다.

| 스케줄러 |

마지막으로 스케줄러가 있습니다. 스케줄러는 검색 알고리즘의 작동을 계획하고 실행합니다. 기본적으로 스케줄 트라이얼은 선입선출(FIFO)로 검색 알고리즘에서 예약한 트라이얼을 스케줄합니다. 예를 들어 실패한 트라이얼을 조기에 중지해 훈련 속도를 높일 수 있습니다.

[그림 5-1]은 튠의 주요 컴포넌트와 그 관계를 정리한 다이어그램입니다.

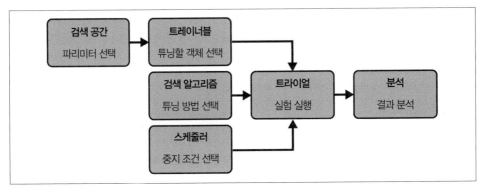

그림 5-1 레이 튠의 핵심 컴포넌트

이 장은 튠의 기능을 설명하기 위해서 오직 tune.run만 사용합니다. 튠은 레이 2.0에서 레이 AIR의 일부로 Tuner(튜너)라는 API를 추가했습니다. 이에 대해서는 7장에서 알아보며, 10장에서는 레이 AIR에서 사용합니다.

이 글을 시점에서 tune.run이 Tuner 보다 더 성숙한 API입니다. 예를 들어서 tune.run(...)을 사용한 실험은 결과를 분석할 때 결과 분석에 매우 유용한 ExperimentAnalysis라는 객체를 반환합니다. 튜너에서는 ResultGrid로 반환합니다. 장기적으로는 ResultGrid가 ExperimentAnalysis를 계승하겠지만 아직 기능이 ExperimentAnalysis보다 부족합니다.

이 주제(https://oreil.ly/plTtJ)에 대해서 더 알아보고 싶다면 튠 API 문서를 참조하세요.

내부적으로 튠은 여러 워커 프로세스(레이 액터 사용)를 생성하면서 HPO 실험의 트라이얼을 실행하는 레이 클러스터의 드라이버 프로세스에서 시작됩니다. 드라이버에 정의된 트레이너블은 워커로, 트라이얼의 결과는 tune.run(...)을 실행하는 드라이버에게 전달되어야 합니다.

검색 공간과 트레이너블, 트라이얼, 분석은 추가적인 설명이 필요 없으며 이 장의 남은 부분에 각 컴포넌트에 대한 더 많은 예시를 담았으니 참고하기 바랍니다. 하지만 검색 알고리즘과 스케줄러는 조금 더 자세히 다뤄야 합니다.

검색 알고리즘

튠에서 제공하는 모든 고급 검색 알고리즘 및 튠과 통합되는 많은 HPO 라이브러리는 **베이즈 최적화**Bayesian optimization 계열입니다. 아쉽게도 베이즈 검색 알고리즘에 대한 설명은 이 책의 범위를 벗어납니다. 베이즈 검색의 기본적인 개념은 이전 트라이얼 결과를 바탕으로 하이퍼파라미터의 어떤 범위를 탐색할 가치가 있는지에 대한 믿음을 업데이트하는 것입니다. 이 원리를 사용하면 더 많은 정보를 가지고 결정을 내리기 때문에 랜덤 서치 같이 파라미터를 독립적으로 샘플링하는 방법보다 더 효율적입니다.

앞서 이용한 기본적인 랜덤 서치와 미리 정의된 그리드에서 하이퍼파라미터를 선택하는 그리드 서치 외에도 튠은 다양한 베이지안 최적화 알고리즘과 통합됩니다. 예를 들어서 튠은 인기 있는 라이브러리인 하이퍼옵트와 옵튜나와 통합되고[64] 두 라이브러리를 통해서 TPE^Tree-structured Parzen Estimator 검색 알고리즘을 사용합니다. 뿐만 아니라 튠은 Ax와 BlendSearch, FLAML, Dragonfly, scikit-Optimize, Bayesian optimization, HpBandSter, Nevergrad, ZOOpt, SigOpt, HEBO 같은 다양한 라이브러리와도 통합됩니다. 클러스터에서 라이브러리를 사용해 HPO 실험을 실행해야 하거나 다른 라이브러리로 전환하고 싶다면 튠이 좋은 선택지입니다.

랜덤 서치를 사용하던 튠 예시에서 Bayesian optimization 라이브러리를 사용하겠습니다. 먼저 `pip install bayesian-optimization` 명령어로 파이썬 환경에 라이브러리를 설치합니다.

```
from ray.tune.suggest.bayesopt import BayesOptSearch

algo = BayesOptSearch(random_search_steps=4)
```

---

64 오픈소스 프로젝트에서는 통합에 대한 유지보수를 담당하는 주체도 중요합니다. 이에 대해서는 레이 생태계 전반을 다루는 11장에서 자세히 다뤄봅니다. 튠은 여기에 있는 통합 중 하이퍼옵트와 옵튜나에 대한 통합을 레이 튠 팀에서 직접 유지보수하며 그 외 나머지 통합은 커뮤니티에서 후원합니다.

```
tune.run(
        tune_objective,
        config=search_space,
        metric="score",
        mode="min",
        search_alg=algo,
        stop={"training_iteration": 10},
    )
```

베이지안 최적화는 점진적으로 진행하겠습니다. 처음에는 총 4스텝을 진행하며, 10번의 반복 훈련 후 트라이얼 실행을 중지하도록 합니다.

BayesOptSearch를 사용하면 무작위로 파라미터를 선택하지 않으므로 튠 실행에서 사용되는 search_alg는 최적화할 지표를 선택하고 해당 지표를 최소화할지, 최적화할지 정해야 합니다. 이번에는 이전에 언급했듯 최소 점수를 달성해야 합니다(metric="score", mode="min").

스케줄러

다음으로 더 효율적으로 실행하기 위해서 튠에서 **트라이얼 스케줄러**를 사용하는 방법을 다룹니다. 이 절에서는 지표를 목적 함수 내부에서 지표를 튠에게 보고하는 조금 다른 방법도 소개합니다.

그래서 앞의 예시와 다르게 점수를 바로 계산하지 않고 반복 루프 내에서 중간 점수intermediate score를 계산한다고 가정합니다. 이건 지도학습에서 여러 반복에 대해 모델을 훈련할 때 자주 발생하는 상황입니다(5.3 '튠을 사용한 머신러닝' 참조). 좋은 하이퍼파라미터를 선택한 경우 훈련 루프가 끝나기도 전에 지표 개선이 더뎌지기도 합니다. 즉, 점진적인 지표 개선이 더 이상 일어나지 않는다면 실험을 조기에 중단해야 하지 않을까요? 이 역시 튠에서 스케줄러를 사용해야 할 이유가 됩니다.

다음은 이런 경우에서 사용해야 하는 목적 함수의 예시입니다. 예시는 연습용 예시지만 튠으로 최적의 하이퍼파라미터를 선택하면 복잡한 예시보다 더 이해하기 편합니다.

```
def objective(config):
    for step in range(30): ❶
        score = config["weight"] * (step ** 0.5) + config["bias"]
```

```
    tune.report(score=score) ❷

search_space = {"weight": tune.uniform(0, 1), "bias": tune.uniform(0, 1)}
```

❶ 예를 들어 종종 훈련 루프 내부에서 중간 점수를 계산해야 하는 경우가 있습니다.

❷ `tune.report`로 튠에 중간 점수를 전달합니다.

여기서 최소화하려는 점수는 양수의 제곱근에 **weight**을 곱한 값에 **bias**를 더한 값입니다. 모든 양의 x에 대한 점수를 최소화하려면 두 하이퍼파라미터가 분명 작아야 합니다. 제곱근 함수는 점점 완만해진다는 점을 감안하면 충분히 좋은 두 하이퍼파라미터를 구하기 위해 30번의 스텝을 모두 구할 필요가 없을 수도 있습니다. 각 점수에 계산마다 한 시간이 걸린다고 치면, 조기종료를 통해 실험을 더 빠르게 실행하는 데 큰 도움이 됩니다.

트라이얼 스케줄러로 널리 사용되는 HyperBand 알고리즘을 사용해서 설명하겠습니다. 이 스케줄러는 지표와 모드를 전달해야 합니다(다시 말하지만 **score**를 최소화함). 또한 너무 일찍 조기 종료되지 않도록 10개의 샘플에 대해서 실행합니다.

```
from ray.tune.schedulers import HyperBandScheduler
    scheduler = HyperBandScheduler(metric="score", mode="min")
    analysis = tune.run(
        objective,
        config=search_space,
        scheduler=scheduler,
        num_samples=10,
    )
    print(analysis.get_best_config(metric="score", mode="min"))
```

이 경우에는 검색 알고리즘을 따로 지정하지 않았습니다. 즉, HyperBand는 랜덤 서치로 선택된 파라미터에서 실행됩니다. 대신 스케줄러를 다른 검색 알고리즘과 결합할 수도 있습니다. 이를 통해서 더 좋은 하이퍼파라미터를 선택하고 나쁜 트라이얼을 조기에 중지할 수 있습니다. 하지만 모든 스케줄러를 **검색 알고리즘**과 결합하지는 못합니다. 자세한 내용은 튠의 스케줄러 호환성 매트릭스(https://oreil.ly/B-Eh)를 살펴보세요.

튠에는 HypperBand 외에도 Median Stopping Rule, ASHA, Population Based Training(PBT), Population Based Bandits(PB2) 같은 다양한 조기 중지 알고리즘의 분산 구현체가 포함되어 있습니다.

5.2.2 튠의 구성과 실행

레이 튠을 사용해서 더 구체적인 머신러닝 예시를 살펴보기 전에 리소스를 활용, 트라이얼 중지 및 재실행, 튠 실행에 콜백 추가, 커스텀 혹은 조건부 검색 공간 정의 등 튠을 더 효과적으로 사용하는 데 필요한 몇 가지 유용한 주제를 다뤄봅니다.

리소스 지정

기본적으로 튠 트라이얼은 하나의 CPU에서 실행되며 원한다면 CPU 개수만큼 동시 실행도 가능합니다. 예를 들어서 CPU가 8개인 노트북에서 튠을 실행하면 지금까지 계산한 모든 실험은 8개의 동시 트라이얼을 생성하고 각 트라이얼마다 한 개의 CPU를 할당합니다. 작동을 변경하기 위해서는 튠에서 resources_per_trial를 사용하면 됩니다.

트라이얼마다 사용되는 GPU를 결정할 수도 있습니다. 또한 튠에서는 한 개의 자원에 여러 개의 트라이얼을 실행할 수도 있습니다. 즉, 트라이얼 간에 서로 리소스 공유가 가능합니다. 예를 들어서 12개의 CPU와 2개의 GPU가 있는 머신에서 다음과 같이 리소스를 요청한다고 가정해 봅시다.

```
from ray import tune
tune.run(
    objective,
    config=search_space,
    num_samples=10,
    resources_per_trial={"cpu": 2, "gpu": 0.5}
)
```

이는 튠이 머신에서 최대 4개의 동시 트라이얼을 스케줄링해서 사용한다는 의미입니다. 이는 머신에서 GPU 사용률을 최대화하기 위한 작업입니다(다른 작업을 위해서 아직 4개의 유휴 CPU가 남아 있음). 원하는 경우 트라이얼마다 사용하는 메모리 양을 바이트 단위로 정할 수 있습니다. 또한 tune.run(...)에 max_concurrent_trials를 전달해 동시 트라이얼의 개수를 명시적으로 제한할 수도 있습니다. 위 예시에서 항상 작업당 1개의 GPU를 사용하게 해야 한다면 GPU가 2개 있으므로 max_concurrent_trials=2로 설정해서 동시 트라이얼의 개수를 제한하면 됩니다.

지금까지 단일 머신에서 리소스를 사용하는 방법을 다뤘지만, 모든 내용은 그대로 레이 클러스

터에서 적용할 수 있습니다. 레이는 항상 다음 트라이얼을 스케줄링하려 시도하지만 실행 전에
충분한 리소스가 있는지 확인합니다.

콜백과 지표

지금까지 이 장에서 다룬 튠의 실행 결과를 살펴봤다면, 각 트라이얼에는 기본적으로 트라이얼
ID, 실행 날짜 같은 많은 정보가 포함되었다는 사실을 알 겁니다. 흥미로운 점은 튠을 사용하
면 보고할 지표를 커스텀할 뿐 아니라 **콜백**callbacks을 사용해 tune.run에도 연결한다는 점입니
다. 2가지를 모두 수행하는 빠르고 대표적인 예시를 살펴봅시다.

이전에 다룬 예시를 약간만 수정해서 트라이얼이 결과를 반환할 때마다 특정 메시지를 남기도
록 만들어 봅시다. 이를 위해서 ray.tune 패키지의 Callback 객체에 on_trial_result 메
서드를 구현하기만 하면 됩니다.[65] score를 보고하는 목적 함수는 다음과 같습니다.

```python
from ray import tune
from ray.tune import Callback
from ray.tune.logger import pretty_print


class PrintResultCallback(Callback):
    def on_trial_result(self, iteration, trials, trial, result, **info):
        print(f"Trial {trial} in iteration {iteration}, "
            f"got result: {result['score']}")
    def objective(config):
        for step in range(30):
            score = config["weight"] * (step ** 0.5) + config["bias"]
            tune.report(score=score, step=step, more_metrics={})
```

점수 외에도 step과 more_metrics도 튠에게 보고합니다. 실제로 추적하려는 다른 지표를 노
출할 수도 있으며 튠에서는 이것을 평가 지표에 추가합니다. 커스텀 콜백으로 튠 실험을 실행
하고 방금 정의한 커스텀 지표를 출력합시다.

```python
search_space = {"weight": tune.uniform(0, 1), "bias": tune.uniform(0, 1)}

analysis = tune.run(
```

---

65 튠에서 콜백을 사용하거나 직접 콜백을 생성하는 방법을 살펴보려면 튠 문서(https://oreil.ly/1CDj2)에서 콜백과 메트릭에 대한
사용자 가이드를 살펴보세요.

```
    objective,
    config=search_space,
    mode="min",
    metric="score",
    callbacks=[PrintResultCallback()])

best = analysis.best_trial
print(pretty_print(best.last_result))
```

이 코드를 실행하면 다음과 같은 출력이 생성됩니다. 여기서 튠이 best_result를 파악하려면 mode와 metric을 명시적으로 지정해야 합니다. 먼저, 트라이얼이 실행되는 동안 콜백이 출력됩니다.

```
...
Trial objective_85955_00000 in iteration 57, got result: 1.5379782083952644
Trial objective_85955_00000 in iteration 58, got result: 1.5539087627537493
Trial objective_85955_00000 in iteration 59, got result: 1.569535794562848
Trial objective_85955_00000 in iteration 60, got result: 1.5848760187255326
Trial objective_85955_00000 in iteration 61, got result: 1.5999446700996236
...
```

그다음 프로그램 마지막에 정의한 세 개의 커스텀 지표를 포함해서 사용 가능한 최고의 트라이얼 지표를 출력합니다. 다음 출력은 읽기 쉽도록 기본 지표는 생략합니다. 특히 튠 트라이얼 (동시 트라이얼로 실행되므로 출력이 매우 많을 수 있음)의 출력을 읽는 데 익숙해지려면 다음과 같은 예시를 직접 실행하는 게 도움이 됩니다.

```
Result logdir: /Users/maxpumperla/ray_results/objective_2022-05-23_15-52-01
...
done: true
experiment_id: ea5d89c2018f483183a005a1b5d47302
experiment_tag: 0_bias=0.73356,weight=0.16088
hostname: mac
iterations_since_restore: 30
more_metrics: {}
score: 1.5999446700996236
step: 29
trial_id: '85955_00000'
...
```

커스텀 튠 콜백을 구현하는 방법의 예로 `on_trail_result`를 들었지만 이 외에도 유용한 다른 옵션이 많습니다. 여기에 모두 나열할 수 없지만 일부 유용한 콜백 메서드는 `on_trial_start`와 `on_trial_error`, `on_experiment_end`, `on_checkpoint` 등이 있습니다. 여기서 `on_checkpoint`는 지금부터 알아보겠습니다.

체크포인트, 중단 및 재개

분산된 환경에서 더 많은 튠 트라이얼을 시작하고 개별적으로 더 오래 실행될수록 실패를 예방하거나 실행을 중지하거나 이전 결과부터 다시 시작하는 메커니즘이 더욱 필요합니다. 튠을 사용하면 주기적으로 체크포인트를 생성할 수 있습니다. 체크포인트는 주기는 튠에 의해서 동적으로 조정되고, 체크포인트를 저장하는 데 너무 많은 리소스를 사용하지 않게 하기 위해 최소 95%의 시간은 트라이얼 시간에 사용되도록 합니다.

체크포인트 디렉터리나 `logdir`은 `~/ray_results/<your-objective>_<date>_<time>`의 포맷을 가집니다. 실험에서 체크포인트의 위치를 안다면 언제든 재시작(resume)할 수 있습니다.

```
analysis = tune.run(
    objective,
    name="<your-logdir>",
    resume=True,
    config=search_space)
```

마찬가지로 중지 조건을 정의하고 `tune.run`에 전달해 트라이얼을 중지할 수 있습니다. 중지 조건이 담긴 딕셔너리를 제공하면 쉽습니다. 모든 튠 실행에 내장 지표인 `training_iteration` 회수가 10에 도달한 뒤에 분석을 중지시키는 방법은 다음과 같습니다.

```
tune.run(
    objective,
    config=search_space,
    stop={"training_iteration": 10})
```

이런 방식으로 중지 조건을 지정하면 문제의 지표가 증가한다고 가정한다는 단점이 있습니다. 예를 들어서 계산하려는 점수가 높은 값부터 시작해 낮은 값으로 최소화하려는 경우가 있습니다. 점수에 대해서 유연한 정지 조건을 공식화하기 위해 다음과 같은 중지 함수를 전달합니다.

```
def stopper(trial_id, result):
    return result["score"] < 2

tune.run(
    objective,
    config=search_space,
    stop=stopper)
```

더 많은 컨텍스트나 명시적 상태의 중지 조건이 필요하다면 Stopper 클래스(https://oreil.ly/1GBqm)를 정의해서 튠에게 전달하면 되지만 여기서는 다루지 않겠습니다.

커스텀과 조건부 검색 공간

마지막으로 복잡한 검색 공간에 대해서 다루겠습니다. 지금까지는 서로 독립적인 하이퍼파라미터만 살펴보았지만 실제로는 서로 다른 파라미터에 의존하는 경우가 있습니다. 또한 튠의 내장 검색 공간은 제공하는 많은 기능이 있지만 특별한 분포를 사용하거나 자체 모듈에서 파라미터를 샘플링하려고 하는 경우도 있습니다.

튠에서 두 상황 모두 처리하는 방법은 다음과 같습니다. 간단하고 객관적인 예시로 살펴보자면, 튠의 tune.uniform 대신에 weight 파라미터에 대해서 numpy의 random.uniform 샘플러를 사용하려고 합니다. bias는 weight에 표준 정규 변수를 곱한 값이어야 합니다. tune.sample_from을 사용하면 복잡하고 중첩된 상황을 처리합니다.

```
from ray import tune
import numpy as np

search_space = {
    "weight": tune.sample_from(
        lambda context: np.random.uniform(low=0.0, high=1.0)
    ),
    "bias": tune.sample_from(
        lambda context: context.config.weight * np.random.normal()
    )
}

tune.run(objective, config=search_space)
```

레이 튠에는 더 많은 흥미로운 기능이 있지만 여기부터는 튠을 사용한 머신러닝 애플리케이션에 대해서 중점적으로 다루도록 하겠습니다.

5.3 튠을 활용한 머신러닝

살펴본 내용과 같이 튠은 많은 기능이 있고, 주어진 목적 함수에 맞게 하이퍼파라미터를 튜닝합니다. 특히 여러 머신러닝 프레임워크와 통합됩니다. 이 절에서는 2가지 예시를 살펴봅니다. 먼저 튠을 사용해서 RLlib 실험의 파라미터를 최적화하고 옵튜나를 사용해서 케라스 모델을 튠을 통해서 튜닝합니다.

5.3.1 튠을 활용한 RLlib

RLlib은 튠과 함께 사용하도록 설계되었기에 기존 RLlib 코드에서 HPO 실험을 설정하기 편합니다. 실제로 RLlib 트레이너는 Trainable로 tune.run의 첫 번째 인수로 사용하며 DQNTrainer 같은 실제 트레이너 클래스나 DQN 같은 문자열 표현 중 선택합니다. 튠 지표로 RLlib 실험에서 추적했던 episode_reward_mean 같은 모든 지표를 전달할 수도 있습니다. 또 tune.run의 config는 RLlib 트레이너 구성이지만, 훈련 속도나 배치 크기 같은 하이퍼파라미터를 샘플링하기 위해서 튠의 검색 공간 API의 기능을 사용합니다.[66] 여기에 CartPole-v0 Gym 환경에서 튜닝된 RLlib 실험을 실행하는 예시가 있습니다.

```
from ray import tune
    analysis = tune.run(
        "DQN",
        metric="episode_reward_mean",
        mode="max",
        config={
            "env": "CartPole-v1",
            "lr": tune.uniform(1e-5, 1e-4),
            "train_batch_size": tune.choice([10000, 20000, 40000]),
    },
)
```

---

66 tune.run의 config 인자를 search_space라고 부르지 않은 이유는 RLlib config 객체와의 상호 운용성과 관련이 있습니다.

5.3.2 케라스 모델 튜닝

이 장을 마무리하기 위해서 조금 더 자세한 예시를 살펴보겠습니다. 앞서 언급했듯 이 책은 머신러닝 책이 아닌 레이와 관련 라이브러리를 소개하는 책입니다. 그래서 머신러닝의 기본적인 내용을 소개하거나 머신러닝 프레임워크를 자세히 소개하지 않습니다. 따라서 이 절은 케라스와 그 API에 대해서 익숙하며 지도학습에 대한 기본적인 지식을 가졌다고 가정하고 진행합니다. 물론 사전지식이 없어도 레이 튠에 관련된 부분에만 집중하면 이해할 수 있습니다. 다음 예시는 튠을 머신러닝 워크로드에 적용하는 더 현실적인 시나리오입니다.

넓게 보면 다음 단계를 따르겠습니다.

- 일반적인 데이터셋을 로드합니다.
- 머신러닝 작업을 준비합니다.
- 케라스로 튠에 정확도 지표를 보고하는 딥러닝 모델을 만들어 튠의 목적 함수를 정의합니다.
- 튠의 하이퍼옵트 통합을 사용해서 케라스 모델의 하이퍼파라미터 세트를 튜닝하는 검색 알고리즘을 정의합니다.

튠을 사용하는 방법은 전과 다르지 않습니다. 목적 함수와 검색 공간을 정의해서 원하는 구성으로 tune.run을 실행합니다. 더 하이레벨에서 머신러닝 프레임워크와 튠을 같이 사용하는 과정은 [그림 5-2]를 살펴보세요.

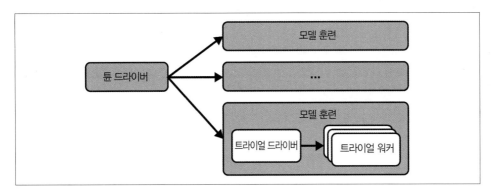

그림 5-2 튠은 클러스터의 레이 워커에서 트라이얼을 실행시키고 지표를 다시 드라이버에 보고해서 머신러닝 모델에 대한 분산 HPO를 설정합니다.

훈련할 데이터셋을 정의하기 위해 케라스에서 제공하는 유명한 데이터셋인 MNIST를 로드하는 간단한 load_data 함수를 정의하겠습니다. MNIST는 손으로 숫자를 쓴 28x28 픽셀의 이미지입니다. 픽셀 값을 0과 1사이로 정규화한 뒤 10개의 카테고리 변수^{categorical variable}에 대한 레이블을 만듭니다. 이 기능을 오직 케라스 내장 기능만으로 만드는 방법은 다음과 같습니다 (실행하기 전에 `pip install tensorflow`로 텐서플로를 설치합니다).

```python
from tensorflow.keras.datasets import mnist
from tensorflow.keras.utils import to_categorical

def load_data():
    (x_train, y_train), (x_test, y_test) = mnist.load_data()
    num_classes = 10
    x_train, x_test = x_train / 255.0, x_test / 255.0
    y_train = to_categorical(y_train, num_classes)
    y_test = to_categorical(y_test, num_classes)
    return (x_train, y_train), (x_test, y_test)

load_data()
```

`mnist.load_data()`를 호출하면 먼저 로컬에 저장된 복사본을 찾기 때문에 `load_data`를 정의한 뒤에 한 번 호출해 로컬에 데이터를 다운로드합니다. 데이터를 먼저 로드하지 않으면 여러 튠 워커가 데이터를 병렬로 다운로드를 시도해 문제가 발생할 수 있습니다.[67]

그다음 방금 정의한 데이터를 로드하고 `objective` 함수를 전달한 구성에서 선택한 하이퍼파라미터로 순차적 케라스 모델을 설정한 뒤 모델을 컴파일하고 적합시켜 튠의 `objective` 또는 트레이너블 함수를 정의합니다. 딥러닝 모델을 정의하기 위해서 MNIST 이미지를 평평하기 만든 뒤에 완전 연결 레이어(`Dense` 레이어)를 두 개 사용하고, 그 사이에 드롭아웃(`Dropout`) 레이어를 추가합니다.

여기서는 첫 번째 완전 연결 레이어의 활성화 함수와 히든 유닛 개수, 드롭아웃 비율을 하이퍼파라미터로 튜닝하려고 합니다. 다른 하이퍼파라미터도 같은 방식으로 튜닝할 수 있습니다. 이 하이퍼파라미터는 예시를 들기 위해 선택했습니다.

이 장의 다른 예시와 마찬가지로 관심 있는 지표는 수동으로 확인이 가능합니다(`objective`에 딕셔너리를 반환하거나 `tune.report(...)`를 사용). 하지만 튠은 케라스를 지원하므로, 케라

---

67 한 워커가 데이터를 다운로드하기 시작하고 다른 워커가 아직 다운로드 완료되지 않은 로컬 복사본을 확인하는 상황이 가끔 발생합니다. 이때 두 번째 워커는 다운로드가 끝나지 않은 온전치 않은 파일을 열려고 시도합니다. 이는 레이가 백그라운드에서 스스로 많은 일을 처리하지만, 그럼에도 코드를 작성해야 함을 의미합니다.

스 콜백인 TuneReportCallback을 fit에 전달해도 됩니다. objective 함수는 다음과 같습니다.

```python
from tensorflow.keras.models import Sequential
from tensorflow.keras.layers import Flatten, Dense, Dropout
from ray.tune.integration.keras import TuneReportCallback

def objective(config):
        (x_train, y_train), (x_test, y_test) = load_data()
        model = Sequential()
        model.add(Flatten(input_shape=(28, 28)))
        model.add(Dense(config["hidden"], activation=config["activation"]))
        model.add(Dropout(config["rate"]))
        model.add(Dense(10, activation="softmax"))

        model.compile(loss="categorical_crossentropy", metrics=["accuracy"])
        model.fit(x_train, y_train, batch_size=128, epochs=10,
                    validation_data=(x_test, y_test),
                    callbacks=[TuneReportCallback({"mean_accuracy": "accuracy"})])
```

다음으로 커스텀 검색 알고리즘을 사용해 목적 함수를 튜닝해보겠습니다. 구체적으로 튠을 사용해서 하이퍼옵트 라이브러리의 TPE 알고리즘을 사용하는 HyperOptSearch 알고리즘을 사용합니다. 이 통합을 사용하기 위해서는 컴퓨터에 하이퍼옵트를 설치해야 합니다(pip install hyperopt==0.2.7). HyperOptSearch를 통해서 조사할 하이퍼파라미터 초기 값을 정합니다.

이 부분은 선택사항입니다. 하지만 초기 하이퍼파라미터로 사용할 좋은 값을 추측을 통해서 설정해도 좋습니다. 이 경우에는 드롭아웃 비율(rate)을 0.2, 히든 유닛(hidden)을 128개, 초기 하이퍼파라미터(activation)로 ReLU 활성화 함수를 사용합니다. 이전과 같이 튠의 유틸리티 기능을 사용해서 검색 공간을 정의할 수도 있습니다. tune.run을 호출할 때 모두 전달해서 찾은 최고의 하이퍼파라미터를 analysis 객체로 가져옵니다.

```python
from ray import tune
from ray.tune.suggest.hyperopt import HyperOptSearch

initial_params = [{"rate": 0.2, "hidden": 128, "activation": "relu"}]
algo = HyperOptSearch(points_to_evaluate=initial_params)
```

```
search_space = {
    "rate": tune.uniform(0.1, 0.5),
    "hidden": tune.randint(32, 512),
    "activation": tune.choice(["relu", "tanh"])
}

analysis = tune.run(
    objective,
    name="keras_hyperopt_exp",
    search_alg=algo,
    metric="mean_accuracy",
    mode="max",
    stop={"mean_accuracy": 0.99},
    num_samples=10,
    config=search_space,
)

print("Best hyperparameters found were: ", analysis.best_config)
```

이 예시에서는 설명하지 않은 하이퍼옵트의 모든 기능을 사용하고 있습니다. 하이퍼옵트 자체는 분산되지 않지만 튠 API와 사용하면 레이 클러스터에서 분산 HPO를 실행합니다.

케라스와 하이퍼옵트 조합을 사용해 고급 머신러닝 프레임워크와 서드파티 HPO 라이브러리를 사용하는 예시를 살펴봤습니다. 하지만 이 외에도 다른 머신러닝 라이브러리와 튠에서 지원하는 거의 모든 HPO 라이브러리가 사용 가능합니다. 튠이 제공하는 더 많은 통합에 대해서 알아보려면 레이 튠 문서 예시(https://oreil.ly/rKtZr)를 살펴보세요.

5.4 요약

튠은 다재다능한 HPO 도구입니다. 다양한 검색 알고리즘, 고급 스케줄러, 복잡한 검색 공간, 커스텀 중단기 및 이번 장에서 다루지 못한 많은 기능을 지원할 정도로 풍부한 기능을 제공합니다. 또한 옵튜나 혹은 하이퍼옵트 같은 유명한 HPO 도구와 쉽게 통합되고 튠을 통해 도구에서 쉽게 마이그레이션해 쉽게 해당 라이브러리의 기능을 활용할 수 있습니다. 레이 튠은 단일 머신에서만 작동하는 다른 도구를 확장해 유연하게 분산하는 HPO 프레임워크라 해도 과언이 아닙니다.

## CHAPTER 6

레이 데이터셋을 활용한 데이터 분산 처리

5장에서 하이퍼파라미터를 튜닝하는 방법을 배웠습니다. 물론 머신러닝을 실제로 사용하기 위한 핵심 컴포넌트는 데이터입니다. 이 장에서는 레이 데이터라고 불리는 데이터 처리 기능에 대해서 살펴보겠습니다.

레이 데이터는 아파치 스파크Apache Spark나 아파치 하둡Apache Hadoop 같은 일반적인 데이터 처리 시스템을 대체하기 위한 도구가 아닙니다. 하지만 기본적인 데이터 처리 기능과 레이 애플리케이션의 다른 요소에서 데이터를 이용하도록 로드하고 변환, 전달하는 방법을 제공합니다. 레이 데이터를 사용하면 다른 레이 생태계 도구와 동일한 방법으로 데이터를 처리해 프레임워크에 구애받지 않게 기능을 혼합하고 매칭할 수 있습니다.

레이 데이터 생태계의 핵심 구성요소인 레이 데이터셋은 레이 클러스터에서 참조하는 데이터를 로드, 변환 및 전달하기 위한 추상화를 제공합니다. 레이 데이터셋은 서로 다른 라이브러리가 레이 위에서 연동되도록 '접착제' 역할을 합니다. 6.2 '외부 라이브러리 통합'에서 다스크 온 레이를 사용해서 다스크 API의 표현력을 그대로 사용하면서 데이터 프레임을 처리하고 그 결과를 레이 데이터셋으로 변환하는 방법을 다룹니다. 레이 데이터셋은 다음과 같은 장점을 가집니다.

| 유연성 |

다양한 데이터 포맷을 지원하고 다스크 온 레이 같은 라이브러리와 원활하게 통합하고 작동하며 데이터 복사 없이 레이 태스크와 액터 전달합니다.

| 머신러닝 워크로드 성능 |

머신러닝 모델 훈련과 추론 워크로드를 가속화하는 가속기를 지원하고, 파이프라이닝이나 글로벌 랜덤 셔플 같은 기능을 지원합니다.

이 장은 레이에서 데이터를 처리하기 위한 핵심 개념을 익히고 일반적인 패턴을 활용하는 방법과 작업을 수행하기 위해서 다른 도구를 사용하는 이유를 소개합니다. 데이터 처리에서 사용되는 map, filter, groupby, partition 같은 개념에 기본 지식이 있다고 가정하지만 일반적으로 데이터 과학을 소개하거나 내부 구현을 심층 분석하지는 않습니다. 어느 정도 데이터 과학에 대한 지식만 가졌다면 이 장을 읽는 데 문제가 없습니다.

핵심 빌딩 블록인 레이 데이터셋을 소개합니다. 여기서는 아키텍처, 기본적인 API와 레이 데이터셋이 복잡한 데이터 중심적인 애플리케이션을 만드는 예시를 다룹니다. 그다음 다스크 온 레이를 기반으로 레이 외부 라이브러리 통합에 대해서 간략하게 소개합니다. 마지막으로 단일 파이썬 스크립트에서 확장 가능한 엔드 투 엔드 머신러닝 파이프라인을 구축해서 다뤘던 모든 내용을 하나로 통합하겠습니다.

> NOTE_ 이 책의 예시 코드는 https://github.com/hanbit/learning-ray에서 노트북 형태로 제공합니다. 해당 노트북은 구글 코랩에서 실행할 수 있습니다.

6.1 레이 데이터셋

레이 데이터셋의 핵심 목표는 레이에서의 데이터 처리에 확장 가능하며 유연한 추상화를 제공하는 것입니다. 데이터셋은 레이 생태계에서 데이터를 읽고 쓰며 전송하는 표준 방법입니다. 레이 데이터셋은 머신러닝 워크로드를 위한 데이터 수집 및 전처리 레이어 역할을 맡고, 레이 트레인과 레이 튠을 사용해 머신러닝 모델 훈련을 효율적으로 확장합니다. 관련된 내용은 6.3

'머신러닝 파이프라인 구축'에서 관련 내용을 자세히 살펴봅니다.

레이 데이터셋 API는 아파치 스파크의 RDD[Resilent Distributed Datasets] 같은 다른 분산 데이터 처리 API와 매우 유사합니다. API의 핵심 기능은 함수형 프로그래밍을 기반으로 다양한 데이터 소스를 읽고 쓰며 map, filter, sort 같은 기본 변환 기능과 간단한 집계를 하는 groupby 같은 표준 함수를 제공합니다.

레이 데이터셋은 내부적으로 분산된 아파치 애로우(https://arrow.apache.org)를 구현합니다. 아파치 애로우는 데이터 처리 라이브러리이자 애플리케이션을 위한 열 지향 데이터 포맷입니다. 아파치 애로우와 통합이 가능하다는 말은 데이터셋이 넘파이와 판다스 같은 유명한 데이터 처리 라이브러리와도 즉시 연동된다는 의미입니다.

레이 데이터셋은 각 데이터의 '블록'을 가리키는 레이 오브젝트 참조 리스트로 구성됩니다. 블록은 레이의 공유 메모리 오브젝트 스토어에 있는 애로우 테이블이나 파이썬 리스트(애로우 포맷이 지원되지 않는 데이터의 경우)며 map이나 filter 같은 데이터 연산은 레이 태스크나 액터에서 실행됩니다.

레이 데이터셋은 공유 메모리 오브젝트 스토어에 있는 태스크와 오브젝트 같은 레이의 핵심 기능에 의존하므로 레이의 장점을 그대로 갖습니다. 수백 개의 노드까지 늘어나는 확장성과 효율적인 메모리 사용을 가능케 하는 동일 노드 내 프로세스 간 메모리 공유, 오류를 우아하게 처리하는 오브젝트 스필링 및 회복 같은 기능이 제공됩니다. 또한 레이 데이터셋은 오브젝트 참조 리스트일 뿐이기에 데이터의 복제본을 생성하지 않고 태스크와 액터 사이에서 효율적으로 전달됩니다. 이는 데이터 중심적인 애플리케이션과 라이브러리의 확장성을 확보하는 데 매우 중요합니다.

6.1.1 레이 데이터셋 기초

이 절에서는 데이터셋 읽기, 쓰기 및 변환을 하는 방법을 다룹니다. 여기서는 전체적인 소개를 하는 게 아니라 레이 데이터셋을 강력하게 만드는 몇 가지 흥미로운 요소를 보여주는 예시를 통해 소개합니다. 레이 데이터셋이 지원하는 기능과 정확한 문법에 대한 정보는 레이 데이터셋 문서(https://oreil.ly/aRTsX)를 참조하세요.

이 절의 예시를 실행하기 위해서는 레이 데이터셋이 로컬에 설치되어 있어야 합니다.

```
$ pip install "ray[data]==2.2.0"
```

레이 데이터셋 생성

먼저 간단한 레이 데이터셋을 만들고 몇 가지 기본 작업을 실행합시다.

```
import ray

# [0,, 10000) 범위의 정수를 가진 데이터셋을 생성합니다.
ds = ray.data.range(10000)

# 데이터셋의 크기를 보여주고 샘플 몇 개를 가져오며 스키마를 출력합니다.
print(ds.count())  # -> 10000
print(ds.take(5))  # -> [0, 1, 2, 3, 4]
print(ds.schema()) # -> <class 'int'>
```

이 예시는 0에서 10,000까지의 숫자가 포함된 데이터셋을 생성합니다. 그 뒤에 데이터셋에 대한 레코드 수, 샘플 스키마 같은 몇 가지 기본 정보를 출력합니다.

스토리지에 읽고 쓰기

물론 실제 워크로드에서는 데이터를 읽고 결과를 쓰기 위해 영구 스토리지를 사용하는 경우가 있습니다. 레이 데이터셋으로 데이터를 읽고 쓰는 방법은. 매우 간단합니다. 예를 들어서 데이터셋을 CSV 파일에 쓴 뒤 메모리에 로드하기 위해서는 write_csv와 read_csv 같은 내장된 유틸 함수를 사용하면 됩니다.

```
# 데이터셋을 로컬 파일로 저장하고 다시 로드합니다.
ray.data.range(10000).write_csv("local_dir")
ds = ray.data.read_csv("local_dir")
print(ds.count())
```

데이터셋은 CSV, JSON, Parquet 같은 다양한 직렬화 포맷을 제공합니다. 또한 HDFS나 AWS S3 같은 원격 스토리지뿐 아니라 로컬 디스크에도 읽고 쓸 수 있습니다.

위 예시에서는 로컬 파일 경로(local_dir)만을 입력해서 로컬 컴퓨터의 디렉터리에 데이터셋을 저장했습니다. 로컬 디스크가 아니라 S3에 읽고 쓰기를 원한다면 s3/my_bucket/ 같은 경로를 제공합니다. 참고로 레이 데이터셋은 이러한 원격 스토리지를 효율적으로 읽고 쓰며, 많은 태스크를 병렬화해서 처리량을 향상합니다.[68]

또한 레이 데이터셋은 기본적으로는 지원되지 않는 외부 데이터 스토리지 시스템을 읽고 쓰도록 커스텀 데이터 소스 기능도 제공합니다.

빌트인 변환 기능

이제 데이터셋을 생성하고 확인하는 방법을 위한 기본 API를 살펴봤으므로 데이터셋에서 사용하는 몇 가지 빌트인 함수를 살펴보겠습니다. 다음 코드 예시는 레이 데이터셋이 지원하는 3가지 기본 함수입니다.

```
ds1 = ray.data.range(10000)
ds2 = ray.data.range(10000)
ds3 = ds1.union(ds2) ❶
print(ds3.count())  # -> 20000

# 데이터셋을 짝수 요소만 필터링합니다.
ds3 = ds3.filter(lambda x: x % 2 == 0) ❷
print(ds3.count())  # -> 10000
print(ds3.take(5))  # -> [0, 2, 4, 6, 8]

# 필터링된 데이터셋을 정렬합니다.
ds3 = ds3.sort() ❸
print(ds3.take(5))  # -> [0, 0, 2, 2, 4]
```

❶ 두 데이터셋을 합칩니다. 양쪽 레코드가 모두 포함된 새 데이터셋이 생성됩니다.

❷ 커스텀 필터 함수를 사용해서 짝수만 포함하도록 데이터셋의 요소를 필터링합니다.

❸ 데이터셋을 정렬합니다.

연산 이외에도 데이터셋은 groupby, sum, min 같은 일반적인 집계 함수도 제공합니다. 커스텀 집계를 위해서 커스텀 함수를 전달해 사용할 수도 있습니다.

---

68 S3 버킷을 사용해서 실제 데이터를 읽는 예시를 살펴보고 싶다면 레이 문서(https://oreil.ly/9C82a)에서 Batch Inference 예시를 살펴보기 바랍니다.

블록 및 리파티셔닝

블록이란 개념은 레이 데이터셋에서 상당히 중요한 개념입니다. 블록은 데이터셋을 구성하는 기본 데이터 청크입니다. 한 번에 하나의 블록마다 기본 연산이 적용됩니다. 데이터셋의 블록 수가 너무 많아지면 각 블록의 크기가 너무 작아지며, 각 연산마다 오버헤드가 커지게 됩니다. 반면 블록의 수가 너무 적어지면 효율적으로 병렬화할 수 없습니다.

이전 예시의 내부를 살펴보면 생성한 초기 데이터셋이 기본적으로 블록을 200개로 구성되어 있습니다. 그 데이터셋을 서로 합쳐서 나온 데이터셋은 400개의 블록을 갖습니다. 블록 수는 효율성에 중요한 영향을 끼친다는 점을 감안해 동일한 병렬성을 유지하도록 원래 블록 개수인 200개가 되도록 재구성합니다. 이렇게 블록의 수를 변경하는 과정을 리파티셔닝^{repartitioning}이라고 부릅니다. 이를 위해서 레이 데이터셋은 `.repartition(num_blocks)`라는 API를 제공합니다. 이제 결과 데이터셋을 다시 200개의 블록으로 만들겠습니다.

```
ds1 = ray.data.range(10000)
print(ds1.num_blocks())  # -> 200
ds2 = ray.data.range(10000)
print(ds2.num_blocks())  # -> 200
ds3 = ds1.union(ds2)
print(ds3.num_blocks())  # -> 400

print(ds3.repartition(200).num_blocks())  # -> 200
```

또한 블록은 데이터셋을 스토리지에 쓸 때 생성되는 파일 수를 제어합니다. 만약 모든 데이터를 단일 출력 파일로 병합해 쓰고 싶다면 쓰기 작업 전에 `.repartition(1)`을 호출해야 합니다.

스카마와 데이터 포맷

지금까지는 정수로만 구성된 단순한 레이 데이터셋만 사용해 왔습니다. 하지만 더 복잡한 데이터 처리를 위해서는 스카마를 사용해서 데이터를 이해하기 쉽게 만들고 열에 데이터 타입을 적용해야 합니다.

데이터셋은 레이 애플리케이션과 라이브러리의 상호 운용 지점이 된다는 점을 감안해서 특정 데이터 타입에 구애받지 않으며 일반적이고 인기 있는 데이터 포맷을 읽고 쓰고 변환하는 유연성을 갖도록 설계되었습니다. 데이터셋은 애로우 열 지향 포맷을 지원하기 때문에 파이썬 딕셔너리, 데이터 프레임과 직렬화된 Parquet 파일 같은 다양한 타입 간에 변환이 가능합니다.

스키마가 있는 데이터셋을 만드는 가장 쉬운 방법은 파이썬 딕셔너리 리스트를 사용하는 것입니다.

```
ds = ray.data.from_items([{"id": "abc", "value": 1}, {"id": "def", "value": 2}])
print(ds.schema())  # -> id: string, value: int64
```

이 경우 스키마는 전달한 딕셔너리의 키에서 유추됩니다. 판다스 같이 유명한 라이브러리의 데이터 타입으로 변환하거나 라이브러리의 데이터 포맷에서 레이 데이터셋으로 변환할 수도 있습니다.

```
pandas_df = ds.to_pandas()  # pandas_df는 데이터셋에서 스키마를 상속받습니다.
```

여기에는 레이 데이터셋을 판다스 데이터프레임으로 변환했지만 그 반대도 가능합니다. 데이터프레임에서 데이터셋을 생성하면 데이터셋은 자동으로 데이터프레임의 스키마를 상속받습니다.

6.1.2 레이 데이터셋 연산

이전 절에서는 필터링, 정렬, 합집합 데이터셋 생성 같은 레이 데이터셋에 내장된 기능을 일부 살펴봤습니다. 하지만 그중에서도 레이 데이터셋이 강력한 이유는 레이의 유연한 컴퓨팅 모델을 그대로 사용하면서도 대용량 데이터를 효율적으로 연산하기 때문입니다.

.map은 데이터셋에서 커스텀 변환을 원할 때 가장 기본적으로 사용하는 변환 방법입니다. 이 메서드를 통해서 데이터셋의 레코드에 적용할 커스텀 함수를 전달합니다. 다음은 데이터셋의 레코드를 제곱하는 예시입니다.

```
ds = ray.data.range(10000).map(lambda x: x ** 2)
ds.take(5)  # -> [0, 1, 4, 9, 16]
```

이 예시에서는 파이썬 람다 함수를 전달했습니다. 여기서 연산에 사용한 데이터는 정수지만 어떤 함수든 전달하며 애로우 포맷을 지원하는 구조화된 데이터도 연산합니다.

`.map_batches()`를 사용해서 개별 레코드 대신 데이터 매치 단위로 맵을 적용합니다. 일부 작업은 **벡터화**vectorized되어 연산될 때 더 훨씬 더 효율적입니다. 즉, 한 번에 하나의 레코드씩 연산하는 대신 일련의 항목에서 더 효율적으로 작동하는 알고리즘이나 구현을 사용할 수도 있습니다.

데이터셋의 값을 제곱하는 예시를 배치로 작동하도록 다시 구현하겠습니다. 순수 파이썬이 아니라 `numpy.square`를 사용하면 배치 처리됩니다.

```
import numpy as np

ds = ray.data.range(10000).map_batches(lambda batch: np.square(batch).tolist())
ds.take(5)  # -> [0, 1, 4, 9, 16]
```

딥러닝 훈련이나 딥러닝 추론을 할 때 벡터화된 계산은 GPU에서 매우 유용하게 작동합니다. 하지만 일반적으로 GPU에서 작업하는 건 모델의 가중치나 데이터를 GPU RAM에 불러와야 하기 때문에 상당한 고정 비용이 발생합니다. 이를 위해서 레이 데이터셋은 레이 액터를 사용한 데이터 매핑 기능을 제공합니다. 레이 액터는 상태 비저장 특성을 가진 레이 액터와 달리 수명이 길고 상태를 저장하므로 액터의 생성자에서 모델을 GPU에 로드하는 작업을 통해 비싼 데이터 로드 비용을 캐시할 수 있습니다.

예를 들어 데이터셋을 사용해서 배치 추론을 수행하려면 함수 대신 클래스를 전달해 계산이 액터를 사용해서 실행되도록 하며 `.map_batches()`를 사용해 벡터화된 추론을 진행합니다. 데이터셋은 맵 작업을 수행하기 위해 자동으로 액터 그룹의 크기를 오토스케일링 합니다.

```
def load_model():
    # 예시는 더미 모델을 반환합니다.
    # 실제 환경이라면 이것은 일무 모델 가중치를 GPU에 로드할 가능성이 있습니다.
    class DummyModel:
        def __call__(self, batch):
            return batch
    return DummyModel()

class MLModel:
```

```
    def __init__(self):
        # load_model()은 액터당 한 번만 실행됩니다.
        self._model = load_model()

    def __call__(self, batch):
        return self._model(batch)

ds.map_batches(MLModel, compute="actors")
```

GPU에서 추론을 실행하려면 num_gpus=1을 map_batches에 전달해서 맵 함수를 실행하는 액터마다 GPU가 1개씩 필요하다고 알립니다.

6.1.3 데이터셋 파이프라인

기본적으로 데이터셋 작업은 블로킹입니다. 즉 처음부터 끝까지 동기적으로 실행되며 한 번에 하나의 작업만 수행됩니다. 하지만 일부 워크로드에서는 동기/블로킹 방식이 매우 비효율적입니다. 예를 들어 머신러닝 모델이 배치 추론을 할 때 사용되는 Parquet 데이터를 데이터셋으로 변환하는 작업을 생각해봅시다.[69] 프로세스는 총 5단계가 있습니다. 각 단계는 시스템의 다른 부분을 시스템의 다른 부분을 강조합니다.

```
ds = (ray.data.read_parquet("s3://my_bucket/input_data") ❶
    .map(cpu_intensive_preprocessing) ❷
    .map_batches(gpu_intensive_inference, compute="actors", num_gpus=1) ❸
    .repartition(10)) ❹

ds.write_parquet("s3://my_bucket/output_predictions")  ❺
```

❶ 원격 스토리지에서 읽기 작업을 하기 위해서는 클러스터에 입력을 수용할 있는 입력 대역폭이 충분해야 하며, 스토리지 시스템의 처리량에 따라서 제한될 수도 있습니다. 이 단계는 원격 스토리지를 병렬로 읽는 레이 태스크 그룹이 생성되고 결과 데이터 블록을 레이 오브젝트 스토어에 저장합니다.

---

[69] Parquet은 효율적인 압축과 데이터 저장 및 검색 기능을 가능하게 하는 구조화된 열 지향 포맷이기 때문입니다. 예시 뿐 아니라 실제 데이터셋도 Parquet를 많이 사용하므로 여기서도 예시로 활용하겠습니다. 하지만 read_parquet이나 write_parquet 호출을 변경하면 다른 포맷으로 변경할 수 있습니다.

❷ 입력을 전처리하기 위해 CPU 리소스가 필요합니다. 첫 단계의 오브젝트에 각 블록마다 `cpu_intensive_preprocessing` 함수를 적용하도록 태스크 그룹으로 전달합니다.

❸ 벡터화된 추론을 수행하기 위해서는 GPU 리소스가 필요합니다. 두 번째 단계와 동일한 프로세스로 `gpu_intensive_inference`를 전달합니다. 하지만 이번에는 각 GPU가 할당된 액터에서 함수가 실행되며 여러 블록이 각 함수 호출에 배치로 전달됩니다. 추론에 사용한 모델을 GPU에서 작업마다 로드하지 않기 위해서 태스크가 아닌 액터를 사용합니다.

❹ 리파티셔닝을 하려면 클러스터 내의 네트워크 대역폭이 충분해야 합니다. 세 번째 단계를 완료한 뒤에 데이터를 10개의 블록으로 리파티셔닝하면 각 10개의 블록을 원격 스토리지에 쓰기 위해서 더 많은 태스크를 생성하게 됩니다.

❺ 원격 저장소에 데이터를 쓰기 위해 클러스터의 송신 대역폭이 충분해야 하며 여기서도 스토리지 시스템의 처리량에 의해서 제한됩니다.

[그림 6-1]는 각 단계가 순서대로 실행되는 구현체를 보여줍니다. 단순한 구현은 각 단계가 블로킹되고 순차적으로 실행되기에 유휴 상태인 리소스가 발생합니다. GPU는 마지막 단계에서만 사용하기 때문에 데이터 로드부터 전처리 작업을 할 때까지 유휴 상태로 남아있습니다.

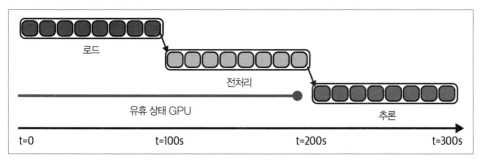

그림 6-1 각 스텝 사이에서 유휴 리소스가 발생하는 데이터셋 계산

이 시나리오에서는 [그림 6-2] 같이 스텝을 파이프라인으로 연결해 계산이 겹쳐서 동시에 실행되어야 더 효율적입니다. 즉, 스토리지에서 일부 데이터를 읽는 순간 데이터가 전처리 단계와 추론 단계를 실행합니다.

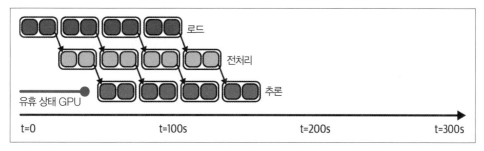

그림 6-2 각 스텝 사이에 서로 작업을 겹치게 해 유휴 리소스를 줄이는 데 최적화된 데이터셋 파이프라인

이 파이프라인은 엔드 투 엔드 워크로드의 전반적인 리소스 사용량을 개선해서 처리량을 증가시키고 비용을 줄입니다(유휴 리소스가 적을수록 좋음).

데이터셋은 `ds.window()`를 사용하면 데이터셋 파이프라인(https://oreil.ly/Hr2d_)으로 변환됩니다. 파이프라인은 시나리오에서 원하는 작동이 가능합니다. 윈도우는 `blocks_per_window` 파라미터를 사용해 다음 단계로 넘어가기 전에 파이프라인의 스텝을 통과할 블록 수를 지정합니다. 파라미터의 기본값은 10입니다.

비효율적인 의사 코드를 데이터셋 파이프라인을 이용해 다시 작성하겠습니다.

```
ds = (ray.data.read_parquet("s3://my_bucket/input_data")
    .window(blocks_per_window=5)
    .map(cpu_intensive_preprocessing)
    .map_batches(gpu_intensive_inference, compute="actors", num_gpus=1)
    .repartition(10))
ds.write_parquet("s3://my_bucket/output_predictions")
```

이전 코드에서 `read_parquet` 이후 전처리 단계 직전에 `.window()` 호출만 추가했습니다. 이제 데이터셋은 데이터셋 파이프라인으로 변환되었고 5개의 블록 윈도우에서 병렬적으로 실행되어 유휴 리소스를 줄이고 더 효율적으로 만들었습니다.

데이터셋 파이프라인은 `ds.repeat()`을 호출해서 파이프라인의 스텝을 유한 혹은 무한으로 반복합니다. 여기에 대한 자세한 내용은 다음 절에서 다룹니다. 물론 파이프라이닝은 추론이 아니라 훈련 성능에도 좋은 영향을 끼칩니다.

6.1.4 예시: 병렬 분류기 복사본 훈련

데이터셋은 태스크와 액터에 데이터셋을 전달한다는 장점이 있습니다. 이 절에서는 분산 하이퍼파라미터 튜닝과 머신러닝 모델 훈련 같은 복잡한 분산 워크로드를 효율적으로 구현하는 방법을 살펴봅니다. 7장에서 레이 트레인을 살펴볼 때 더 자세히 다룹니다.

5장에서 다뤘듯 머신러닝 모델 훈련의 일반적인 패턴은 다양한 하이퍼파라미터를 탐색해 최상의 모델을 만드는 하이퍼파라미터를 찾는 것입니다. 다양한 하이퍼파라미터를 찾을 목적으로 단순히 반복 실행만 할 경우, 매우 비싼 리소스가 들 수 있습니다. 레이 데이터는 단일 파이썬 스크립트에서 다양한 병렬 훈련에 걸쳐서 동일한 메모리의 데이터를 쉽게 공유합니다. 데이터를 한 번만 로드하고 전처리한 다음 공유 메모리의 데이터 참조를 데이터를 필요로 하는 많은 액터에 전달하면 됩니다.

추가로 대규모 데이터셋을 가지고 작업할 때는 단일 프로세스나 단일 머신에 훈련 데이터를 전부 로드할 수 없을지도 모릅니다. 이 경우에는 데이터를 샤딩하는 게 일반적입니다. 샤딩이란 전체 훈련 데이터셋의 서브셋을 워커 메모리에 할당 가능한 크기로 나누어 할당하는 작업입니다. 여기서 데이터의 로컬 서브셋을 데이터 샤드라고 부릅니다. 각 워커가 데이터 샤드를 바탕으로 병렬 훈련해 그 결과를 파라미터 서버를 통해 동기 혹은 비동기로 결합합니다. 2가지 중요한 고려 사항 때문에 문제를 해결하기는 쉽지 않습니다.

- 많은 분산 훈련 알고리즘은 동기적 접근 방식을 사용하기에 각 워커는 훈련 에포크 이후에 가중치를 동기화해야 합니다. 즉, 워커 간의 작업 중인 데이터 배치의 일관성을 유지하기 위해 워커 간의 조정이 필요합니다.
- 각 워커는 각 에포크 동안 훈련에 사용할 데이터의 랜덤 샘플을 가져와야 합니다. 데이터를 글로벌 랜덤 셔플해 훈련한 모델은 로컬 셔플이나 셔플하지 않은 데이터를 사용해 훈련한 모델보다 더 좋은 성능을 보입니다.

[그림 6-3]은 ray.data를 패키지를 사용해 주어진 입력 데이터셋에서 레이 데이터셋을 구성하는 데이터 샤드를 생성하는 방법에 대한 그림입니다.

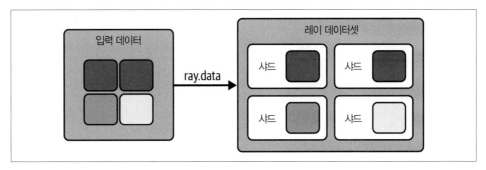

그림 6-3 ray.data 패키지를 사용해 입력 데이터에서 레이 데이터셋을 생성

레이 데이터셋을 사용해서 이런 유형의 패턴을 구현하는 방법에 대한 예시를 살펴보겠습니다. 예시는 서로 다른 워커에서 서로 다른 하이퍼파라미터를 사용해 여러 머신러닝 모델의 복사본을 병렬로 훈련합니다.

앞서 만든 이진 분류 데이터셋에서 사이킷런의 **SGDClassifier** 알고리즘을 사용해 훈련하고, 분류기의 정규화 부분의 하이퍼파라미터를 튜닝합니다.[70] 예시에서는 머신러닝 태스크와 모델의 세부 구현은 별로 중요하지 않습니다. 예시에서 모델과 데이터를 얼마든지 원하는 다른 내용으로 대체해도 무방합니다. 여기서는 어떻게 데이터셋을 사용해서 데이터를 로드하고 연산을 조율하는지에 집중해야 합니다.

이 절의 예시를 실행하기 위해서는 레이 데이터셋과 사이킷런이 설치되어 있는지 확인해야 합니다.[71]

```
$ pip install "ray[data]==2.2.0" "scikit-learn==1.0.2"
```

먼저 데이터에 대한 분류기 복사본을 훈련할 **TrainingWorker**를 정의합니다.

```
from sklearn import datasets
from sklearn.linear_model import SGDClassifier
from sklearn.model_selection import train_test_split
```

---

70 SGD는 머신러닝, 특히 딥러닝에서 사용되는 최적화 알고리즘인 확률적 경사 하강법stochastic gradient descent를 말합니다.

71 이 장과 다음 두 장에서는 추가 의존성이 필요한 머신러닝 예시를 다룹니다. 예시와 비슷한 결과를 얻기 위해 라이브러리 버전을 깃허브 리포지토리에 맞추길 추천합니다. 하지만 책이 출간된 이후 오랜 시간이 지나지 않는 이상 예시 코드는 비교적 넓은 범위의 버전에서 작동할 겁니다.

```
@ray.remote
class TrainingWorker:
    def __init__(self, alpha: float):
        self._model = SGDClassifier(alpha=alpha)
    def train(self, train_shard: ray.data.Dataset):
        for i, epoch in enumerate(train_shard.iter_epochs()):
            X, Y = zip(*list(epoch.iter_rows()))
            self._model.partial_fit(X, Y, classes=[0, 1])
            return self._model
        def test(self, X_test: np.ndarray, Y_test: np.ndarray):
            return self._model.score(X_test, Y_test)
```

TrainingWorker에는 중요한 3가지 사항이 있습니다.

- SGD 분류기의 간단한 래퍼이며 주어진 alpha 값으로 인스턴스화합니다.

- 훈련은 train 메서드에서 이뤄집니다. 각 에포크마다 사용가능한 데이터로 분류기를 훈련합니다.

- 테스트셋을 바탕으로 훈련한 모델을 테스트하는 test 메서드도 있습니다.

이제는 서로 다른 하이퍼파라미터(alpha)를 사용해서 여러 TrainingWorker를 인스턴스화 해보겠습니다.

```
ALPHA_VALS = [0.00008, 0.00009, 0.0001, 0.00011, 0.00012]

print(f"Starting {len(ALPHA_VALS)} training workers.")
workers = [TrainingWorker.remote(alpha) for alpha in ALPHA_VALS]
```

그다음 훈련 및 검증 데이터를 생성해 훈련 데이터를 레이 데이터셋으로 변환시킵니다. 여기
서는 .repeat()을 사용해 데이터셋 파이프라인을 만듭니다. 이때 훈련할 에포크 수를 정합니
다. 각 에포크에서 후속 작업이 데이터셋에 적용되므로 워커는 결과 데이터를 반복해 사용할
수 있습니다. 또한 데이터를 무작위로 섞고 샤딩한 뒤 훈련 워커에게 전달하며 각 워커는 동일
한 데이터 청크를 얻습니다.

```
X_train, X_test, Y_train, Y_test = train_test_split( ❶
    *datasets.make_classification()
)
train_ds = ray.data.from_items(list(zip(X_train, Y_train))) ❷
shards = (train_ds.repeat(10) ❸
    .random_shuffle_each_window() ❹
```

```
        .split(len(workers), locality_hints=workers))    ❺

    ray.get([
        worker.train.remote(shard)
        for worker, shard in zip(workers, shards
    )])    ❻
```

❶ 분류 문제에 대한 훈련 및 검증 데이터를 생성합니다.

❷ from_items를 사용해서 훈련 데이터를 데이터셋으로 변환합니다.

❸ .repeat()을 호출해 데이터셋 파이프라인을 정의합니다. 이 메서드는 .window()와 비슷하지만 동일한 데이터셋을 여러 번 반복합니다(이 경우는 10번).

❹ 반복할 때마다 데이터를 무작위로 섞습니다.

❺ 각 워커가 데이터의 자체 로컬 샤드를 가지기를 원하기 때문에 데이터를 파티셔닝합니다. DatasetPipeline은 각 워커에게 전달되는 여러 개의 파이프라인으로 나눠집니다.

❻ 모든 워커가 훈련을 마칠 때까지 기다립니다.

워커가 훈련하도록 train 메서드를 호출하고 각 워커에 데이터 파이프라인의 샤드를 하나씩 전달합니다. 그다음 모든 워커가 훈련을 완료할 때까지 기다립니다. 이 단계에서 수행하는 작업을 요약하자면 다음과 같습니다.

1. 워커는 각 에포크마다 무작위 데이터 샤드를 가져옵니다.

2. 워커는 할당된 데이터 샤드를 가지고 로컬 모델을 훈련합니다.

3. 워커가 훈련을 마치면 다른 워커가 완료될 때까지 기다립니다.

4. 나머지 에포크(이 경우는 10개)도 위 세 단계를 반복합니다.

마지막으로 일부 테스트 데이터를 가지고 각 워커에서 훈련한 모델을 테스트한 뒤 가장 정확한 모델을 만든 알파값을 결정합니다.

```
# 각 워커로부터 검증 결과를 가져옵니다.
print(ray.get([worker.test.remote(X_test, Y_test) for worker in workers]))
```

사실 이런 유형의 워크로드는 다음 장에서 다룰 레이 튠이나 레이 트레인까지 사용해야 하지만, 일단 예시는 머신러닝 워크로드를 위한 레이 데이터셋의 강력함을 보여주기 위함입니다.

짧은 파이썬 스니펫으로 수백 대의 컴퓨터로 쉽게 확장했으며, 어떤 프레임워크나 특정 머신러닝 태스크에 구애받지 않는 복잡한 분산 하이퍼파라미터 튜닝과 모델 훈련 워크플로를 구현했습니다.

6.2 외부 라이브러리 통합

레이 데이터셋은 이미 설명했듯 기본적으로 여러 가지 데이터 처리 기능을 지원하지만 완전한 데이터 처리 시스템을 대체할 수는 없습니다. 대신 [그림 6-4]에서 보여주는 머신러닝 모델 훈련이나 추론 전에 기본적인 데이터 로드, 클리닝, 피처화 같은 기능을 처리하는 데 중점을 둡니다.

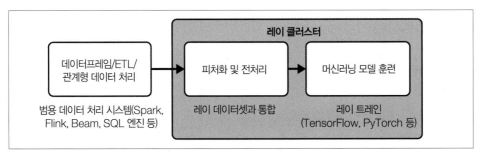

그림 6-4 머신러닝을 위한 레이의 일반적인 워크플로: 기본 데이터 처리 및 ETL을 위한 외부 시스템 사용, 최종 단계의 전처리를 위해서 레이 데이터셋을 사용함

하지만 다음과 같이 완전한 기능을 갖춘 다양한 데이터 프레임이나 관계형 데이터 처리 시스템이 레이와 통합됩니다.

- 다스크 온 레이
- RayDP(스파크 온 레이Spark on Ray)
- Modin(판다스 온 레이Pandas on Ray)
- MARS 온 레이

여기 적힌 데이터 처리 라이브러리는 이미 익숙할지도 모릅니다. 도구는 레이 코어와 통합되어 데이터 교환을 위해 레이의 배포 도구와 확장성 있는 스케줄링, 공유 메모리 오브젝트 스토어를 사용해 레이 데이터셋보다 데이터를 표현력 좋게 처리하도록 도와줍니다. [그림 6-5]에서 언급한 도구는 레이 데이터셋을 보완해 레이가 모든 데이터를 처리하게 만듭니다.

[그림 6-5]는 레이에서 더 표현력이 좋은 데이터 처리를 가능하게 해주는 레이 데이터 생태계 통합의 장점을 보여줍니다. 라이브러리는 레이 데이터셋과 통합되어 레이 트레인 같은 라이브 러리와 함께 사용합니다.

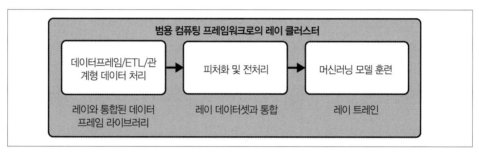

그림 6-5 레이 데이터 생태계 통합으로 레이에서 표현력이 좋은 데이터 처리가 가능

이 책의 목적을 위해 다스크 온 레이$^{\text{Dask on Ray}}$를 더 조금 더 깊게 살펴봅니다. 이를 통해 레이 통합이 어떤 모습을 취하는지 알 수 있습니다. 특정 통합에 대한 자세한 내용은 레이 문서 (https://oreil.ly/5MpG-)를 참조하세요.

이 절의 예시를 위해 레이와 다스크를 설치합니다.

```
$ pip install "ray[data]==2.2.0" "dask==2022.2.0"
```

다스크^{Dask}(https://dask.org)는 분석이나 과학을 위한 컴퓨팅 워크로드를 클러스터로 확 장한다는 목표를 가진 병렬 컴퓨팅 파이썬 라이브러리입니다. 다스크는 많은 인기를 가진 다스 크 데이터 프레임(https://oreil.ly/k3yJb) 기능과 단일 노드 메모리에서 처리할 수 없는 시스템을 클러스터로 확장하는 판다스 데이터 프레임 API의 서브셋을 제공합니다. 데이터 프 레임은 실행을 위해 스케줄러에 제출되는 작업 그래프를 만듭니다. 다스크 분산 스케줄러를 사 용하는 방법이 다스크 데이터 프레임 작업을 실행하는 가장 일반적인 방법이지만 그 외에도 다 른 스케줄러도 생성한 작업 그래프를 실행하는 간단한 API를 제공합니다.

레이는 다스크 스케줄러 백엔드를 같이 제공해 레이에서 다스크 데이터 프레임의 작업 그래프 를 실행할 수 있습니다. 즉, 다스크 태스크 그래프를 레이 태스크로 실행하거나, 레이 스케줄러와 공유 메모리 오브젝트 스토어를 다스크 작업 그래프와 같이 사용하는 작업이 가능합니다. 레이를 사용해서 실행하기 위해서는 먼저 실행 중인 레이 클러스터에 연결(혹은 로컬에서 레이를 실행)하고 레이 스케줄러 백엔드를 활성화하기만 하면 됩니다.

```
import ray
from ray.util.dask import enable_dask_on_ray

ray.init()  # 레이를 시작하거나 연결합니다.
enable_dask_on_ray()  # 다스크용 레이 스케줄러 백엔드를 활성화합니다.
```

이제 일반 다스크 데이터 프레임 코드를 실행하면 레이 클러스터 전체로 확장됩니다. 예를 들어 filter나 groupby 같은 표준 데이터 프레임 연산을 사용해서 시계열 분석을 하고 표준 편차를 계산할 수도 있습니다. 다음 예시는 다스크 문서에서 제공하는 예시입니다.

```
import dask

df = dask.datasets.timeseries()
df = df[df.y > 0].groupby("name").x.std()
df.compute()  # 평가할 작업 그래프를 트리거합니다.
```

판다스나 다른 데이터 프레임 라이브러리를 다뤄봤다면 df.compute()를 호출하는 데 의문이 들 겁니다. 이는 다스크가 기본적으로는 요청 시에만 결과를 계산하는 지연 계산lazy evaluation을 사용해 클러스터 전체에서 실행할 작업 그래프를 최적화합니다.

다스크 온 레이의 강점은 레이 데이터셋과 아주 잘 통합된다는 점입니다. 내장된 유틸리티 기능을 사용해서 레이 데이터셋을 다스크 데이터 프레임으로 변환하거나 그 반대 변환도 가능합니다.

```
import ray
ds = ray.data.range(10000)

# 레이 데이터셋을 다스크 데이터셋으로 변환합니다.
df = ds.to_dask()
print(df.std().compute())  # -> 2886.89568

# 다스크 데이터셋을 다시 레이 데이터셋으로 변환합니다.
ds = ray.data.from_dask(df)
print(ds.std())  # -> 2886.89568
```

이 간단한 예시는 다스크 데이터 프레임이나 레이 데이터셋을 사용해 표준 편차를 계산할 뿐이기에 크게 와닿지 않을 겁니다. 다음 절에서 엔드 투 엔드 머신러닝 파이프라인을 구축할 때는 강력한 워크플로를 만듭니다. 예를 들어서 데이터프레임의 표현력으로 피처화와 전처리를 수행해 그 결과를 모두 메모리에 유지한 상태로 모델 훈련이나 추론 같은 태스크에 바로 전달합니다. 이는 레이 전반에서 레이 데이터셋이 사용되는 방식과, 다스크 온 레이를 비롯한 다양한 통합이 생태계를 어떻게 더 강력하게 만드는지를 보여줍니다.

6.3 머신러닝 파이프라인 구축

이전 절에서는 간단한 애플리케이션을 분산 훈련했습니다. 하지만 실제 애플리케이션을 구축하기 위해서는 많은 예외 사항을 해결해야 하며 성능 최적화를 수행할 기회와 사용하기 좋은 편리한 기능이 많습니다. 4장과 5장에서 소개했듯 프로덕션에서 머신러닝 애플리케이션 구축을 위한 라이브러리 생태계가 있습니다. 이 절에서는 레이 데이터셋을 '접착제 레이어'로 사용해서 엔드 투 엔드로 머신러닝 파이프라인을 구축하는 방법을 다룹니다.

성공적으로 머신러닝 모델을 만들려면 표준 ETL 프로세스를 통해 데이터를 수집하고 분류해야 합니다. 하지만 이것이 끝이 아니며, 모델을 훈련하기 위해서는 데이터를 사용하기 전에 피처화 작업을 해 두어야 하는 경우가 많고, 훈련 데이터를 모델에 어떻게 입력하는지에 따라 비용과 성능에 큰 영향을 미칩니다.

이것이 연결된 일련의 과정처럼 보이겠지만, 사실 머신러닝을 위한 데이터 처리 워크플로는 올바른 피처 집합을 정의하고 이 집합에 대한 고성능 모델을 훈련하기 위한 반복적인 실험 과정입니다. 데이터를 효율적으로 로드, 변환, 훈련, 추론에 제공해도 성능에 영향을 끼치며 이것은 컴퓨팅 중심적 모델의 비용에 직결됩니다. 머신러닝 파이프라인의 구현은 여러 시스템을 연결하고 각 단계 사이에 원격 스토리지에 중간 결과를 구체화한다는 의미입니다. 이것은 크게 2가지 단점이 있습니다.

- 단일 워크플로를 위해 다양한 시스템과 프로그램을 오케스트레이션해야 합니다. 이는 머신러닝 실무자가 처리하기에는 많은 작업이 필요하기에 아파치 에어플로(https://airflow.apache.org) 같은 워크플로우 오케스트레이션 시스템을 사용합니다. 에어플로는 많은 이점이 있으나 도입하기 위해서는 개발 과정에서 많은 복잡성을 견뎌야 합니다.

- 머신러닝 워크플로를 실행하면 각 단계 사이에서 스토리지를 읽고 쓰기를 해야 하며,[72] 이는 데이터 전송과 직렬화로 인한 상당한 오버헤드와 비용이 발생합니다.

반면 레이를 사용해 단일 파이썬 스크립트로 [그림 6-6] 같은 완전한 머신러닝 파이프라인을 구축할 수 있습니다. 내장 기능과 서드파티 라이브러리의 생태계로 필요한 기능을 혼합해 확장 가능한 프로덕션에서도 작동하는 파이프라인을 구축합니다. 레이 데이터셋은 접착제 레이어로써 효율적인 데이터 로드와 전처리 및 컴퓨팅을 지원하는 동시에 비싼 직렬화 비용을 최소화하고 공유 메모리에 중간 데이터를 저장합니다.

[그림 6-6]은 일반적인 머신러닝 워크플로의 단순한 버전과 이 워크플로에서의 레이의 위치를 보여줍니다. 머신러닝의 각 과정은 종종 반복되는 경우가 있고, 만약 레이가 없다면 하나의 엔드 투 엔드 프로세스를 위해서 독립적인 여러 시스템을 연결해야 합니다. 레이는 통합 컴퓨팅 계층으로 대부분의 워크플로를 단일 애플리케이션으로 실행할 수 있습니다.

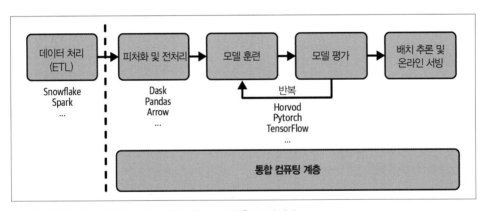

그림 6-6 복잡한 머신러닝 워크플로를 위한 통합 컴퓨팅 계층으로써 레이

다음 장에서는 레이 데이터셋과 레이 에코시스템의 기타 라이브러리를 사용해서 엔드 투 엔드 머신러닝 파이프라인을 구축하는 구체적인 예를 살펴봅니다.

---

72 많은 도구에 의존하면 문화적인 문제가 생기는 편입니다. 모범 사례를 위해서 수행하는 지식 이전은 많은 비용이 듭니다. 대기업이라면 더욱더 많은 비용이 듭니다.

6.4 요약

이 장에서는 레이의 핵심 빌딩 블록인 레이 데이터셋을 소개했습니다. 레이 데이터셋은 분산 데이터 처리를 위한 기능을 제공하지만, 진정한 핵심 기능은 서드 파티 라이브러리와 통합된다는 점에 있습니다. 이 기능의 일부만 다루었고, 더 자세한 내용을 살펴보기 위해서는 레이 문서(`https://oreil.ly/fmokZ`)를 살펴보세요.

또한 레이 데이터셋을 사용해서 사이킷런 분류기를 분산 훈련하는 간단한 예시를 살펴보았고, 다스크 온 레이 같은 외부 라이브러리와 레이가 통합되는 내용을 다뤘습니다. 마지막으로 하나의 파이썬 스크립트로 전체 머신러닝 워크플로를 실행하는 레이 에코시스템을 사용해 머신러닝 엔드 투 엔드 파이프라인을 구축하면 얻는 이점도 살펴봤습니다. 데이터 과학자와 머신러닝 엔지니어는 더 빠른 반복 시간, 더 좋은 머신러닝 모델, 궁극적으로는 더 많은 비즈니스 기회를 얻게 됩니다.

## CHAPTER 7

레이 트레인을 활용한 분산 모델 훈련

6장에서 레이 데이터셋을 통한 데이터 샤드로 모델의 복제본을 훈련하는 방법을 배웠습니다. 하지만 모델 훈련에는 이 외에도 훨씬 더 많은 내용이 있습니다. 1장에서 말했듯 레이에는 레이 트레인^{Ray Train}이라는 모델 훈련 전용 라이브러리가 있습니다. 여러 머신러닝 훈련 도구와 통합되어 제공되고 레이 클러스터로 실험을 원활하게 확장할 수 있습니다.

이 장의 초반부에서는 머신러닝 훈련을 확장해야 하는 이유를 보여주고 그를 위한 다양한 방법을 소개합니다. 그다음 레이 트레인을 소개하고 엔드 투 엔드 예시를 살펴봅니다. 또한 레이 트레인을 사용하기 위해 알아야 할 전처리기, 트레이너, 체크포인트 같은 주요 개념 몇 가지를 살펴봅니다. 마지막으로 레이 트레인에서 제공하는 고급 기능도 살펴봅니다. 항상 그렇듯 이 장에 대한 예시는 노트북(`https://github.com/hanbit/learning-ray`)으로 제공합니다.

7.1 분산 모델 훈련의 기초

머신러닝을 수행하면 때에 따라 많은 양의 연산을 필요로 합니다. 훈련할 모델의 종류에 따라서 경사 부스트 트리이든 신경망이든 관계없이 머신러닝 모델을 훈련할 때 겪는 몇 가지 일반적인 문제가 있습니다.

- 훈련을 끝내는 데 너무 긴 시간이 걸립니다.
- 데이터가 너무 커서 한 컴퓨터에 넣을 수 없습니다.
- 모델이 너무 커서 한 컴퓨터에 넣을 수 없습니다.

첫 번째 문제의 해결법은 간단합니다. 처리량을 증가시켜 데이터를 처리하면 훈련 시간은 줄어듭니다. 혹은 계산의 일부를 병렬화해 신경망 같은 일부 알고리즘의 훈련 속도를 높이는 방법도 있습니다.[73]

두 번째 문제는 어떤 알고리즘을 선택하는지에 따라 달라집니다. 데이터셋의 모든 데이터를 메모리에 넣는 경우도 있고, 단일 노드의 메모리가 작아 데이터를 모두 수용하는 경우도 있습니다. 이 경우는 데이터를 여러 노드로 분할해 훈련해야 합니다. 반면 알고리즘이 데이터 분산을 필요로 하지 않는 경우도 있습니다. 다만 처음부터 분산 데이터베이스 시스템을 사용한다면 분산 데이터를 활용하는 프레임워크가 필요할지도 모릅니다.

모델이 한 대의 컴퓨터에 들어가지 않는 경우 여러 컴퓨터에서 분산되어 실행되도록 분할해야 할 수도 있습니다. 여러 컴퓨터에 걸쳐서 모델이 작동하도록 분할하는 방법을 모델 병렬화라고 부릅니다. 이 문제를 해결하려면 먼저 단일 컴퓨터에 들어가지 않을 정도로 큰 모델이 필요합니다. 구글이나 메타 같은 대기업이 다루는 큰 모델은 모델 병렬화가 필요하고 이를 처리하기 위해 자체 사내 솔루션을 사용하기도 합니다.

처음 2가지 문제가 세 번째 문제보다 훨씬 더 일찍 발생합니다. 문제에 대한 해결책은 데이터 병렬 훈련이라는 카테고리에 속합니다. 모델을 여러 컴퓨터로 분할하는 대신 데이터를 분산시켜 속도를 높이는 방식입니다.

특히 첫 번째 문제가 발생했을 때 훈련을 가속화하고 거기에 정확도의 손실을 최소화하거나 비용 효율적으로 실행이 가능하다면 안 할 이유가 없습니다. 또한 알고리즘에서 필요하거나 데이터 저장 방식에 따라서 데이터가 분산되어 있다면 이를 처리할 방법이 필요합니다. 보다시피 레이 트레인은 효율적인 데이터 병렬 훈련을 위해서 만들어졌습니다. [그림 7-1]은 분산 훈련의 2가지 기본 유형을 요약한 그림입니다.

---

73 특히 신경망의 경사 계산에서 사용됩니다.

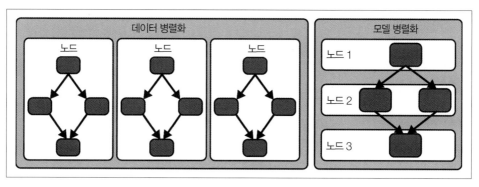

그림 7-1 분산 모델 훈련의 데이터 병렬화와 모델 병렬화 비교

7.2 예시를 통한 레이 트레인 소개

레이 트레인은 레이에서 분산 데이터 병렬 훈련을 위한 라이브러리입니다. 피처 처리 과정에서 확장 가능한 훈련, 머신러닝 추적 도구와의 통합, 모델 내보내기까지 워크플로에 필요한 다양한 주요 도구를 제공합니다.

기본 머신러닝 모델 훈련 파이프라인에서는 다음과 같은 레이 트레인의 주요 컴포넌트를 사용합니다.

| 트레이너 |

레이 트레인을 분산 훈련을 위한 여러 트레이너 클래스가 있습니다. 트레이너는 XGBoost와 파이토치, 텐서플로 같은 서드파티 훈련 프레임워크의 래퍼 클래스입니다. 이는 분산 전용 레이 액터와 레이 튠, 레이 데이터셋과 통합됩니다.

| 예측기 |

훈련을 마친 모델이 있다면 예측 결과를 확인할 수 있습니다. 배치로 입력할 때는 배치 예측기를 사용하며, 예측기는 검증 데이터셋에서 모델의 성능을 평가할 때도 사용됩니다.

또한 레이 트레인은 트레이너가 데이터셋 오브젝트를 사용하도록 공통 전처리기 오브젝트 (Preprocessor)와 유틸리티 기능을 제공합니다. 마지막으로 훈련 실행 상태를 저장하고 복원하는 데 사용할 체크포인트 클래스(Checkpoint)도 제공합니다. 첫 예시에서 전처리기는 사용하지 않지만 나중에 더 자세히 살펴봅니다.

레이 트레인은 대규모 데이터셋으로 훈련하는 최고 수준의 도구입니다. 코드를 병렬화하는 방법을 고민할 필요가 없다는 레이의 기본 철학을 따라 서로 다른 병렬 워커에게 데이터를 주입할 때는 대규모 데이터셋을 레이 트레인에 그대로 '연결'합니다.

첫 번째 레이 트레인 예시를 통해 컴포넌트를 실제로 사용합니다. 훈련 데이터를 로드하기 위해서 6장에서 배운 지식으로 레이 데이터셋을 많이 활용할 예정입니다.

7.2.1 뉴욕시 택시 승차 시 팁 예측

이 절에서는 실제 엔드 투 엔드 예시를 살펴보며 레이를 사용해 딥러닝 모델 훈련 파이프라인을 구축합니다. 공공 뉴욕시 택시 및 리무진 협회의 운행 기록 데이터를 사용해서 택시를 탔을 때 요금의 20% 이상의 큰 팁이 발생하는지 예측하는 이진 분류 모델을 만들기 때문입니다. 이 워크플로는 일반적인 머신러닝 실무자가 다루는 워크플로와 매우 유사합니다.

1. 데이터를 로드하고 몇 가지 전처리를 수행해서 모델에서 사용할 피처를 얻습니다.
2. 신경망을 정의한 뒤 분산 데이터 병렬 훈련을 합니다.
3. 훈련이 끝난 신경망을 새로운 데이터의 배치에 사용합니다.

이 예시에서 다스크 온 레이를 사용해 파이토치로 만든 신경망을 훈련하지만 어떤 라이브러리를 사용하든 상관없습니다. 레이 데이터셋은 다양한 머신러닝 도구와 함께 사용합니다. 이 절의 예시 코드를 실행하려면 레이, 파이토치, 다스크를 설치합니다.

```
$ pip install "ray[data,train]==2.2.0" "dask==2022.8.1" "torch==1.12.1"
$ pip install "xgboost==1.6.2" "xgboost-ray==0.1.10"
```

이제 나올 예시에서는 예시를 쉽게 실행하도록 디스크에서 직접 데이터를 로드합니다. 여기서 사용할 데이터는 https://bit.ly/48EhYPX에서 다운로드합니다. 예시의 파일 경로는 리포지토리를 복제해 사용하며, 리포지토리의 최상위 디렉터리에서 실행 중이라고 가정합니다.

7.2.2 로드, 전처리, 피처화

모델 훈련을 위한 첫 단계는 모델의 로드와 전처리입니다. 6장에서 사용한 다스크 온 레이를 사용해 이 단계를 살펴보겠습니다. 다스크 온 레이는 편리한 데이터프레임 API를 제공하며 클러스터 전반으로 확장 가능한 전처리를 수행해 훈련과 추론 작업에 사용합니다. 다음은 `load_dataset` 함수에 정의된 모델의 데이터를 전처리하고 피처를 만드는 코드입니다.

```
import ray
from ray.util.dask import enable_dask_on_ray
import dask.dataframe as dd

LABEL_COLUMN = "is_big_tip"
FEATURE_COLUMNS = ["passenger_count", "trip_distance", "fare_amount",
                   "trip_duration", "hour", "day_of_week"]
enable_dask_on_ray()

def load_dataset(path: str, *, include_label=True):
    columns = ["tpep_pickup_datetime", "tpep_dropoff_datetime", "tip_amount",
               "passenger_count", "trip_distance", "fare_amount"]
    df = dd.read_parquet(path, columns=columns) ❶

    df = df.dropna() ❷
    df = df[(df["passenger_count"] <= 4) &
        (df["trip_distance"] < 100) &
        (df["fare_amount"] < 1000)]

    df["tpep_pickup_datetime"] = dd.to_datetime(df["tpep_pickup_datetime"])
    df["tpep_dropoff_datetime"] = dd.to_datetime(df["tpep_dropoff_datetime"])

    df["trip_duration"] = (df["tpep_dropoff_datetime"] -
        df["tpep_pickup_datetime"]).dt.seconds
    df = df[df["trip_duration"] < 4 * 60 * 60] # 4 hours.
    df["hour"] = df["tpep_pickup_datetime"].dt.hour
    df["day_of_week"] = df["tpep_pickup_datetime"].dt.weekday  ❸

    if include_label:
        df[LABEL_COLUMN] = df["tip_amount"] > 0.2 * df["fare_amount"] ❹

    df = df.drop(  ❺
        columns=["tpep_pickup_datetime", "tpep_dropoff_datetime", "tip_amount"]
    )
    return ray.data.from_dask(df).repartition(100)  ❻
```

❶ Parquet 파일에서 로드한 다스크 데이터프레임에서 사용하지 않는 열을 삭제합니다.

❷ 기본적인 클리닝 작업을 하고 null과 이상값을 제거합니다.

❸ 여행 기간, 여행 출발 시간과 요일이라는 새로운 피처를 추가합니다.

❹ 팁이 요금의 20% 보다 큰지 작은지 계산합니다.

❺ 사용하지 않는 모든 열을 제거합니다.

❻ 다스크에서 생성되어 리파티션된 레이 데이터셋을 반환합니다.

여기서는 기본 데이터 로드와 클리닝 작업을 비롯해 일부 열을 머신러닝 모델의 피처에 맞는 형식으로 변환하는 작업도 수행합니다. 예를 들어서 문자열로 제공되는 픽업 및 하차 일시를 tril_duration, hourm, day_of_week라는 피처 3개로 변환합니다. 다스크의 파이썬 datetime 유틸리티(https://oreil.lysZPhd)에 대한 내장 지원을 사용하면 작업이 편해집니다. 이 데이터를 훈련에 사용하려면 레이블 열도 계산해야 합니다.

마지막으로, 전처리된 다스크 데이터프레임을 계산한 뒤 나중에 훈련 및 추론 과정에서 사용하도록 레이 데이터셋으로 변환시킵니다.

7.2.3 딥러닝 모델 정의

이제 데이터를 정리하고 준비했으므로 사용할 모델 아키텍처를 정의해야 합니다. 사실 이 문제는 반복적인 과정이 될 가능성이 높고 유사한 문제에 대해서 최첨단 기술을 조사해봐야 할지도 모릅니다. 예시에서는 문제를 간단하게 하기 위해 FarePredictor라는 기본 파이토치 신경망을 사용합니다. 해당 신경망은 피처 벡터의 차원에서 시작해 세 번의 선형 변환을 수행하고 Sigmoid 활성화 함수를 사용해서 0에서 1 사이의 값을 출력합니다. 또한 훈련 과정을 개선하기 위해 네트워크에서 배치 정규화 레이어를 사용합니다. 출력을 반올림한 값으로 택시 승차를 했을 때 팁이 20%를 넘을지 여부를 0과 1로 예측합니다. 다음 코드는 별도의 파일(fare_predictor.py)로 저장합니다.

```
import torch
import torch.nn as nn
import torch.nn.functional as F
```

```
class FarePredictor(nn.Module):
    def __init__(self):
        super().__init__()

        self.fc1 = nn.Linear(6, 256)
        self.fc2 = nn.Linear(256, 16)
        self.fc3 = nn.Linear(16, 1)

        self.bn1 = nn.BatchNorm1d(256)
        self.bn2 = nn.BatchNorm1d(16)

    def forward(self, x):
        x = F.relu(self.fc1(x))
        x = self.bn1(x)
        x = F.relu(self.fc2(x))
        x = self.bn2(x)
        x = torch.sigmoid(self.fc3(x))

        return x
```

7.2.4 레이 트레인을 활용한 모델 훈련

신경망 아키텍처를 정의했으니 데이터를 효율적으로 훈련할 방법이 필요합니다. 이 데이터셋은 매우 크기 때문에 데이터 병렬 훈련이 좋습니다.

이는 모델의 복제본과 데이터의 서브셋이 저장된 여러 컴퓨터가 모델을 병렬로 학습시킨다는 의미입니다. 레이 트레인을 사용해서 모델 훈련 과정을 정의하고, 파이토치 DataParallel(https://oreil.ly/A_xcS)을 사용합니다. 여기서는 훈련 과정에 대한 세부적인 사항은 다루지 않고 다음 절에서 설명하겠습니다.

> **NOTE_** 다음 예시는 **ray.air** 모듈을 임포트합니다. 1장에서 레이 AIR에 대해서 간단히 언급했고, 자세한 내용은 10장에서 소개하겠습니다. 당장 **ray.air** 모듈은 분산 훈련 과정을 정의하고 실행하는 데 필요한 유틸리티라고 생각하면 됩니다.
>
> 특히 훈련 과정에서 수집된 지표를 보고할 때 사용하는 AIR 세션을 사용할 예정입니다. 이것은 5장에서 살펴본 **tune.report** API와 유사하게 사용됩니다.

가장 먼저 각 에포크마다 워커에서 데이터 배치로 훈련하는 데 필요한 핵심 로직을 정의해야 합니다. 이 로직은 전체 데이터셋의 로컬 샤드를 가져와서 모델의 로컬 복제본에서 역전파를 수행해 모델의 가중치를 업데이트합니다. 각 에포크 이후 워커는 레이 트레인 유틸리티를 통해 결과를 보고하고 현재 모델의 가중치를 저장해 추후 다시 사용할 수 있도록 합니다.

```python
import torch
import torch.nn as nn
from ray.air import session
from ray.air.config import ScalingConfig
import ray.train as train
from ray.train.torch import TorchCheckpoint, TorchTrainer
from fare_predictor import FarePredictor

def train_loop_per_worker(config: dict):  ❶
    batch_size = config.get("batch_size", 32)
    lr = config.get("lr", 1e-2)
    num_epochs = config.get("num_epochs", 3)

    dataset_shard = session.get_dataset_shard("train")  ❷

    model = FarePredictor()
    dist_model = train.torch.prepare_model(model)  ❸

    loss_function = nn.SmoothL1Loss()
    optimizer = torch.optim.Adam(dist_model.parameters(), lr=lr)

    for epoch in range(num_epochs):  ❹
        loss = 0
        num_batches = 0
        for batch in dataset_shard.iter_torch_batches(  ❺
            batch_size=batch_size, dtypes=torch.float
        ):
            labels = torch.unsqueeze(batch[LABEL_COLUMN], dim=1)
            inputs = torch.cat(
                [torch.unsqueeze(batch[f], dim=1) for f in FEATURE_COLUMNS],
                dim=1
            )
            output = dist_model(inputs)
            batch_loss = loss_function(output, labels)
            optimizer.zero_grad()
            batch_loss.backward()
            optimizer.step()
```

```
        num_batches += 1
        loss += batch_loss.item()

    session.report(  ❻
        {"epoch": epoch, "loss": loss},
        checkpoint=TorchCheckpoint.from_model(dist_model)
    )
```

❶ config 딕셔너리를 훈련 루프에 전달해서 런타임에 몇몇 파라미터를 지정합니다.

❷ 레이 트레인의 get_data_shard를 사용해 현재 워커의 데이터 샤드를 가져옵니다.

❸ prepare_model을 적용해 훈련할 파이토치 모델을 준비합니다.

❹ 배치 데이터를 반복해 역전파를 수행하는 표준 파이썬 훈련 루프를 정의합니다.

❺ 예시에서 iter_tourch_batches를 사용해 데이터 샤드를 반복하는 내용 외에는 모두 표준을 따릅니다.

❻ 각 에포크 이후 레이 session을 사용해 report 메서드를 통해 계산한 loss와 모델 체크포인트를 레이에 보고합니다.

파이토치에 익숙하지 않다면 loss_function을 정의하는 부분부터 batch_loss를 통해 loss를 집계하는 부분까지가 파이토치 모델이 표준적으로 사용하는 훈련 루프라고 이해하면 됩니다(데이터셋 배치에 대한 반복은 표준 훈련 루프가 아니며 레이에서만 사용합니다).

훈련 과정을 정의했으니 이제 워커에게 제공할 훈련 및 검증 데이터를 불러와야 합니다. 이를 위해 이전에 정의한 load_dataset 함수를 호출해 전처리와 피처화를 수행합니다.[74]

이 데이터셋은 배치 크기, 에포크 수 및 사용할 워커 수 같은 파라미터와 함께 TorchTrainer에 전달됩니다. 각 워커는 로컬에서 데이터 샤드에 접근해 이를 반복 훈련합니다. 훈련을 마치면 반환된 결과 객체와 최종 체크포인트를 가져옵니다.

```
trainer = TorchTrainer(
    train_loop_per_worker=train_loop_per_worker, ❶
    train_loop_config={ ❷
```

----

74 이 코드는 테스트를 위해서 일부의 데이터만 로드합니다. load_dataset을 호출할 때는 모든 데이터 파티션을 사용하며 모델을 훈련할 때는 num_workers를 늘려야 합니다.

```
        "lr": 1e-2, "num_epochs": 3, "batch_size": 64
    },
    scaling_config=ScalingConfig(num_workers=2), ❸
    datasets={ ❹
        "train": load_dataset("nyc_tlc_data/yellow_tripdata_2020-01.parquet")
    },
)

result = trainer.fit()  ❺
trained_model = result.checkpoint
```

❶ 각 TorchTrainer에 `train_loop_per_worker`를 지정해줘야 합니다.

❷ 선택적으로 훈련 루프가 `config` 딕셔너리를 사용한다면 `train_loop_config`를 사용해 제공하면 됩니다.

❸ 모든 레이 트레인 `Trainer`는 레이 클러스터를 어떻게 스케일링해 훈련에 사용할지 지정하기 위해 `ScalingConfig`를 필요로 합니다.

❹ 각 트레이너에서 필수로 사용되는 인자는 `datasets` 딕셔너리입니다. 여기서는 `train` 데이터셋을 정의하고 훈련 루프에서 사용하기 위한 데이터셋을 전달합니다.

❺ 간단하게 TorchTrainer에서 `.fit()` 메서드를 호출해 훈련을 시작합니다.

마지막 줄은 나중에 서빙 및 추론을 위한 후속 애플리케이션에서 사용할 훈련 체크포인트를 꺼내옵니다. 레이 트레인은 체크포인트를 생성해 훈련을 위한 중간 상태를 직렬화합니다. 체크포인트는 모델과 전처리기 같은 모든 아티팩트를 포함합니다.

7.2.5 분산 배치 추론

모델을 훈련해 최고의 정확도 모델을 얻었다면 다음으로 실제 사례에서 사용해야 합니다. 로우 레이턴시 서비스를 만들기도 하며(8장 참조) 입력된 데이터 배치를 모델로 추론해야 하는 경우도 있습니다.

`trained_model`에 있는 가중치를 사용한 모델을 새로운 데이터 배치에 사용해보겠습니다(이 배치 데이터는 공개 데이터셋에 포함된 다른 데이터일 뿐입니다). 이를 위해 먼저 훈련에 사용한 방식으로 데이터를 로드하고 전처리한 뒤 피처화 합니다. 그다음 모델을 로드하고 전체 데

이터셋에 매핑합니다. 레이 데이터셋은 단 하나의 파라미터만 변경해 GPU에서도 레이 액터를 사용하도록 설정합니다. 레이 액터를 사용한 작업은 효율이 높아집니다. 훈련한 모델 체크포인트를 로드해 `.predict_pipeline()`을 호출합니다. 이러면 레이 데이터셋을 사용해서 전체 데이터셋에 걸친 분산 배치 추론을 수행합니다.

```python
from ray.train.torch import TorchPredictor
from ray.train.batch_predictor import BatchPredictor

batch_predictor = BatchPredictor(trained_model, TorchPredictor)
ds = load_dataset(
    "nyc_tlc_data/yellow_tripdata_2021-01.parquet", include_label=False)
batch_predictor.predict_pipelined(ds, blocks_per_window=10)
```

이 예시를 통해 레이 트레인과 레이 데이터셋을 사용해서 엔드 투 엔드 머신러닝 워크플로를 단일 애플리케이션으로 구현하는 방법을 살펴봤습니다. 데이터셋을 피처화해 머신러닝 모델을 학습 및 검증한 뒤 단일 파이썬 스크립트에서 다른 데이터셋에 훈련된 모델을 사용하겠습니다. 레이 데이터셋이 접착제 레이어 역할을 해 다양한 단계를 연결하고 단계끼리 발생했을 비싼 직렬화 비용을 줄였습니다. 또한 체크포인트를 사용해서 모델을 저장하고 레이 트레인 배치 예측 작업을 실행해서 새로운 데이터에도 모델을 적용하도록 만들었습니다.

레이 트레인을 사용하는 첫 예시를 살펴봤으니 이제 레이 트레인의 주요 추상화 개념인 Trainer에 대해서 자세히 알아보겠습니다.

7.3 레이 트레인의 트레이너

TorchTrainer를 사용한 예시처럼 Trainer는 모델 훈련을 분산으로 실행하는 프레임워크 지정 클래스입니다. 모든 레이의 **Trainer** 클래스는 공통 인터페이스를 공유합니다. 지금은 다음과 같은 인터페이스의 2가지 측면만 알아도 충분합니다.

- `.fit()` 메서드는 주어진 데이터셋, 구성, 스케일링 속성을 전달하면 주어진 Trainer를 훈련합니다.
- `.checkpoint` 속성은 이 트레이너에 대한 레이 체크포인트를 반환합니다.

레이 트레이너는 파이토치, 허깅페이스, 텐서플로, 호로보드[Horovod], 사이킷런 같은 일반적인 머신러닝 프레임워크와 통합되어 있습니다. 이 외에도 RLlib 모델 전용 트레이너도 있지만 여기서는 다루지 않습니다. 기존 파이토치 모델을 레이 트레인으로 마이그레이션 하는 방법을 통해 **Trainer** API의 특정 측면을 짚어 살펴보겠습니다.

그래디언트 부스팅 프레임워크

레이 트레인은 그래디언트 부스트 디시전 트리gradient boosted decision tree를 위한 프레임워크도 제공합니다.

XGBoost는 매우 효율적이고 가볍게 작동하도록 최적화된 그래디언트 부스팅 라이브러리입니다. 그래디언트 부스팅 프레임워크에서는 머신러닝 알고리즘이 구현되어 있습니다. XGBoost는 많은 데이터 과학 문제를 빠르고 적확하게 해결하는 병렬 트리 부스팅을 제공합니다.

LightGBM은 트리 기반 학습 알고리즘을 기반으로 하는 그래디언트 부스팅 프레임워크입니다. XGBoost와 비교하면 비교적 최신 프레임워크지만 학술 부분이나 실제 사용 사례에서도 인기가 상승 중입니다.

레이에서 프레임워크를 사용하려면 XGBoostTrainer나 LightGBMTrainer 클래스를 사용하면 됩니다.

이 예시에서는 레이 트레인 자체의 세부 사항을 자세하 살펴보기를 원하므로 훨씬 더 간단한 훈련 데이터셋과 무작위 노이즈를 입력받는 작은 신경망을 사용하려 합니다. 이전 절과 같이 명시적 `training_loop`인 3층 `NeuralNetwork`를 정의해 훈련에 사용합니다. 명확하게 하기 위해 각 에포크마다 사용되는 훈련 코드를 `train_one_epoch`라는 도우미 함수로 추출해 가져옵니다.

```
import torch
import torch.nn as nn
import torch.nn.functional as F
from ray.data import from_torch

num_samples = 20
input_size = 10
layer_size = 15
output_size = 5
num_epochs = 3
```

```python
class NeuralNetwork(nn.Module):
    def __init__(self):
        super().__init__()
        self.fc1 = nn.Linear(input_size, layer_size)
        self.relu = nn.ReLU()
        self.fc2 = nn.Linear(layer_size, output_size)

    def forward(self, x):
        x = F.relu(self.fc1(x))
        x = self.fc2(x)
        return x

def train_data():
    return torch.randn(num_samples, input_size) ❶

input_data = train_data()
label_data = torch.randn(num_samples, output_size)
train_dataset = from_torch(input_data) ❷

def train_one_epoch(model, loss_fn, optimizer): ❸
    output = model(input_data)
    loss = loss_fn(output, label_data)
    optimizer.zero_grad()
    loss.backward()
    optimizer.step()

def training_loop(): ❹
    model = NeuralNetwork()
    loss_fn = nn.MSELoss()
    optimizer = torch.optim.SGD(model.parameters(), lr=0.1)
    for epoch in range(num_epochs):
        train_one_epoch(model, loss_fn, optimizer)
```

❶ 무작위로 생성된 데이터셋을 사용합니다.

❷ from_torch를 사용해 데이터셋을 레이 데이터셋으로 만듭니다.

❸ 파이토치 코드를 추출해 에포크 하나를 훈련하는 도우미 함수로 만듭니다.

❹ 훈련 루프는 단일 컴퓨터에서 파이토치 모델을 훈련한다.

일반적으로 레이 트레인 없이 훈련을 분산시키기 위해서는 다음 2가지를 수행해야 합니다.

- 프로세스 간 통신을 조율하는 백엔드를 설정합니다.

- 훈련이 실행될 각 노드에서 여러 병렬 프로세스를 인스턴스화합니다.

반대로 레이 트레인을 사용해서 훈련 프로세스의 분산화가 얼마나 쉬운지 알아보겠습니다.

7.3.1 레이 트레인으로 마이그레이션

레이 트레인을 사용하면 코드 한 줄만 변경해 앞서 언급한 프로세스 간 통신과 프로세스 인스턴스화를 내부에서 모두 처리할 수 있습니다.

훈련할 파이토치 모델을 `prepare_model`로 호출하도록 변경하면 됩니다. 이 변경사항은 `training_loop`와 `distributed_training_loop` 사이의 유일한 차이점입니다.

```
from ray.train.torch import prepare_model

def distributed_training_loop():
    model = NeuralNetwork()
    model = prepare_model(model) ❶
    loss_fn = nn.MSELoss()
    optimizer = torch.optim.SGD(model.parameters(), lr=0.1)
    for epoch in range(num_epochs):
        train_one_epoch(model, loss_fn, optimizer)
```

❶ prepare_model을 호출해서 분산 훈련을 위한 모델을 준비합니다.

그다음 세 개의 필수 인자를 가진 `TorchTrainer` 모델을 인스턴스화합니다. 3가지 인수는 다음과 같습니다.

| train_loop_per_worker |

각 워커에서 모델을 훈련할 함수입니다. 제공된 `datasets`에서 트레이너에게 전달할 `config` 딕셔너리를 선택해 `train_loop_config`로 전달합니다. 이 함수는 `session`으로 지표를 보고합니다.

| datasets |

레이 데이터셋을 값으로 가지는 키를 하나 이상으로 갖기도 하는 딕셔너리입니다. 훈련 데이터

나 검증 데이터, 훈련 루프에 용도에 따라 다른 타입의 데이터를 갖도록 유연하게 유지합니다.

| scaling_config |

훈련을 확장할 방법을 정하는 오브젝트입니다. 예를 들어서 num_workers 인자로 훈련에 필요한 워커의 수를 정하며 use_gpu 플래그를 통해 GPU를 사용할지를 정합니다. 다음 절에서 이 내용에 대해서 자세히 설명하겠습니다.

Trainer를 설정하는 방법을 알아봅시다.

```
from ray.air.config import ScalingConfig
from ray.train.torch import TorchTrainer

trainer = TorchTrainer(
    train_loop_per_worker=distributed_training_loop,
    scaling_config=ScalingConfig(
        num_workers=2,
        use_gpu=False
    ),
    datasets={"train": train_dataset}
)

result = trainer.fit()
```

초기화된 Trainer는 레이 클러스터 전체에서 훈련을 실행하는 .fit()을 호출할 수 있습니다. [그림 7-2]는 TorchTrainer가 하는 작업을 요약한 그림입니다.

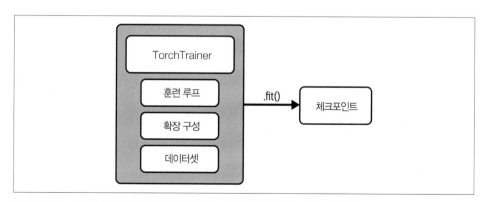

그림 7-2 TorchTrainer를 사용하기 위해 훈련 루프, 데이터셋 및 확장 구성을 지정합니다.

7.3.2 트레이너 스케일 아웃

레이 트레인은 사용자가 특별한 방법을 생각할 필요 없이 코드를 병렬화하도록 하는 게 주요 목표입니다. scaling_config를 지정하면, 분산 로직을 정하지 않고도 훈련을 확장할 수 있고 트레이너가 사용하는 컴퓨팅 리소스를 선언적으로 지정할 수 있습니다. 스펙은 하드웨어에 대해서 고려할 필요가 없다는 장점이 있습니다. 이중에서도 ScalingConfig에서 클러스터 노드에 대한 파라미터를 적절하게 지정하면 수백 개의 워커를 쉽게 사용할 수도 있습니다.

```python
import ray
from ray.air.config import ScalingConfig
from ray.train.xgboost import XGBoostTrainer

ray.init(address="auto")  ❶

scaling_config = ScalingConfig(num_workers=200, use_gpu=True)  ❷

trainer = XGBoostTrainer(  ❸
    scaling_config=scaling_config,
    # ...
)
```

❶ 여기서는 기존에 사용하던 대형 레이 클러스터에 연결합니다.

❷ 클러스터에서 사용 가능한 리소스에 따라서 ScalingConfig를 정의합니다.

❸ 레이 트레인의 XGBoost 통합을 사용해서 이 클러스터에서 모델을 훈련합니다.

7.3.3 레이 트레인을 활용한 전처리

데이터 전처리는 원시 데이터를 머신러닝 모델의 피처로 변환하는 일반적인 기술입니다. 지금까지 이에 대한 많은 예시를 살펴봤습니다. 앞선 예시에서는 직접 만든 커스텀 함수로 데이터를 '수동'으로 전처리해 올바른 형식으로 변환했습니다. 하지만 레이 트레인은 다양한 내장 전처리기를 갖췄으며, 커스텀 로직을 정의하는 인터페이스도 제공합니다.

Preprocessor는 데이터 전처리를 위한 레이 트레인에서 제공하는 핵심 클래스입니다. 각 전처리기는 다음과 같은 API를 제공합니다.

| .transform() |

변환 작업을 처리하는 작업을 데이터셋에 적용하는 데 사용합니다.

| .fit() |

전처리기에서 데이터셋에 대한 집계 상태를 계산하고 저장하는 데 사용합니다. 체이닝을 위해서 **self**를 반환합니다.

| .fit_transform() |

집계 상태가 필요한 변환을 수행하는 문법 설탕입니다. 특정한 전처리기에 대한 구현 수준에서 최적화됩니다.

| .transform_batch() |

예측 작업을 위해서 배치 전체에 동일한 변환을 적용하는 데 사용합니다.

종종 훈련과 서빙에 동일한 데이터 전처리 작업을 적용할지 확인해야 하는 경우가 많습니다. 머신러닝 배치의 가장 큰 문제인 훈련-서빙 왜곡Training-serving skew 문제는 훈련 단계의 성능과 서빙 단계의 성능 사이에 차이가 있는 경우를 말합니다. 모델 훈련 파이프라인과 서빙 파이프라인에서 데이터를 처리하는 방법이 다를 경우 왜곡이 발생할 수 있습니다. 그러므로 훈련과 서빙에 동일한 데이터 처리 과정을 적용해야 합니다.

앞서 다룬 전처리기 **preprocessor**를 **Trainer**의 생성자에 전달하면 레이 데이터셋에 전처리기를 수동으로 적용할 필요가 없습니다. 워커에 전달하면 레이 트레인이 알아서 분산화합니다. 다음은 이 내용을 개략적으로 정리한 코드입니다.

```
from ray.data.preprocessors import StandardScaler
from ray.train.xgboost import XGBoostTrainer

trainer = XGBoostTrainer(
    preprocessor=StandardScaler(...),
    # ...
)
result = trainer.fit()
```

원 핫 인코더 같은 몇몇 전처리 연산자는 훈련에서 사용하면서 서빙 단계로 전환하기 매우 쉽습니다. 하지만 표준화를 수행해야 하는 다른 연산자는 서빙 단계에서 대규모 데이터 처리(특정 열의 평균 찾기 등)를 하지 않기 때문에 조금 더 어려운 문제가 됩니다.

다행히도 레이 트레인의 전처리기는 직렬화가 가능해 연산자를 직렬화만 해도 훈련에서 서빙까지 일관된 연산을 쉽게 수행합니다. 다음은 피클을 사용해 전처리기를 간단히 직렬화하는 예시입니다.

```
import pickle
from ray.data.preprocessors import StandardScaler

preprocessor=StandardScaler(...)
pickle.dumps(preprocessor)
```

다음은 **Trainer**의 하이퍼파라미터를 조정하는 방법을 다루면서 전처리기를 사용하는 구체적인 모델 훈련 절차를 살펴보겠습니다.

7.3.4 트레이너와 레이 튠의 통합

레이 트레인은 단 몇 줄만의 코드 추가로 HPO를 수행하는 레이 튠과의 통합을 제공합니다. 튠은 하이퍼파라미터 구성 하나당 하나의 트라이얼을 생성합니다. 각 트라이얼에서 새로운 워커가 초기화되어 새로운 구성으로 훈련을 실행합니다.

다음 코드에서는 **XGBoostTrainer**를 만들어 공통 하이퍼파라미터에 대한 범위를 지정합니다. 특히 훈련 시나리오는 서로 다른 두 전처리기를 선택합니다. 정확히는 지정된 각 열을 평균과 표준 편차로 변환한 뒤 스케일링하는 **StandardScaler**와 **[0, 1]**의 범위에서 각 열을 스케일링하는 **MinMaxScaler**를 사용합니다. 검색할 파라미터 공간은 **param_space**에 입력합니다.

```
import ray

from ray.air.config import ScalingConfig
from ray import tune
from ray.data.preprocessors import StandardScaler, MinMaxScaler

dataset = ray.data.from_items(
```

```
        [{"X": x, "Y": 1} for x in range(0, 100)] +
        [{"X": x, "Y": 0} for x in range(100, 200)]
    )
prep_v1 = StandardScaler(columns=["X"])
rep_v2 = MinMaxScaler(columns=["X"])

param_space = {
    "scaling_config": ScalingConfig(
        num_workers=tune.grid_search([2, 4]),
        resources_per_worker={
            "CPU": 2,
            "GPU": 0,
        },
    ),
    "preprocessor": tune.grid_search([prep_v1, prep_v2]),
    "params": {
        "objective": "binary:logistic",
        "tree_method": "hist",
        "eval_metric": ["logloss", "error"],
        "eta": tune.loguniform(1e-4, 1e-1),
        "subsample": tune.uniform(0.5, 1.0),
        "max_depth": tune.randint(1, 9),
    },
}
```

이전 예시와 같이 Trainer를 생성하겠습니다. 이번에는 XGBoostTrainer에서 레이 튠의 Tuner 인스턴스로 전달합니다. trainer와 마찬가지로 .fit()을 사용합니다.

```
from ray.train.xgboost import XGBoostTrainer
from ray.air.config import RunConfig
from ray.tune import Tuner

trainer = XGBoostTrainer(
    params={},
    run_config=RunConfig(verbose=2),
    preprocessor=None,
    scaling_config=None,
    label_column="Y",
    datasets={"train": dataset}
)

tuner = Tuner(
```

```
    trainer,
    param_space=param_space,
)

results = tuner.fit()
```

여기서는 전에 다루지 않은 RunConfig라는 레이 트레이너의 또 다른 컴포넌트를 사용합니다. 이 구성은 Trainer의 모든 런타임 옵션에서 사용 가능하며, 이 경우 실험의 상세한 로그(로그 옵션에서 0은 출력하지 않고, 1은 상태 업데이트, 2는 상태 업데이트와 간략한 결과, 3은 자세한 결과를 출력함)도 제공합니다.

다른 분산 하이퍼파라미터 튜닝 설루션과 비교하면 레이 튠과 레이 트레인에는 몇 가지 특별한 기능이 있습니다. 레이는 장애를 허용하며, 훈련 중 워커의 수를 조정해도 되며, 파라미터로 데이터셋과 전처리기를 지정할 수 있습니다.

7.3.5 콜백을 사용한 훈련 모니터링

레이 트레인의 기능을 더 살펴보기 위해 실험 관리 프레임워크에 훈련 코드를 연결해봅시다. 레이 트레인은 중간 결과를 가져온 뒤 콜백을 통해 처리하거나 결과를 기록하는 인터페이스를 제공합니다. 유명한 추적 프레임워크가 지원되는 콜백 함수가 내장되어 있지만 튠의 LoggerCallback 인터페이스를 통해 커스텀 콜백 함수를 구현해도 좋습니다.

JsonLoggerCallback을 통해 JSON 포맷으로 결과를 기록하거나 TBXLoggerCallback을 통해서 텐서보드에 결과를 기록하며, MLFlowLoggerCallback을 사용하면 ML플로(MLFlow)에 결과를 기록합니다.[75] 다음 예시에서는 callbacks 리스트를 사용해서 한 번에 3가지를 모두 사용하는 방법을 살펴봅니다.

```
from ray.air.callbacks.mlflow import MLflowLoggerCallback
from ray.tune.logger import TBXLoggerCallback, JsonLoggerCallback

training_loop = ...
trainer = ...
```

---

[75] ML플로와 텐서보드는 머신러닝 실험을 추적하고 시각화하기 위한 오픈소스입니다. 머신러닝 모델의 진행 상황을 모니터링하는 데 매우 유용한 도구로 사용됩니다.

```
trainer.fit(
    training_loop,
    callbacks=[
        MLflowLoggerCallback(),
        TBXLoggerCallback(),
        JsonLoggerCallback()
])
```

7.4 요약

이 장에서는 분산 모델 훈련에 필요한 기본 사항을 설명했고 레이 트레인을 사용해 병렬 훈련을 실행하는 방법도 살펴봤습니다. 또한, 흥미로운 데이터셋을 레이 데이터와 레이 트레인에 모두 사용해봤습니다. 특히 다스크 온 레이를 사용해 데이터셋을 로드, 전처리, 피처화하고 레이 트레인을 사용해 분산 파이토치 훈련 루프를 실행하는 방법도 살펴봤습니다. 그다음 레이 트레이너에 대해서 자세히 설명했고 튜너를 통한 레이 튠과의 통합 방법, 전처리기와 함께 사용하는 방법, 콜백을 사용한 훈련 모니터링도 살펴봤습니다.

## CHAPTER 8

레이 서브를 활용한 온라인 추론

6장과 7장에서 레이를 사용해서 데이터를 처리하고 머신러닝 모델을 훈련하며 배치 추론을 설정하는 방법을 배웠습니다. 하지만 머신러닝의 흥미로운 사용 사례 대다수는 이 장에서 다룰 온라인 추론online inference이 중요합니다.

온라인 추론은 머신러닝 모델을 사용해서 사용자가 직간접적으로 상호작용할 API 엔드포인트를 개선하는 프로세스입니다. 이는 레이턴시가 중요한 상황에서 매우 중요하며 단순히 백그라운드에서 모델을 돌리는 정도로 이 문제를 풀 수 없습니다. 온라인 추론이 중요한 실제 사용 사례는 다음과 같습니다.

| 추천 시스템 |

제품(예: 온라인 쇼핑)이나 콘텐츠(예: 소셜 미디어) 추천은 머신러닝을 활용하는 간단한 사용 사례입니다. 오프라인에서도 가능한 작업이지만 추천 시스템은 실시간으로 변화하는 사용자의 선호도를 반영해야 합니다. 이를 위해서 사용자의 최근 행동을 핵심 피처로 사용해서 온라인 추론을 해야 합니다.

| 챗봇 |

온라인 서비스에서는 실시간 채팅 기능을 제공하는 경우가 많습니다. 고객은 편리하게 채팅으로 문의를 합니다. 전통적으로는 채팅 작업에는 상담 직원이 배치되었지만, 인건비를 줄이고 문제 해결 시간을 단축시키기 위해 연중무휴 온라인 상태로 고객을 지원하는 머신러닝 기반 챗봇으로 대체되는 중입니다. 챗봇은 여러 머신러닝 기술을 정교하게 조합해, 실시간으로 고객의 입력에 응답해야 합니다.

| 도착 시간 예측 |

승차 공유, 내비게이션 및 음식 배달 서비스는 모두 정확한 도착 시간을 예측해야 합니다. 교통 패턴이나 날씨, 도로에서 발생한 사고 같은 실제 요인을 고려해야 하기에 정확한 추정을 하기는 매우 어렵습니다. 또한 이러한 예측치는 한 번의 이동 안에서도 실시간 상황이 지속해서 바뀌기에 여러 번 갱신됩니다.

전통적으로 풀기 매우 어려운 애플리케이션 도메인에 머신러닝을 적용하면 생기는 장점을 살펴봤습니다(도착시간을 예측하기 위해 룰 기반으로 로직을 작업하기가 얼마나 어려울지 상상해보세요). 이 외에도 자율 주행 자동차, 로봇 공학 및 비디오 처리 같은 영역에서도 머신러닝이 문제를 푸는 방법을 재정의하고 있습니다.

애플리케이션은 모두 레이턴시라는 중요한 요구 사항이 있습니다. 온라인 서비스에서는 낮은 레이턴시가 좋은 사용자 경험을 제공합니다. 로봇 공학이나 자율주행 같은 실제 세계와 상호작용하는 애플리케이션의 경우 대기시간이 길어질수록 안전이나 정확도에 더 많은 영향을 끼칩니다.

이 장에서는 레이 위에서 온라인 추론 애플리케이션을 만드는 레이 네이티브 라이브러리인 레이 서브에 대해서 살펴봅니다. 먼저 레이 서브가 해결하려는 문제인 온라인 추론에 대해서 먼저 알아봅니다. 그다음 레이 서브의 아키텍처를 살펴보고, 핵심 기능을 소개합니다. 마지막으로 레이 서브를 사용해서 여러 자연어처리 모델로 구성된 엔드 투 엔드 온라인 추론 API를 구축할 예정입니다. 이 장의 예시 코드 또한 `https://github.com/hanbit/learning-ray`에서 노트북 형태로 제공합니다.

8.1 온라인 추론의 주요 특징

이전 절에서 온라인 추론의 핵심 목표는 낮은 레이턴시를 가진 머신러닝 모델과의 상호작용이라고 배웠습니다. 하지만 이 문제는 API 백엔드와 웹 서버를 개발할 때도 중요한 요구사항이었기 때문에 머신러닝 모델 서빙과 무슨 차이가 있나 의문이 생길 겁니다.

8.1.1 계산 집약적 머신러닝 모델

온라인 추론의 많은 문제는 '계산 집약적'이라는 주요 특징에서 비롯됩니다. 요청이 주로 I/O 집약적인 데이터베이스 쿼리 혹은 기타 API 호출에 의해서 처리되는 기존 웹 서비스와 비교하면 대부분의 머신러닝 모델은 추천 시스템, 도착 시간 예측 혹은 이미지 객체 감지 같은 작업을 위해 선형 대수에서 사용되는 계산 위주의 작업이라는 점이 다릅니다. 이것은 시간이 지남에 따라서 점점 더 커지는 신경망을 사용하는 머신러닝의 한 분야인 딥러닝에서 두드러집니다. 종종 딥러닝 모델은 머신러닝 계산에 특화된 특수 목적 명령이 있으며 벡터화된 계산을 병렬로 하는 GPU나 TPU 같은 특수 하드웨어를 사용하면 상당히 유리합니다.

많은 온라인 추론 애플리케이션은 24시간 내내 실행되어야 합니다. 머신러닝 모델이 연산 집약적이라는 사실과 같이 보면 온라인 추론 서비스를 하는 데는 많은 비용이 들며, 항상 많은 CPU와 GPU를 필요합니다. 온라인 추론의 주요 과제는 엔드 투 엔드 레이턴시를 최소화하며 비용을 줄이면서 모델을 서빙하는 작업으로 요약합니다. 온라인 추론 시스템이 요구사항을 충족하기 위해서 제공하는 핵심 속성은 다음과 같습니다.

- GPU나 TPU 같은 특수 하드웨어를 지원해야 합니다.
- 요청 부하에 대응하기 위해 모델에 사용되는 리소스의 확장이나 축소가 가능해야 합니다.
- 벡터화된 계산을 수행하기 위해 배치 처리를 지원해야 합니다.

8.1.2 고립된 상태에서 유용하지 않은 머신러닝 모델

종종 머신러닝 연구 환경에서는 객체 인식이나 분류 같은 개별적이고 고립된 작업에 중점을 둡니다. 하지만 실제 애플리케이션은 일반적으로 그렇게 명확하게 구분되거나 잘 정의되기 어렵습니다. 대신에 머신러닝 모델과 비즈니스 로직을 결합해서 문제를 해결해야 합니다. 예를 들어서 제품 추천 시스템을 생각해보세요. 문제를 풀려고 할 때 핵심 문제에는 알려진 머신러닝 기술을 여러 가지 적용할 수 있지만, 조금 더 자세히 살펴보면 각 사례마다 고유하게 가진 중요한 과제가 있습니다.

- 사용자에게 반환된 결과가 의미가 있는지 확인하려면 입력과 출력에 대한 유효성 검사가 필요합니다. 종종 사용자에게 동일한 추천을 연속으로 하지 않는 등 수동으로 적용해야 하는 규칙도 있습니다.
- 사용자나 사용 가능한 제품에 대한 최신 정보를 가져와서 모델의 피처로 사용하는 경우가 있습니다(경우에 따라서 온라인 피처 스토어에서 수행할 수도 있습니다).

- 상위 결과를 필터링하거나 가장 신뢰도 높은 모델을 선택하는 등 수동 규칙을 사용해서 여러 모델의 결과를 결합해 사용할 수도 있습니다.

온라인 추론 API를 구현하기 위해서는 모든 부분을 하나의 통합 서비스로 통합해야 합니다. 따라서 커스텀 비즈니스 로직을 여러 모델과 함께 사용하는 유연성을 가져야 합니다. 요소는 개별적으로 분리해 볼 수 없으며, 접착제 로직은 모델 자체와 함께 발전해야 합니다.

8.2 레이 서브 소개

레이 서브는 레이 위에서 머신러닝 모델을 제공하기 위한 확장 가능한 컴퓨팅 레이어입니다. 레이 서브는 프레임워크에 구애받지 않으며 특정 머신러닝 라이브러리와도 연결되지 않고, 오히려 모델을 일반적인 파이썬 코드로 취급합니다. 또한 일반 파이썬 비즈니스 로직을 머신러닝 모델과 유연하게 연결하기 쉽습니다. 이를 통해서 온라인 추론 서비스를 완벽하게 구축하는 도구입니다. 서브 애플리케이션은 사용자 입력을 검증하고, 데이터베이스를 쿼리하며 여러 머신러닝 모델에서 확장 가능한 추론을 수행하며 출력을 결합하고 필터링 및 검증합니다. 실제로 8.3.5 '다중 모델 추론 그래프'를 보면 레이 서브는 여러 머신러닝 모델의 결과를 결합하는 중요한 장점을 갖습니다.

레이 서브는 유연하면서도 연산 집약적인 머신러닝 모델을 위한 특별한 기능을 제공해 동적 확장과 리소스 할당을 지원하고 많은 CPU나 GPU에서 요청 부하를 효율적으로 처리합니다. 여기서 서브는 레이를 기반으로 구축되었기에 수백 대의 시스템으로 확장하거나 유연한 스케줄링 정책을 제공하고 레이의 핵심 API를 사용해 프로세스 간 낮은 레이턴시로 통신하는 등 레이의 많은 장점을 그대로 가집니다.

이 절에서는 앞서 설명한 온라인 추론 문제를 해결하는 데 필요한 방법에 중점을 두면서 레이 서브의 핵심 기능을 소개하겠습니다. 이 절 코드를 따라가기 위해서는 다음 명령어를 입력해 필요한 파이썬 패키지를 설치해야 합니다.

```
$ pip install "ray[serve]==2.2.0" "transformers==4.21.2" "requests==2.28.1"
```

예시를 실행할 때 코드가 현재 디렉터리에 있는 **app.py** 파일에 저장되어 있다고 가정합니다.

8.2.1 아키텍처 개요

레이 서브는 레이 위에 구축되어 있기에 확장성, 낮은 오버헤드 통신, 병렬처리에 적합한 API, 오브젝트 스토어를 통한 공유 메모리 활용 기능 같은 많은 기능을 그대로 가집니다. 레이 서브에서 요청을 로드밸런싱해 관리하는 레이 액터 그룹인 디플로이먼트deployment는 중요한 역할을 합니다. 레이 서브에서 디플로이먼트의 액터를 레플리카replica라고 부릅니다. 보통 디플로이먼트는 머신러닝 모델과 일대일로 매핑 되나 디플로이먼트에는 임의의 파이썬 코드가 함께 포함되어 작동할 수도 있기에 비즈니스 로직이 같이 포함될 수도 있습니다.

레이 서브는 HTTP를 통해서 디플로이먼트를 노출시키며 입력 파싱이나 출력 로직을 정의합니다. 하지만 레이 서브는 기본 파이썬 API를 통해서 디플로이먼트끼리 직접 호출이 가능합니다. 이렇게 되면 레플리카 사이의 직접 액터 호출로 변환됩니다. 이를 통해서 모델과 비즈니스 로직을 유연한 고성능 서비스로 구성할 수 있습니다. 이에 대한 자세한 내용은 뒷부분에서 살펴보겠습니다.

[그림 8-1]은 레이 클러스터 위에서 레이 서브 애플리케이션이 실행되는 방식을 다룬 내용을 나타냅니다. 레이 클러스터 전체에 여러 개의 디플로이먼트가 배치됩니다. 각 디플로이먼트는 각각 레이 액터 하나인 레플리카로 구성되며, 레플리카 전체에 걸쳐 로드밸런싱하는 HTTP 프록시가 들어오는 트래픽을 라우팅합니다.[76]

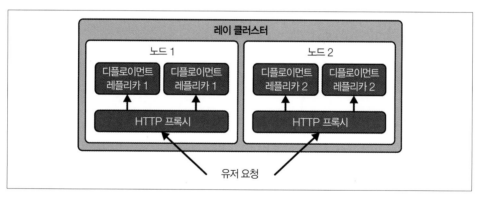

그림 8-1 레이 서브 애플리케이션의 아키텍처

---

76 디플로이먼트는 서로에게 직접 트래픽을 보낼 수도 있습니다. 이를 통해 모델과 비즈니스 로직을 혼합하는 더 복잡한 애플리케이션도 구축할 수 있습니다.

내부에서 레이 애플리케이션을 구성하는 디플로이먼트는 중앙 집중형 컨트롤러 액터에 의해서 관리됩니다. 이는 실패 시 다시 시작되는 레이가 관리하는 분리된 액터입니다. 컨트롤러는 레플리카 액터를 생성하고 업데이트하며 시스템의 다른 액터에 업데이트를 브로드캐스팅하고 상태 점검과 장애 복구 담당합니다. 어떤 이유로든 레플리카나 전체 레이 노드에 충돌이 발생한다면 컨트롤러는 오류를 감지하고 액터를 복구해 트래픽을 계속 받아들여 서비스가 계속되도록 보장합니다.

8.2.2 기본 HTTP 엔드포인트 정의

이 절에서는 하나의 머신러닝 모델을 래핑하는 단순한 HTTP 엔드포인트를 정의하며 레이 서브를 소개합니다. 감정 분류기 모델을 배포하고, 이는 텍스트 입력이 주어지면 출력으로 긍정적인 감정인지, 부정적인 감정인지를 분류하게 됩니다. 허깅페이스 트랜스포머 라이브러리 (huggingface.co)에서 제공하는 사전 훈련된 감정 분류기를 사용합니다. 라이브러리는 모델의 세부 사항을 추상화하며 서빙 로직에만 집중하도록 사전 훈련된 모델 사용하기 위한 간단한 API를 제공합니다.

레이 서브를 사용해서 모델을 배포하기 위해 파이썬 클래스를 정의한 뒤 @serve.deployment 데코레이터를 사용해서 서브 디플로이먼트로 만듭니다. 데코레이터를 사용할 때 디플로이먼트를 구성하는 여러 가지 유용한 옵션을 전달할 수도 있습니다. 옵션의 종류는 8.2.3 '확장 및 리소스 할당'에서 살펴보겠습니다.

```python
from ray import serve
from transformers import pipeline

@serve.deployment
class SentimentAnalysis:
    def __init__(self):
        self._classifier = pipeline("sentiment-analysis")
    def __call__(self, request) -> str:
        input_text = request.query_params["input_text"]
        return self._classifier(input_text)[0]["label"]
```

여기서는 주목할만한 몇 가지 중요한 내용이 있습니다. 클래스 생성자에서 모델 인스턴스화를 수행합니다. 모델의 크기가 매우 크므로 모델을 다운로드하고 메모리에 로드하기까지 몇 분이 걸리는 경우가 있습니다. 그렇기에 생성자에서 인스턴스화해 두면 나중에 다시 로드 과정 없이 사용하도록 캐싱할 수 있습니다.

둘째로 `__call__` 메서드에서 요청을 처리하는 로직을 정의합니다. Starlette HTTP 요청을 입력으로 사용하고 JSON 직렬화가 가능한 출력을 반환할 수도 있습니다. 여기서는 모델의 출력을 `"POSITIVE"`나 `"NEGATIVE"`라는 문자열로 반환합니다.

```
basic_deployment = SentimentAnalysis.bind()
```

바인딩된 디플로이먼트를 실행할 때는 `server.run` 파이썬 API를 호출하거나 `server run` 명령을 CLI로 사용합니다. 앞서 코드를 `app.py`라는 파일에 저장하면 다음 명령어로 로컬에서 디플로이먼트를 실행합니다.

```
$ serve run app:basic_deployment
```

이러면 디플로이먼트의 단일 레플리카가 인스턴스화되며 로컬 HTTP 서버에서 호스팅되게 됩니다. 이를 테스트하기 위해 파이썬의 **requests** 패키지를 사용합니다.

```
import requests

print(requests.get(
    "http://localhost:8000/", params={"input_text": "Hello friend!"}
).json())
```

`"Hello friend!"`라는 샘플 입력을 사용해서 감정 분류기를 테스트하면 텍스트가 긍정적이라고 정확하게 분류합니다! 레이 서브의 헬로 월드 예시인 셈입니다. HTTP 엔드포인트 뒤에 모델을 배포했습니다. 하지만 입력 HTTP 요청을 수동으로 파싱해 모델에 입력해줘야 했습니다. 기본 예시에서는 한 줄의 코드에 불과했으나 실제 애플리케이션은 이보다 더 복잡한 스키마를 입력으로 사용하며 이처럼 HTTP 로직을 직접 작성하는 건 지루한 일이며 오류가 발생하기 쉽습니다. 서브는 FastAPI 프레임워크(https://oreil.ly/fLnjY)와 통합해 더 표현력 있는 HTTP API를 작성합니다.[77]

....

77 내부적으로 레이 서브는 사용자가 제공한 FastAPI 객체를 직렬화합니다. 그다음 각 디플로이먼트 레플리카가 실행될 때마다 레이 서브는 일반적인 웹 서버와 같이 FastAPI를 역직렬화한 뒤 실행합니다. 런타임 시점에는 각 레이 서브 레플리카마다 독립적인 FastAPI 서버가 작동하게 됩니다.

서브 디플로이먼트는 입력을 파싱해 HTTP 작동을 구성하기 위해 표현식 API를 사용해 FastAPI를 래핑합니다. 다음 예시에서 FastAPI를 사용해 `input_text` 쿼리 파라미터 파싱을 처리하고 보일러 플레이트 코드를 제거합니다.

```python
from fastapi import FastAPI

app = FastAPI()

@serve.deployment
@serve.ingress(app)
class SentimentAnalysis:
    def __init__(self):
        self._classifier = pipeline("sentiment-analysis")
    @app.get("/")
    def classify(self, input_text: str) -> str:
        return self._classifier(input_text)[0]["label"]

fastapi_deployment = SentimentAnalysis.bind()
```

이렇게 수정된 디플로이먼트는 정확히 동일한 작동을 수행해야 하지만 잘못된 입력을 정상적으로 처리합니다. 지금처럼 간단한 예시에서는 사소하게 보일지 몰라도 복잡한 API에서는 이 문제가 큰 차이를 불러올 가능성이 있습니다. 여기서는 FastAPI에 대한 자세한 내용은 다루지 않겠습니다. 이에 대한 기능과 문법은 다른 문서(https://oreil.ly/vrxao)를 참고하세요.

8.2.3 확장 및 리소스 할당

언급했듯 모든 머신러닝 모델은 많은 연산을 필요로 합니다. 그렇기에 요청 부하를 견디고 비용을 최소화하도록 머신러닝 애플리케이션에 정확한 리소스를 할당해야 합니다. 레이 서브를 사용하면 디플로이먼트의 레플리카 수를 조정하며 각 레플리카에 할당된 리소스를 조정하는 방법은 2가지입니다. 기본적으로 디플로이먼트는 단일 CPU를 사용하는 단일 레플리카로 구성되나 `@serve.deployment` 데코레이터(`deployment.options` API를 통해서도 가능)에서 이를 조정합니다.

`SentimentClassifier` 예시를 수정해 여러 레플리카로 확장하면서 각 레플리카가 하나가 아닌 두 개의 CPU를 사용하도록 리소스 할당을 조정합니다. 실제 환경이라면 파라미터를 조절

하기 위해서는 모델을 프로파일링하면서 적절한 값을 찾아야 합니다. 또한 각 요청을 처리하는 프로세스 ID를 출력하는 **print**를 추가하면 요청이 두 개 레플리카에 걸쳐서 로드밸런싱되는 과정이 출력됩니다.

```python
app = FastAPI()

@serve.deployment(num_replicas=2, ray_actor_options={"num_cpus": 2})
@serve.ingress(app)
class SentimentAnalysis:
    def __init__(self):
        self._classifier = pipeline("sentiment-analysis")
    @app.get("/")
    def classify(self, input_text: str) -> str:
        import os
        print("from process:", os.getpid())
        return self._classifier(input_text)[0]["label"]

scaled_deployment = SentimentAnalysis.bind()
```

serve run app:scaled_deployment라는 명령어를 실행해 분류기를 실행하고 이전처럼 **requests**를 사용하면 요청을 처리하는 모델 사본 두 개를 확인할 수 있습니다. 동일한 방식으로 **num_replicas**를 조정하면 수십, 수백 개의 레플리카로 확장됩니다. 레이를 사용하면 단일 클러스터에서 수백 대의 머신과 수천 개의 프로세스로 쉽게 확장 가능합니다.

이 예시에서는 각 레플리카가 2개의 CPU를 사용하도록 정적으로 정의해 확장했으나 서브는 다음과 같이 보다 표현적인 리소스 할당 정책도 지원합니다.

배포에서 GPU를 사용하도록 설정하려면 **num_cpus**가 아니라 **num_gpus**를 설정합니다. 디플로이먼트도 레이 코어와 동일한 리소스 타입을 지원하므로 TPU나 커스텀 리소스를 사용 가능합니다.

리소스를 부분적으로만 사용하도록 설정해 레플리카를 효율적으로 운용합니다. 예를 들어서 단일 레플리카가 전체 GPU를 통째로 필요로 하지 않는다면 **num_gpus=0.5**로 설정해서 다른 모델과 함께 사용할 수도 있습니다.

다양한 요청 부하가 있는 애플리케이션이라면 현재 진행 중인 요청의 개수에 따라서 레플리카의 수를 동적으로 확장하도록 할 수도 있습니다.

리소스 할당 옵션에 대해서 자세히 살펴보려면 레이 서브 문서(https://oreil.ly/zuynD)를 살펴보세요.

8.2.4 요청 배치 처리

많은 머신러닝 모델이 효율적으로 벡터화됩니다. 벡터화된 모델은 여러 계산을 순차적으로 처리하기보다 병렬로 실행할 때 더 효율적입니다. 그러므로 벡터화된 모델은 병렬 계산을 효율적으로 처리하는 GPU에서 실행해야 그 능력을 발휘합니다. 온라인 추론에서 벡터화는 최적화를 위한 길을 터줍니다. 여러 요청을 병렬로 처리하면 시스템 처리량이 크게 향상되고 비용이 절감됩니다.

요청 배치 처리는 클라이언트측 배치와 서버 측 배치에서 활용됩니다. 클라이언트측 배치 처리는 서버가 단일 요청에서 여러 개의 입력을 받고, 클라이언트는 여러 입력을 하나씩 따로 보내는 대신 일괄로 보내는 로직을 포함합니다. 이는 단일 클라이언트가 많은 요청을 자주 보내는 상황에서 특히 유용합니다. 반면 서버측 배치를 사용한다면 클라이언트 측 변경 없이 서버가 여러 요청을 배치 처리합니다. 이건 여러 클라이언트에 걸쳐서 요청을 배치 처리하는 데 사용하며, 각 클라이언트에서 요청을 상대적으로 적게 보내는 다수의 클라이언트가 있는 상황에서도 효율적으로 배치 처리합니다.

레이 서브는 몇 줄의 코드 변경하면 되는 @serve.batch 데코레이터라는 서버 측 배치 처리를 위한 유틸리티를 제공합니다. 배치 지원은 파이썬의 asyncio를 사용해서 여러 요청을 단일 함수 호출로 큐에 집어넣습니다. 여기서 사용되는 함수는 입력 리스트를 가져와서 그에 알맞은 출력 리스트를 반환해야 합니다.

앞서 다룬 감정 분류기를 다시 살펴본 뒤 서버 측 배치 처리를 적용하겠습니다. 기본적으로 허깅페이스 파이프라인은 벡터화된 추론을 지원합니다. 이때 입력 리스트를 전달하고, 그에 맞는 해당 출력 리스트를 반환받습니다. 분류기 호출을 classify_batched라는 이름의 새로운 메서드로 분리해 입력 텍스트 리스트를 입력으로 받은 뒤 추론을 수행하고 출력을 리스트로 반환합니다. classify_batched를 배치 처리하도록 @serve.batch 데코레이터를 사용합니다. max_batch_size와 batch_timeout_wait_s 파라미터를 수정해 작동을 조절합니다. 여기서는 최대 배치 크기를 10으로 설정하고 최대 100ms까지만 기다리게 만듭니다.

```python
app = FastAPI()

@serve.deployment
@serve.ingress(app)

class SentimentAnalysis:
    def __init__(self):
        self._classifier = pipeline("sentiment-analysis")

    @serve.batch(max_batch_size=10, batch_wait_timeout_s=0.1)
    async def classify_batched(self, batched_inputs):
        print("Got batch size:", len(batched_inputs))
        results = self._classifier(batched_inputs)
        return [result["label"] for result in results]

    @app.get("/")
    async def classify(self, input_text: str) -> str:
        return await self.classify_batched(input_text)

batched_deployment = SentimentAnalysis.bind()
```

classify와 classify_batched 메서드는 파이썬의 async/await 구문을 사용합니다. 즉, 호출 다수는 동일한 프로세스에서 동시에 실행될 수 있습니다.

이 작동을 테스트하기 위해서 serve.run을 호출해 파이썬 네이티브 핸들을 사용해 요청을 디플로이먼트로 보냅니다.

```python
import ray
from ray import serve
from app import batched_deployment

handle = serve.run(batched_deployment)  ❶
ray.get([handle.classify.remote("sample text") for _ in range(10)])
```

❶ 병렬로 요청을 보내기 위해 배치에 대한 핸들을 가져옵니다.

serve.run에서 반환된 핸들은 여러 요청을 병렬로 보낼 때 활용합니다. 여기서는 10개의 요청을 병렬로 보낸 뒤 모두 반환이 완료될 때까지 대기합니다. 배치 처리가 없을 때는 요청이 순차적으로 처리되나 이제는 배치 처리를 사용하기 때문에 요청이 한 번에 모두 처리됩니다

(`classifiy_batch` 메서드에서 출력된 배치 크기로 확인 가능). CPU에서 실행하면 순차적 실행과의 차이는 크지 않겠지만 GPU에서 실행하면 배치를 적용한 코드의 속도가 훨씬 빠릅니다.

8.2.5 멀티모델 추론 그래프

지금까지는 하나의 머신러닝 모델을 래핑한 하나의 서버를 배포하고 쿼리했습니다. 이전 설명처럼 머신러닝 모델은 고립되어 독립적으로 사용하면 유용하지 않은 경우가 있습니다. 많은 애플리케이션은 여러 모델을 함께 사용해 비즈니스 로직이 머신러닝과 얽혀 사용되어야 합니다. 레이 서브의 진정한 힘은 일반적인 파이썬 로직을 여러 모델과 함께 사용해 단일 애플리케이션으로 만든다는 점입니다. 이것은 다수의 디플로이먼트를 인스턴스화해 서로 참조를 전달하며 구현됩니다. 즉, 독립적인 확장과 요청의 배치 처리, 유연한 리소스 할당이 가능해집니다.

이 절에서는 일반적인 멀티모델 서빙 패턴을 보여주지만 실제로는 머신러닝 모델을 아직 포함하지는 않았습니다. 오직 서브에서 제공하는 핵심 기능을 중점으로 다루겠습니다.

핵심 기능: 다중 디플로이먼트 바인딩

레이 버스의 모든 종류의 멀티모델 추론 그래프는 한 디플로이먼트를 다른 디플로이먼트의 생성자로 전달하는 기능을 중심으로 합니다. 이를 위해 .bind() API의 또 다른 기능을 사용합니다. 바인딩된 디플로이먼트를 다른 .bind() 호출로 전달하면 런타임에서 디플로이먼트에 대한 핸들로 사용됩니다. 이러면 디플로이먼트를 독립적으로 배포 및 인스턴스화하게 되며, 런타임에서 서로를 호출할 수 있습니다. 다음은 다중 디플로이먼트 서브 애플리케이션을 다룬 예시입니다.

```
@serve.deployment
class DownstreamModel:
    def __call__(self, inp: str):
        return "Hi from downstream model!"
    @serve.deployment
    class Driver:
        def __init__(self, downstream):
            self._d = downstream
```

```
    async def __call__(self, *args) -> str:
        return await self._d.remote()

downstream = DownstreamModel.bind()
driver = Driver.bind(downstream)
```

이 예시에서 다운스트림 모델은 드라이버 디플로이먼트에 전달됩니다. 그다음 런타임에 드라이버 디플로이먼트가 다운스트림 모델을 호출합니다.

패턴 1: 파이프라이닝

머신러닝 애플리케이션 중 첫 번째 공통 멀티모델 패턴은 '파이프라이닝'입니다. 파이프라이닝은 한 모델의 입력은 이전 모델의 출력에 따라 달라집니다. 예를 들어서 이미지 처리는 이미지 크롭과 이미지 분할, 객체 인식, 문자 인식(OCR) 같은 여러 단계의 변환이 필요한 파이프라인으로 구성됩니다. 각 모델은 서로 다른 특성을 가지며, CPU에서 실행가능한 가벼운 변환이나 GPU를 사용해야 하는 무거운 딥러닝 모델이 되기도 합니다.

파이프라인은 레이 서브 API를 이용해 쉽게 표현합니다. 파이프라인의 단계는 독립적인 디플로이먼트이며 각 디플로이먼트는 최상위에 있는 '파이프라인 드라이버'에 전달됩니다. 다음 예시에서는 디플로이먼트 두 개를 최상위 드라이버에 전달한 뒤 순서대로 호출합니다. 드라이버에서 동시에 많은 요청을 전달하는 경우 파이프라인의 모든 단계를 포화시킬 수 있다는 점을 유의해야 합니다.

```
@serve.deployment
class DownstreamModel:
    def __init__(self, my_val: str):
        self._my_val = my_val

    def __call__(self, inp: str):
        return inp + "|" + self._my_val

@serve.deployment
class PipelineDriver:
    def __init__(self, model1, model2):
        self._m1 = model1
        self._m2 = model2
```

```
    async def __call__(self, *args) -> str:
        intermediate = self._m1.remote("input")
        final = self._m2.remote(intermediate)
        return await final

m1 = DownstreamModel.bind("val1")
m2 = DownstreamModel.bind("val2")
pipeline_driver = PipelineDriver.bind(m1, m2)
```

이 예시를 테스트하기 위해서는 **serve run** API를 사용합니다. 파이프라인에 테스트 요청을 보내면 'Input|val1|val2'가 반환됩니다. 각 다운스트림 모델은 자체 값을 추가해 최종 결과를 구성합니다. 실제로 디플로이먼트는 자체 머신러닝 모델을 래핑하고 단일 요청이 클러스터에 있는 많은 물리적 노드에 걸쳐 사용 가능합니다.

패턴 2: 브로드캐스팅

모델을 순차적으로 연결하는 외에도 입력이나 중간 결과를 여러 모델에 병렬로 브로드캐스팅하는 게 유용할 때가 있습니다. 이는 여러 독립 모델의 결과를 하나로 결합해 '앙상블'하거나 서로 다른 모델이 서로 다른 입력에 대해 더 좋은 성능을 내는 상황에서 주로 사용합니다. 종종 모델의 결과를 단순히 연결하거나 여러 모델 중에서 결과를 선택하듯 최종 결과를 위해 각 모델의 결과를 결합해야 하는 경우가 있습니다.

이는 파이프라인 예시와 매우 유사합니다. 다수의 다운스트림 모델은 최상위 드라이버로 전달됩니다. 이 경우에는 모델을 병렬로 호출해 사용하는 게 시간을 아끼는 데 효율적입니다. 다음 모델을 호출하기 전에 각각의 결과를 기다리면 전체 시스템 레이턴시는 크게 증가하게 됩니다.

```
@serve.deployment
class DownstreamModel:
    def __init__(self, my_val: str):
        self._my_val = my_val
    def __call__(self):
        return self._my_val

@serve.deployment
class BroadcastDriver:
    def __init__(self, model1, model2):
        self._m1 = model1
```

```
            self._m2 = model2

        async def __call__(self, *args) -> str:
            output1, output2 = self._m1.remote(), self._m2.remote()
            return [await output1, await output2]

m1 = DownstreamModel.bind("val1")
m2 = DownstreamModel.bind("val2")
broadcast_driver = BroadcastDriver.bind(m1, m2)
```

serve run을 다시 한번 실행한 뒤 엔드포인트에 요청을 날려보면 병렬로 실행된 두 모델의 결합되어 있는 출력인 '["val1", "val2"]'가 반환됩니다.

패턴 3: 조건부 로직

마지막으로 많은 머신러닝 애플리케이션은 앞에서 소개한 패턴에서 하나만 사용해도 충분하나 종종 정적인 동적으로 제어 흐름을 변경할 때도 있습니다. 예를 들어서 사용자가 업로드한 이미지에서 자동차의 번호판을 추출하는 서비스를 구축한다고 가정합시다. 이 경우에는 앞서 다룬 대로 이미지 처리 파이프라인이 필요할 가능성이 높으나, 단순히 파이프라인에 모든 이미지를 넣을 마음은 없습니다. 사용자가 자동차가 아닌 사진이나 너무 고해상도의 사진을 업로드하면 무겁고 비싼 파이프라인을 실행하는 대신 에러 메시지를 반환하는 편이 좋습니다. 마찬가지로 제품 추천 예시에서 사용자 입력이나 중간 모델의 결과를 기반으로 다운스트림 모델을 동적으로 선택하는 경우도 있습니다. 이런 경우를 위해 머신러닝 모델과 커스텀 로직을 함께 서빙해야 합니다.

계산 그래프가 정적으로 정의된 그래프가 아니라 일반적인 파이썬 로직으로 정의하기 때문에 이 문제는 서브의 멀티모델 API로 쉽게 해결됩니다. 다음 예시에서는 간단한 난수 생성기를 사용해 두 개의 다운 스트림 모델 중에서 하나의 모델을 선택하게 만듭니다. 실제 사례라면 난수 생성기 대신 비즈니스 로직이나 데이터베이스 쿼리 혹은 중간 모델의 결과를 사용합니다.

```
@serve.deployment
class DownstreamModel:
    def __init__(self, my_val: str):
        self._my_val = my_val

    def __call__(self):
```

```
            return self._my_val

        @serve.deployment
        class ConditionalDriver:
            def __init__(self, model1, model2):
                self._m1 = model1
                self._m2 = model2
            async def __call__(self, *args) -> str:
                import random
                if random.random() > 0.5:
                    return await self._m1.remote()
                else:
                    return await self._m2.remote()

    m1 = DownstreamModel.bind("val1")
    m2 = DownstreamModel.bind("val2")
    conditional_driver = ConditionalDriver.bind(m1, m2)
```

이 엔드포인트에서는 각 호출마다 50% 확률로 **"val1"**이나 **"val2"**를 반환합니다.

8.3 엔드 투 엔드 예시: 자연어 처리 기반 API 구축

이 절에서는 온라인 추론으로 호스팅되는 엔드 투 엔드 자연어 처리(NLP) 파이프라인을 구축하기 위해서 레이 서브를 사용합니다. 여러 NLP 모델과 커스텀 로직을 사용해 특정 검색어와 가장 관련성 높은 위키백과의 요약을 만드는 위키백과 요약 엔드포인트를 만들겠습니다.

이 작업에서는 다음과 같은 앞서 설명한 많은 개념과 기능을 활용합니다.

- 커스텀 비즈니스 로직과 여러 머신러닝 모델을 결합합니다.

- 추론 그래프는 파이프라인, 브로드캐스팅 및 조건부 로직이라는 3가지 멀티모델 패턴으로 구성됩니다.

- 각 모델은 독립적으로 확장가능하며 커스텀 리소스 할당이 가능하도록 별도의 서버 디플로이먼트에서 호스팅됩니다.

- 한 모델은 배치를 통한 벡터화된 계산을 활용합니다.

- API 입력 파싱 및 출력 스키마를 정의하기 위해 레이 서브의 FastAPI를 사용합니다.

온라인 추론 파이프라인은 [그림 8-2]와 같이 구성됩니다.

1. 사용자는 키워드 검색어를 입력합니다.

2. 검색어와 가장 관련성이 높은 위키백과의 콘텐츠를 가져옵니다.

3. 가져온 글에 감정 분석 모델을 사용합니다. 부정적인 감정이 있다면 일찍이 거부해 금방 응답받습니다.

4. 글의 내용이 요약 모델과 엔티티 인식 모델로 브로드캐스팅됩니다.

5. 요약 모델과 엔티티 인식 모델의 출력을 기반으로 나온 결과를 반환합니다.

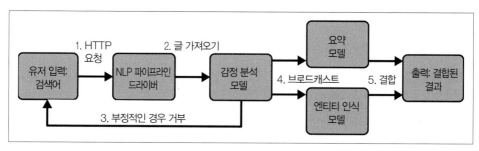

그림 8-2 위키백과의 글을 요약하기 위한 자연어 처리 파이프라인 아키텍처

이 파이프라인은 HTTP를 통해서 노출되며 구조화된 형식으로 결과를 반환합니다. 이 절을 마치면 파이프라인을 엔드 투 엔드로 로컬에서 실행하며 클러스터로 확장할 수 있습니다. 시작합니다!

코드를 더 살펴보기 전에 다음 파이썬 패키지를 설치합니다.

```
$ pip install "ray[serve]==2.2.0" "transformers==4.21.2"
$ pip install "requests==2.28.1" "wikipedia==1.4.0"
```

또한 이 절에서는 모든 코드를 **app.py**라는 파일에서 관리하므로 동일한 디렉터리에서 serve run을 실행해 디플로이먼트를 실행합니다.[78]

---

78 이 app.py 파일은 GitHub 리포지토리(https://bit.ly/48rZYbo)에서 제공합니다. 리포지토리를 클론하고 모든 의존성을 설치하고 이 장의 serve run 호출은 노트북 디렉터리에서 serve run app:<deployment_name>를 입력해 실행합니다.

8.3.1 콘텐츠 가져오기 및 전처리

먼저, 위키백과에서 사용자가 입력한 검색어와 가장 관련성 높은 페이지를 가져옵니다. 이를 위해 PyPI에 있는 위키백과 패키지를 사용합니다. 먼저 검색어를 입력해 상위 결과를 선택한 뒤 페이지 내용을 반환받습니다. 만약 결과가 존재하지 않는 경우 **None**을 반환합니다. 예외 사례는 나중에 정의할 때 처리됩니다.

```python
from typing import Optional

import wikipedia

def fetch_wikipedia_page(search_term: str) -> Optional[str]:
results = wikipedia.search(search_term)
        # If no results, return to caller.
        if len(results) == 0:
return None
        # Get the page for the top result.
        return wikipedia.page(results[0]).content
```

8.3.2 NLP 모델

다음으로 API에서 어려운 작업을 수행할 머신러닝 모델을 정의하겠습니다. 허깅페이스 트랜스포머 라이브러리(https://huggingface.co)를 사용합니다. 허깅페이스는 서빙 로직 개발에만 집중하도록 사전 훈련된 최신 머신러닝 모델을 사용하기 편리한 API로 제공합니다. 첫 번째 모델은 앞서 사용한 감정 분류기입니다. 이 모델의 디플로이먼트는 레이 서브의 배치 API를 사용해 벡터화된 계산을 수행합니다.

```python
from ray import serve
from transformers import pipeline
from typing import List

@serve.deployment
class SentimentAnalysis:
    def __init__(self):
        self._classifier = pipeline("sentiment-analysis")
```

```python
@serve.batch(max_batch_size=10, batch_wait_timeout_s=0.1)
async def is_positive_batched(self, inputs: List[str]) -> List[bool]:
        results = self._classifier(inputs, truncation=True)
        return [result["label"] == "POSITIVE" for result in results]

async def __call__(self, input_text: str) -> bool:
        return await self.is_positive_batched(input_text)
```

또한 텍스트 요약 모델을 사용해 선택된 문서의 요약본을 생성해 제공합니다. 이 모델에는 `max_length` 지정해 요약본의 길이를 제한합니다. 요약 작업에는 많은 계산 비용이 들기 때문에 `num_replicas`을 2로 지정합니다. 이러면 동시에 많은 요청이 들어오더라도 다른 모델의 처리량을 따라갑니다. 실제 환경에서는 레플리카가 2대 이상이 필요할 수도 있으나, 이는 프로파일링이나 모니터링을 통해서 알아내야 합니다.

```python
@serve.deployment(num_replicas=2)
class Summarizer:
    def __init__(self, max_length: Optional[int] = None):
        self._summarizer = pipeline("summarization")
        self._max_length = max_length

    def __call__(self, input_text: str) -> str:
        result = self._summarizer(
        input_text, max_length=self._max_length, truncation=True)
        return result[0]["summary_text"]
```

파이프라인의 마지막 모델은 엔티티 모델입니다. 이 모델은 텍스트에서 엔티티를 추출하는 역할을 수행합니다. 모델은 신뢰 점수를 임계값으로 사용해 특정 임계값 이상의 결과만 허용하도록 설정할 수 있습니다. 또한 반환되는 엔티티 개수도 제한할 수 있습니다. 이 디플로이먼트에 대한 요청 핸들러는 모델을 호출한 뒤 비즈니스 로직을 통해 신뢰 점수 임계값을 적용한 엔티티 개수를 제한합니다.

```python
@serve.deployment
class EntityRecognition:
    def __init__(self, threshold: float = 0.90, max_entities: int = 10):
        self._entity_recognition = pipeline("ner")
        self._threshold = threshold
        self._max_entities = max_entities
```

```
    def __call__(self, input_text: str) -> List[str]:
        final_results = []
        for result in self._entity_recognition(input_text):
            if result["score"] > self._threshold:
                final_results.append(result["word"])
            if len(final_results) == self._max_entities:
                break

        return final_results
```

8.3.3 HTTP 처리 및 드라이버 로직

입력 전처리기 및 머신러닝 모델이 정의되었으니 이제 HTTP API와 드라이버 로직을 정의하겠습니다. 먼저 API의 응답 스키마를 정의하기 위해 Pydantic(`https://oreil.ly/BM7rt`)을 사용합니다. 응답은 요청의 성공 여부와 엔티티 외의 상태 메시지를 포함합니다. 이렇게 하면 결과가 없거나 감정 분석이 부정적으로 나오는 경우 같은 오류에 대해 유용한 응답을 반환합니다.

```
from pydantic import BaseModel

class Response(BaseModel):
    success: bool
    message: str = ""
    summary: str = ""
    named_entities: List[str] = []
```

다음으로 드라이버 디플로이먼트에서 실행될 실제 제어 흐름 로직을 정의해야 합니다. 사실 드라이버는 실제로 무거운 작업을 직접하지 않습니다. 대신 3가지 다운스트림 모델을 호출해 그 결과를 해석하는 역할을 수행합니다. 또한 FastAPI 앱 정의를 포함해 입력을 파싱해 파이프라인 결과에 따른 올바른 Response 모델을 반환합니다.

```
from fastapi import FastAPI

app = FastAPI()

@serve.deployment
```

```
@serve.ingress(app)
class NLPPipelineDriver:
    def __init__(self, sentiment_analysis, summarizer, entity_recognition):
        self._sentiment_analysis = sentiment_analysis
        self._summarizer = summarizer
        self._entity_recognition = entity_recognition
    @app.get("/", response_model=Response)
    async def summarize_article(self, search_term: str) -> Response:
        # Fetch the top page content for the search term if found.
        page_content = fetch_wikipedia_page(search_term)
        if page_content is None:
            return Response(success=False, message="No pages found.")

        # Conditionally continue based on the sentiment analysis.
        is_positive = await self._sentiment_analysis.remote(page_content)
        if not is_positive:
            return Response(success=False, message="Only positivitiy allowed!")

        # Query the summarizer and named entity recognition models in parallel.
        summary_result = self._summarizer.remote(page_content)
        entities_result = self._entity_recognition.remote(page_content)
        return Response(
            success=True,
            summary=await summary_result,
            named_entities=await entities_result
        )
```

fetch_wikipedia_page 로직을 사용해 메인 핸들러의 본문에서 페이지 콘텐츠를 가져옵니다 (결과가 없는 경우 오류를 반환함). 그다음 감정 분석 모델을 호출합니다. 이 모델이 부정 결과를 반환하면 그다음에 작동할 예정인 비싼 머신러닝 모델을 호출하지 않도록 일찍 종료하면서 오류를 반환합니다. 마지막으로 글의 내용을 요약 모델과 엔티티 인식 모델로 병렬적으로 브로드캐스팅합니다. 두 모델의 결과는 최종 응답에서 결합되어 성공을 반환합니다. 이 핸들러에 대한 많은 호출이 동시에 실행될 수 있다는 점을 기억해야 합니다. 다운스트림 모델에 대한 호출은 드라이버를 블로킹하지 않고 무거운 모델의 여러 레플리카에 대한 호출도 조정합니다.

8.3.4 통합

이제 모든 핵심 로직을 정의했습니다. 이제 배포 그래프를 서로 바인딩해 실행하는 일만 남았습니다.

```
sentiment_analysis = SentimentAnalysis.bind()
summarizer = Summarizer.bind()
entity_recognition = EntityRecognition.bind(threshold=0.95, max_entities=5)
nlp_pipeline_driver = NLPPipelineDriver.bind(
    sentiment_analysis, summarizer, entity_recognition)
```

먼저 입력 인자를 사용해 각 디플로이먼트를 인스턴스화합니다. 예를 들어서 여기에서는 엔티티 인식 모델에 대한 입계값과 제한을 전달합니다. 드라이버에 3가지 모델에 대한 참조를 전달해 계산을 조정하도록 해야 합니다. 이제 모든 NLP 파이프라인을 정의했기에 serve run으로 실행하면 됩니다.[79]

```
$ serve run app:nlp_pipeline_driver
```

이렇게 하면 4개의 디플로이먼트가 로컬에 배포되며 http://localhost:8000으로 접근해 드라이버를 사용합니다. requests로 파이프라인을 쿼리해 실제로 작동하는지 확인하겠습니다. 먼저 레이 서브에 대한 엔트리를 쿼리합니다.

```
import requests

print(requests.get(
    "http://localhost:8000/", params={"search_term": "rayserve"}
).text)
```

```
'{"success":false,"message":"No pages found.",
    "summary":"","named_entities":[]}'
```

안타깝게도 이 페이지는 아직 존재하지 않습니다. 유효성 검사 비즈니스 로직의 첫 번째 청크가 시작되고 No pages found라는 메시지를 반환합니다. 좀 더 일반적인 검색어를 찾아보겠습니다.

---

[79] 이 예시에서 사용하는 모델은 상당히 큽니다. 그렇기에 이 예시를 처음 실행할 때마다 모델을 다운로드하는 데 몇 분이 소요됩니다.

```python
print(requests.get(
    "http://localhost:8000/", params={"search_term": "war"}
).text)
```

'{"success":false,"message":"Only positivitiy allowed!,
    "summary":"","named_entities":[]}'

역사에 관심이 많다면 알겠지만, 감정 분류기는 전쟁(war)이라는 검색어를 너무 부정적이라고 평가했습니다. 이번에는 조금 더 중립적인 검색어로 시도해보겠습니다. 물리학(physics)은 어떨까요?

```python
print(requests.get(
    "http://localhost:8000/", params={"search_term": "physics"}
).text)
```

'{"success":true,"message":"","summary":" Physics is the natural science that
studies matter, its fundamental constituents, its motion and behavior through
space and time, and the related entities of energy and force . During the
Scientific Revolution in the 17th century these natural sciences emerged as
unique research endeavors in their own right . Physics intersects with many
interdisciplinary areas of research, such as biophysics and quantum chemistry .
","named_entities":["Scientific","Revolution", "Ancient","Greek","Egyptians"]}'

이번에는 파이프라인 전체를 관통해 성공적으로 실행되었습니다. API는 글의 설득력 있는 요약과 엔티티 리스트를 가지고 응답했습니다.

이 절에서는 레이 서브를 사용해 온라인 NLP API를 만들었습니다. 여기서 만든 추론 그래프는 커스텀 비즈니스 로직과 동적 제어 흐름 로직 외에도 여러 머신러닝 모델로 구성되었습니다. 각 모델은 독립적으로 확장되었고 자체 리소스도 있습니다. 또한 서버 측에서 배치를 사용해 벡터화된 계산으로 작동할 수도 있습니다. API를 로컬에서 테스트했으니 실제 환경에 배포하겠습니다. 또한 레이 클러스터 런처를 사용해 쿠버네티스나 기타 클라우드 프로바이더 제품 위에서 손쉽게 구축하거나, 필요한 리소스를 조정해 많은 사용자의 요청을 처리하도록 확장할 수도 있습니다.

8.4 요약

이 장에서는 온라인 추론 API를 구축하기 위한 레이 네이티브 라이브러리인 레이 서브를 다뤘습니다. 레이 서브는 실제 환경에서 머신러닝 모델을 서빙하는 문제를 해결하는 데 중점을 두고, 비즈니스 로직 위에서 여러 머신러닝 모델을 구축할 수도 있고 모델을 효율적으로 확장하고 리소스를 할당할 수 있습니다. 또한 모든 레이와 마찬가지로 서브는 벤더 종속을 방지하는 범용 설루션으로도 사용되도록 설계되었습니다.

멀티모델 파이프라인의 엔드 투 엔드를 살펴보았지만, 이 장에서는 실제 애플리케이션에 대한 레이 서브의 기능과 모범 사례 중 일부만 다루었습니다. 자세한 내용과 예시는 레이 서브 문서 (https://oreil.ly/-fg0u)를 살펴보세요.

CHAPTER 9

레이 클러스터를 활용한 스케일링

지금까지는 레이를 활용해 머신러닝 애플리케이션을 구축하기 위한 레이의 기초적인 내용을 중점으로 살펴봤습니다. 이 과정을 통해 레이 코어를 사용해 파이썬 코드를 병렬화시키고, RLlib으로 강화학습 실험을 실행하는 방법을 배웠습니다. 또한 레이 데이터셋을 사용해 데이터셋을 전처리하고 레이 튠을 사용해 하이퍼파라미터를 튜닝하며, 레이 트레인을 사용해 모델을 훈련하는 방법도 살펴봤습니다. 하지만 레이는 여러 대의 컴퓨터로 애플리케이션을 쉽게 확장하는 기능이 있습니다. 연구소나 빅테크 회사 밖에서는 여러 시스템을 설정해 단일 레이 클러스터와 결합하는 작업은 어려운 일이 되기도 합니다. 이 장에서는 그 방법에 대해서 소개합니다.[80]

클라우드 기술은 모두가 저렴한 가격으로 머신에 접근하도록 상품화되어 있습니다. 하지만 클라우드 공급자 도구를 처리하기 위한 올바른 API를 파악하기란 매우 어려운 일입니다. 레이 개발진은 복잡성을 추상화하는 몇 가지 도구를 개발했습니다. 레이 클러스터를 시작하거나 배포할 때는 수동으로 설정하거나 쿠버네티스 오퍼레이터, 클러스터 CLI를 사용합니다.

이 장의 첫 번째 부분에서는 이 세 방법을 자세히 다룹니다.[81] 수동으로 클러스터를 생성하는 방법과, 클러스터 런처에 대해서는 간략하게만 설명하고 대부분의 시간은 쿠버네티스 오퍼레

---

80 클러스터를 설정할 때는 많은 옵션이 있기에 레이 자체에서 클러스터를 설정하는 방법에 대한 의견을 주지 않습니다. 여기서 설명할 오픈소스 솔루션 외에도 애니스케일이나 도미노 데이터 랩(Domino Data Lab)에서 제공하는 완전 관리형 상용 솔루션도 좋은 선택지입니다.

81 이 장의 예시 코드 또한 노트북 형태로 제공하지만, 이 자료는 대화형 파이썬 세션에서 다루기에 적합하지 않으며, 명령줄에서 이 예시를 작업하기를 권합니다. 어디서 작업하기로 결정했든 `pip install "ray==2.2.0"`을 입력해 레이를 설치해야 합니다.

이터를 사용하는 방법을 다룹니다. 그다음 클라우드에서 레이 클러스터를 실행하는 방법과 스케일업 및 스케일 다운을 자동으로 수행하는 방법을 다룹니다.

9.1 수동으로 레이 클러스터 생성

먼저 가장 기본적인 레이 클러스터를 생성하는 방법을 살펴보겠습니다. 레이 클러스터를 수동으로 구축하기 위해서 레이가 설치되어 있는 머신 목록이 있다고 가정합시다. 이때, 각 머신은 서로 통신이 가능합니다.

우선 헤드 노드가 될 머신을 먼저 선택한 뒤, 해당 노드에서 다음 명령을 실행합니다.

```
$ ray start --head --port=6379
```

이 명령을 실행하면 레이 GCS 서버의 IP 주소인 로컬 노드 IP 주소와 지정한 포트 번호를 출력합니다.

```
...
Next steps
To connect to this Ray runtime from another node, run
    ray start --address='<head-address>:6379'
If connection fails, check your firewall settings and network configuration.
```

다른 노드 클러스터에 연결하기 위해 로그에서 보이는 <head-address>가 필요하므로 꼭 복사해 두어야 합니다. 만약 –port를 생략하면 레이는 임의의 포트를 사용합니다.

다음으로 각 노드별로 명령을 실행해 클러스터에 포함된 모든 노드를 헤드 노드에 연결합니다.

```
$ ray start --address=<head-address>
```

123.45.67.89:6379 같은 올바른 주소 형태인 <head-address>를 전달해야 합니다. 이 명령을 실행한 뒤에 다음 결과가 출력됩니다.

```
--------------------
Ray runtime started.
--------------------

To terminate the Ray runtime, run
    ray stop
```

머신에서 10개의 CPU와 1개의 GPU를 지정하기 위해서 --num-cpus=10과 --num-gpus=1을 전달합니다. 노드가 -address의 헤드 노드에 성공적으로 연결되면 Ray runtime started란 메시지가 표시됩니다. 이제 ray.init(address='auto')를 실행해 클러스터에 연결합니다.

만약 서로 연결하려는 헤드 노드와 새 노드가 NAT를 사용해 별도의 하위 네트워크에 있는 상태라면 출력에서 복사한 <head-address>를 사용해 --address에 지정하면 안 됩니다. 이 경우에는 새 노드에서 헤드 노드에 도달할 다른 주소를 찾아야 합니다. 헤드 노드에 compute04.berkeley.edu 같은 도메인이 <head-address> 대신 DNS를 사용하면 됩니다. Unable to connect to GCS at …라고 표시되면 헤드 노드에 접근할 수 없다는 의미입니다. 헤드 노드가 제대로 실행되지 않는 경우, 다른 버전의 레이가 실행되고 있는 경우, 주소를 잘못 입력한 경우, 방화벽 설정을 잘못한 경우 등 여러 원인이 있습니다.

연결에 실패했다면 노드에서 지정한 포트에 접근할 수 있는지 검사하기 위해 nmap이나 nc 같은 도구를 시도하면 좋습니다. 두 도구를 사용해 검사하는 방법을 살펴보겠습니다. 포트에 접근 가능한 경우는 다음과 같은 결과가 출력됩니다.[82]

```
$ nmap -sV --reason -p $PORT $HEAD_ADDRESS
Nmap scan report for compute04.berkeley.edu (123.456.78.910)
Host is up, received echo-reply ttl 60 (0.00087s latency).
rDNS record for 123.456.78.910: compute04.berkeley.edu
PORT     STATE SERVICE REASON           VERSION
6379/tcp open  redis?  syn-ack
Service detection performed. Please report any incorrect
    results at https://nmap.org/submit/ .

$ nc -vv -z $HEAD_ADDRESS $PORT
Connection to compute04.berkeley.edu 6379 port [tcp/...] succeeded!
```

----

82 다음 예시에서 사용하는 플래그를 자세히 알아보기 위해서는 공식 문서(https://nmap.org/book/man.html)를 살펴보세요.

노드가 지정된 IP와 포트에 접근할 수 없는 경우는 다음과 같이 출력됩니다.

```
$ nmap -sV --reason -p $PORT $HEAD_ADDRESS
Nmap scan report for compute04.berkeley.edu (123.456.78.910)
Host is up (0.0011s latency).
rDNS record for 123.456.78.910: compute04.berkeley.edu
PORT      STATE SERVICE REASON       VERSION
6379/tcp closed redis    reset ttl 60
Service detection performed. Please report any incorrect
    results at https://nmap.org/submit/ .

$ nc -vv -z $HEAD_ADDRESS $PORT
nc: connect to compute04.berkeley.edu port 6379 (tcp) failed: Connection refused
```

이제 임의의 노드에서 레이 프로세스를 중지하려면 ray stop을 실행하면 됩니다. 여기까지 레이 클러스터를 수동으로 생성하는 방법을 다뤘습니다. 이제는 쿠버네티스 오퍼레이터 프레임워크를 사용해 레이 클러스터를 배포하는 방법을 다뤄보겠습니다.

9.2 쿠버네티스에 배포

쿠버네티스는 클러스터 리소스를 관리하기 위한 업계 표준 플랫폼입니다. 소프트웨어 팀은 프로덕션 환경에 다양한 비즈니스 애플리케이션을 배포하고, 관리하며 확장하는 데 쿠버네티스를 사용합니다. 구글에서 개발된 쿠버네티스는 현재 많은 조직이 클러스터 리소스 관리 솔루션으로 도입했습니다.

커뮤니티에서 개발하고 관리하는 쿠브레이^{KubeRay}(https://oreil.ly/LwUPr) 프로젝트는 쿠버네티스에서 레이 클러스터를 배포하고 관리하는 표준 도구입니다. 쿠브레이 오퍼레이터는 쿠버네티스 위에 레이 클러스터를 배포하고 관리하는 데 도움이 됩니다(그림 9-1). 클러스터는 RayCluster 커스텀 리소스로 정의되며 내결함성을 가진 레이 컨트롤러에 의해서 관리됩니다. 오퍼레이터는 쿠버네티스에 배포되어 있는 레이 클러스터의 프로비저닝, 관리, 오토스케일링, 운영 같은 작업을 자동화합니다. 쿠브레이 오퍼레이터에 대한 주요 기능은 다음과 같습니다.

- 커스텀 리소스인 RayCluster를 활용한 관리

- 프로메테우스를 통한 모니터링

- PodTemplate을 사용한 레이 파드 생성

- 실행 중인 파드를 기준으로 상태 업데이트

- 컨테이너에 환경 변수 자동 주입

- 컨테이너 명령 앞에 레이 시작 명령어를 자동 주입

- 공유 메모리를 위해 /dev/shm에 자동으로 volumeMount 추가

- ScaleStrategy를 사용해 특정 그룹의 특정 노드 제거

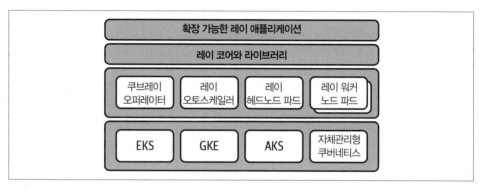

그림 9-1 쿠브레이 개요

9.2.1 첫 번째 쿠브레이 클러스터 설정

쿠브레이 리포지토리(https://oreil.ly/a8MlJ)를 클론한 뒤 다음 명령을 실행해 오퍼레이터를 배포합니다.

```
$ export KUBERAY_VERSION=v0.3.0

$ kubectl create -k "github.com/ray-project/kuberay/manifests/\
  cluster-scope-resources?ref=${KUBERAY_VERSION}&timeout=90s"

$ kubectl apply -k "github.com/ray-project/kuberay/manifests/\
  base?ref=${KUBERAY_VERSION}&timeout=90s"
```

배포를 마친 후 다음 명령을 실행해 오퍼레이터가 배포되었는지 확인합니다.

```
$ kubectl -n ray-system get pods
```

배포가 완료되면 오퍼레이터는 **raycluster** 리소스 업데이트에 대한 쿠버네티스 이벤트(생성/삭제/업데이트)를 감시합니다. 이벤트에서 오퍼레이터는 헤드 파드와 여러 워커 파드로 구성된 클러스터를 생성 혹은 삭제할 수 있고 워커 파드를 추가하거나 삭제해 클러스터를 업데이트할 수 있습니다. 이제 제공된 기본 클러스터 구성을 사용해 새 레이 클러스터를 배포합니다.

```
$ wget "https://raw.githubusercontent.com/ray-project/kuberay/\
    ${KUBERAY_VERSION}/ray-operator/config/samples/ray-cluster.complete.yaml"

$ kubectl create -f ray-cluster.complete.yaml
```

쿠브레이 오퍼레이터는 레이 헤드 파드를 대상으로 하는 쿠버네티스 서비스를 구성합니다. 서비스를 식별하기 위해서 다음 명령을 실행합니다.

```
$ kubectl get service --selector=ray.io/cluster=raycluster-complete
```

이 명령어는 다음과 같이 출력됩니다.

```
NAME                           TYPE       CLUSTER-IP    EXTERNAL-IP
raycluster-complete-head-svc   ClusterIP  xx.xx.xxx.xx  <none>

PORT(S)                        AGE
6379/TCP,8265/TCP,10001/TCP    6m10s
```

출력된 3개의 포트는 다음 서비스에서 사용합니다.

| 6379 |

레이 헤드의 GCS 서비스입니다. 레이 워커 파드나 클러스터에 가입할 때 서비스에 연결합니다.

| 8265 |

레이 대시보드와 레이 잡 제출 서비스를 노출합니다.

| 10001 |

레이 클라이언트 서버를 노출합니다.

예시에서 사용하는 도커 이미지는 상당히 크므로 다운로드할 때 시간이 필요합니다. 또한 `kubectl get service`을 입력하고 예상한 출력이 보이더라도 클러스터가 사용할 준비가 되었다고 확신할 수는 없습니다. 파드의 상태를 살펴본 뒤 모두 Running 상태인지 확인해야 합니다.

9.2.2 쿠브레이 클러스터와 상호작용

왜 쿠버네티스에 이렇게 많은 시간을 들여 살펴보는지 의문이 들 수 있습니다. 이해합니다. 잠시 후에 알아보죠.

먼저 다음 파이썬 스크립트를 클러스터에서 스크립트로 사용합니다. 이름을 script.py로 하고 스크립트는 레이 클러스터에 연결한 뒤 몇 가지 레이 명령을 실행합시다.

```
import ray
ray.init(address="auto")
print(ray.cluster_resources())

@ray.remote
def test():
    return 12

ray.get([test.remote() for i in range(12)])
```

이 스크립트를 실행하는 주요 방법은 총 3가지(kubectl exec와 레이 잡 제출, 레이 클라이언트 활용)로 나뉩니다. 다음 절에서 살펴봅니다.

kubectl을 사용한 레이 프로그램 실행

우선 kubectl exec를 사용해 헤드 파드와 직접 상호작용합니다. 다음 명령을 사용해 헤드 파드에 있는 파이썬 인터프리터를 호출합니다.

```
$ kubectl exec `kubectl get pods -o custom-columns=POD:metadata.name |\
    grep raycluster-complete-head` -it -c ray-head -- python
```

실행한 파이썬 인터프리터 터미널을 사용해 여러분의 레이 애플리케이션을 연결하고 실행합니다.

```
import ray
ray.init(address="auto")
...
```

kubectl을 사용하지 않고 서비스와 상호작용할 다른 방법이 있지만 네트워크를 설정해야 합니다. 가장 쉬운 방법은 포트 포워딩입니다.

레이 잡 제출 서버 활용

레이 잡 제출 서버를 사용하면 클러스터에서 스크립트를 실행할 수 있습니다. 서버를 사용해 스크립트와 의존성 번들을 보낸 뒤 해당 의존성으로 커스텀 스크립트를 실행합니다. 작업을 위해 잡 제출 서버를 포트 포워딩합니다.

```
$ kubectl port-forward service/raycluster-complete-head-svc 8265:8265
```

이제 잡 제출 서버 엔드포인트에 RAY_ADDRESS 변수를 설정한 뒤 레이 잡 제출 CLI로 스크립트를 제출합니다.

```
$ export RAY_ADDRESS=http://localhost:8265

$ ray job submit --working-dir=. -- python script.py
```

이제 다음과 같이 출력됩니다.

```
Job submission server address: http://127.0.0.1:8265
2022-05-20 23:35:36,066 INFO dashboard_sdk.py:276
    -- Uploading package gcs://_ray_pkg_533a957683abeba8.zip.
2022-05-20 23:35:36,067 INFO packaging.py:416
    -- Creating a file package for local directory '.'.


-------------------------------------------------------
Job 'raysubmit_U5hfr1rqJZWwJmLP' submitted successfully
-------------------------------------------------------
Next steps
    Query the logs of the job:
        ray job logs raysubmit_U5hfr1rqJZWwJmLP
    Query the status of the job:
        ray job status raysubmit_U5hfr1rqJZWwJmLP
    Request the job to be stopped:
        ray job stop raysubmit_U5hfr1rqJZWwJmLP

Tailing logs until the job exits (disable with --no-wait):
{'memory': 47157884109.0, 'object_store_memory': 2147483648.0,
'CPU': 16.0, 'node:127.0.0.1': 1.0}


-----------------------------------------
Job 'raysubmit_U5hfr1rqJZWwJmLP' succeeded
-----------------------------------------
```

--no-wait으로 실행하면 백그라운드 작업으로 실행됩니다.

레이 클라이언트

로컬 시스템에서 레이 클라이언트를 통해 클러스터를 연결하려면 먼저 로컬 레이를 설치하고 파이썬의 마이너 버전이 레이 클러스터에서 실행 중인 레이와 파이썬 버전과 동일한지 확인해야 합니다. 버전을 확인하기 위해서 ray --version과 python --version을 실행하면 됩니다. 실제로는 컨테이너를 사용하며, 이 경우 동일한 컨테이너에서 두 명령어를 모두 실행하면 됩니다. 또한 버전이 일치하지 않는다면 이에 대한 경고 메시지가 표시됩니다.

이제 다음 명령어를 실행합니다.

```
$ kubectl port-forward service/raycluster-complete-head-svc 10001:10001
```

이제 로컬 포트 **10001**이 레이 헤드의 레이 클라이언트 서버로 전달됩니다.

원격 레이 클러스터에서 레이 워크로드를 실행하기 위해 로컬 파이썬 셸을 연 뒤 레이 클라이언트에 연결을 시도합니다.

```
import ray
ray.init(address="ray://localhost:10001")
print(ray.cluster_resources())

@ray.remote
def test():
    return 12

ray.get([test.remote() for i in range(12)])
```

이 방법을 사용하면 kubectl이나 잡 제출을 사용해서 코드를 입력할 필요 없이 노트북에서 직접 레이 프로그램이 실행됩니다.

9.2.3 쿠브레이 노출

이전 예시에서는 간단하게 레이 헤드 서비스에 접근하기 위해 포트 포워딩을 사용했습니다. 프로덕션에서는 서비스를 노출하는 다른 방법이 있습니다. 다음은 쿠버네티스에서 일반적으로 실행되는 서비스를 노출하기 위한 일반적인 방법입니다.

레이 서비스는 레이 오퍼레이터가 실행 중인 쿠버네티스의 모든 곳에 접근 가능합니다. 예를 들어서 레이 클러스터와 동일한 쿠버네티스 네임스페이스에 있는 파드에서 레이 클라이언트에 접근하려면 ray.init("ray://raycluster-complete-head-svc:10001")을 사용합니다.

다른 쿠버네티스 네임스페이스에서 접근하려면 ray.init("ray://raycluster-complete-head-svc.default.svc.cluster.local:10001")을 사용합니다. 레이 클러스터가 default 네임스페이스가 아닌 다른 네임스페이스에 있다면 해당하는 네임스페이스를 입력합니다.

만약 클러스터 외부에서 서비스에 접근하려면 인그레스 컨트롤러를 사용할 수도 있습니다. 모든 표준 인그레스 컨트롤러는 레이 클라이언트 및 레이 대시보드와 함께 작동해야 합니다. 이런 접근 방법은 네트워킹 및 보안 요구사항과 호환되는 솔루션을 선택하세요. 자세한 지침은 이 책에서 다루는 범위를 벗어납니다.

9.2.4 쿠브레이 구성

이제 쿠버네티스에서 실행되는 레이 클러스터의 구성을 자세히 살펴보겠습니다. kuberay/ ray-operator/config/samples/ray-cluster.complete.yaml은 구성을 살펴보기에 좋은 예시입니다. 다음은 레이 클러스터를 구성하는 데 중요한 기능 위주로 요약한 구성 파일입니다.

```yaml
apiVersion: ray.io/v1alpha1
kind: RayCluster
metadata:
  name: raycluster-complete
spec:
  headGroupSpec:
    rayStartParams:
      port: '6379'
      num-cpus: '1'
      ...
    template: # Pod template
      metadata: # Pod metadata
      spec: # Pod spec
        containers:
        - name: ray-head
          image: rayproject/ray:1.12.1
          resources:
            limits:
              cpu: "1"
              memory: "1024Mi"
            requests:
              cpu: "1"
              memory: "1024Mi"
          ports:
          - containerPort: 6379
        - name: gcs
          - containerPort: 8265
            name: dashboard
          - containerPort: 10001
```

```
              name: client
          env:
            - name: "RAY_LOG_TO_STDERR"
              value: "1"
          volumeMounts:
            - mountPath: /tmp/ray
              name: ray-logs
        volumes:
          - name: ray-logs
            emptyDir: {}
  workerGroupSpecs:
  - groupName: small-group
    replicas: 2
    rayStartParams:
      ...
    template: # Pod template
      ...
  - groupName: medium-group
    ...
```

> **WARNING_** 가능하다면 스케줄링된 모든 쿠버네티스 노드를 채우도록 레이 파드의 크기를 조정하는 게 좋습니다. 즉, 쿠버네티스 노드 하나에 대형 레이 파드가 실행되는 게 가장 좋습니다. 쿠버네티스 노드 하나에서 레이 파드 여러 개를 실행하면 불필요한 오버헤드가 발생합니다. 하지만 다음과 같은 경우에는 유용합니다.
>
> - 컴퓨팅 리소스가 제한된 쿠버네티스 클러스터에서 많은 사용자가 레이 클러스터를 실행할 때
> - 사용자나 조직이 쿠버네티스 노드를 직접 관리하지 않을 때 (GKE Autopilot 같은 도구를 사용할 때)

다음은 사용자가 지정할 수 있는 일부 기본 구성 값입니다.

| headGroupSpec, workerGroupSpecs |

레이 클러스터는 헤드 파드와 여러 워커 파드로 구성됩니다. 헤드 파드의 구성은 headGroupSpec에, 워커 파드의 구성은 workerGroupSpecs에 정의되어 있습니다. 여러 워커 그룹이 있을 수 있고 각 그룹은 고유한 구성 템플릿으로 정의됩니다. workerGroup의 replicas 필드는 클러스터에서 사용할 각 그룹의 워커 파드 수를 지정합니다.

| rayStartParams |

이 구성값은 레이 파드의 **ray start** 엔트리 포인트에 대한 문자열로 구성된 맵입니다. 이때 사용하는 인자의 목록은 ray start 문서(https://oreil.ly/05gEs)에서 살펴보세요. 여기서 사용하는 num-cpus와 num-gpus를 조금 더 자세히 살펴보겠습니다.

| num-cpus |

이 필드는 레이 파드에서 사용할 CPU 개수를 레이 스케줄러에 설정합니다. CPU 개수는 그룹의 스펙 파드 템플릿에 지정되어 있는 쿠버네티스 리스소 제한에서 자동으로 감지합니다. 이렇게 자동으로 감지된 값을 재정의해야 할 때도 있습니다. 예를 들어서 num-cpus:"0"으로 설정하면 CPU 요청이 0이 아닌 레이 워크로드가 헤드 노드에 스케줄링되는 상황을 방지합니다.

| num-gpus |

레이 파드에서 사용할 GPU의 개수를 지정합니다. 이 책이 쓰일 당시에는 필드가 그룹 스펙의 파드 템플릿에서 자동으로 감지되지 않았기에 GPU 워크로드가 필요하다면 인자를 명시적으로 설정해야 합니다.

| template |

이 인자는 **headGroup**과 **workerGroup**의 구성 대부분을 정의하는 인자입니다. **template**은 각 그룹의 파드 구성을 결정하는 쿠버네티스 파드 템플릿을 입력하면 됩니다.

| resources |

컨테이너가 사용할 CPU나 메모리 요청과 각 리소스별 제한량을 지정합니다. GPU 워크로드를 사용한다면 Nvidia GPU 디바이스 플러그인을 사용해 GPU 제한(nvidia.com/gpu: 1)을 걸 수도 있습니다.

| nodeSelector, tolerations |

nodeSelector와 **tolerations** 필드에서 워커 그룹의 파드 스케줄링을 제어합니다. 이 필드는 파드가 스케줄링될 쿠버네티스 노드를 결정할 때 사용됩니다. 쿠브레이 오퍼레이터는 파드 수준에서 작동하기에 쿠브레이가 쿠버네티스 노드 설정에 영향을 주는 경우는 없습니다. 쿠버네티스 노드 구성은 모두 쿠버네티스 클러스터 관리자가 관리합니다.

| 레이 컨테이너 이미지 |

레이 컨테이너가 사용할 이미지를 지정은 주의해야 합니다. 클러스터의 헤드와 워커는 모두 동일한 레이 버전을 사용해야 하기에 헤드와 워커는 같은 컨테이너 이미지를 사용하는 게 좋습니다. 클러스터에 대한 커스텀 의존성을 추가하려고 한다면 공식 이미지인 rayproject/ray 이미지를 기반으로 이미지를 새로 작성하는 게 좋습니다.

| 볼륨 마운트 |

볼륨 마운트는 레이 컨테이너에서 발생하는 로그나 다른 애플리케이션 데이터를 보관할 때 사용합니다(9.2.5 '쿠브레이 로깅 구성'을 참조하세요).

| 컨테이너 환경 변수 |

컨테이너 환경 변수를 지정해 레이의 작동을 수정할 수 있습니다. 예를 들어서 RAY_LOG_TO_STDERR 환경변수를 사용하면 로그를 컨테이너 파일 시스템에 출력하지 않고 STDERR로 리다이렉션합니다.

9.2.5 쿠브레이 로깅 구성

일반적으로 레이 클러스터는 /tmp/ray/session_latest/logs 디렉터리에 로그를 저장합니다. 로그는 레이 대시보드에도 출력되며, 파드가 죽은 이후에도 레이 로그를 유지하기 위해서는 다음으로 소개하는 방법을 사용하면 됩니다.

| 컨테이너 파일 시스템에서 로그 집계 |

mountPath /tmp/ray/를 지정해 비어있는 디렉터리를 레이 컨테이너에 마운트합니다. 프롬테일(https://oreil.ly/LyEGyl) 같은 로그 수집 집계 도구를 컨테이너의 사이드카 컨테이너로 실행시켜 로그 볼륨을 마운트할 수 있습니다.

| 컨테이너 STDERR 로깅 |

로깅을 STDERR로 리다이렉션하는 방법도 있습니다. 모든 레이 컨테이너의 환경변수에 RAY_LOG_TO_STDERR=1을 설정합니다. 쿠버네티스 구성 파일에서 각 레이 groupSpec에 있는 레이 컨테이너의 env 필드에 이 값을 추가하면 됩니다.

```
env:
...
- name: "RAY_LOG_TO_STDERR"
value: "1"
...
```

그다음 STDERR와 STDOUT 스트림을 집계할 쿠버네티스 로깅 도구를 활용합니다.

9.3 레이 클러스터 런처

레이 클러스터 런처는 모든 클라우드에 레이 클러스터를 쉽게 배포하기 위해 만들어졌습니다. 이는 다음과 같은 장점을 가집니다.

- 클라우드 제공자의 네이티브 SDK를 사용해 인스턴스를 프로비저닝 합니다.

- 셸 명령어로 레이를 설정합니다.

- 커스텀 명령을 실행합니다. 이것은 환경변수를 설정하거나 패키지를 설정할 때 유용합니다.[83]

- 레이 클러스터를 초기화합니다.

- 오토스케일러 프로세스를 배포합니다.

오토스케일링에 대한 자세한 내용은 9.5 '오토스케일링'에서 자세히 살펴봅니다. 지금은 클러스터 런처를 사용해 레이 클러스터를 배포하는 데 집중하겠습니다. 이를 위해서는 먼저 클러스터 구성 파일이 필요합니다.

9.3.1 레이 클러스터 구성

레이 클러스터를 실행하려면 클러스터 구성파일에 리소스 요구 사항을 정의해야 합니다.

다음은 스캐폴드 클러스터 스펙입니다. 이 값은 클러스터를 시작할 때 입력해야 하는 최소 단위의 스펙 값입니다. 클러스터 YAML 파일에 대해서 더 자세히 알아보고 싶다면 더 자세한 예시를 살펴보세요.

....

83 런타임 환경변수를 사용하면 클러스터가 배포된 이후에 동적으로 환경변수를 설정합니다.

```
# 이 클러스터의 헤드 노드와 워커 노드를 식별하기 위한 고유 식별자입니다.
cluster_name: minimal

# 헤드 노드를 제외하고 실행할 최대 워커 노드의 수
# min_workers는 기본값 0을 가짐
max_workers: 1
# 클라우드 제공자 별 설정
provider:
    type: aws
    region: us-west-2
    availability_zone: us-west-2a

# 레이에서 시작된 노드에 인증하는 방식 지정
auth:
    ssh_user: ubuntu
```

9.3.2 클러스터 런처 CLI

이제 클러스터 구성 파일을 만들었으니 클러스터 런처 CLI를 사용해서 클러스터를 배포하겠습니다.

```
$ ray up cluster.yaml
```

이 명령만 실행하면 수동으로 클러스터를 설정하는 과정과 동일한 작업이 모두 진행됩니다. 클라우드 공급자와 상호작용해서 헤드 노드를 프로비저닝하며 그 노드에서 적절한 레이 서비스나 프로세스를 실행합니다.

이 명령이 지정한 모든 노드를 실행시키지 않습니다. 단지 헤드 노드만 실행하고 그 헤드 노드가 ray start --head ...을 실행하는 방식입니다. 그다음 헤드 노드가 시작되면 레이 오토스케일러가 클러스터 구성을 바탕으로 워커 노드를 백그라운드 스레드로 실행시킵니다.

9.3.3 레이 클러스터와 상호작용

클러스터를 시작하면 클러스터와 상호작용해 다음과 같은 작업을 수행할 수 있습니다.

- 클러스터에서 스크립트 실행

- 클러스터 외부로 파일, 로그, 아티팩트를 옮기기

- 머신의 세부 정보를 검사하기 위해 노드에 SSH로 연결

레이 클러스터 런처로 실행한 클러스터와 상호작용하기 위한 CLI가 명령이 있습니다. 기존 스크립트가 있다면 그 스크립트를 실행하기 위해 잡 제출 엔드포인트를 포트 포워딩해 스크립트를 제출하면 됩니다.

```
# 하나의 터미널에서 실행
ray attach cluster.yaml -p 8265

# 별도 터미널에서 실행
export RAY_ADDRESS=http://localhost:8265
ray job submit --working-dir=. -- python script.py
```

--working-dir는 로컬 파일을 클러스터로 이동시키며 python train.py는 클러스터의 셸에서 실행됩니다.

이 스크립트를 실행한 뒤 검사하려는 results.log 파일 같은 아티팩트를 생성한다고 가정해보겠습니다. ray-rsync-down 명령을 통해 파일을 다시 옮겨옵니다.

```
$ ray rsync-down cluster.yaml /path/on/cluster/results.log ./results.log
```

9.4 클라우드 클러스터

이 절에서는 AWS나 다른 클라우드 공급자에 레이 클러스터를 배포하는 방법을 다룹니다.

9.4.1 AWS

먼저 boto를 설치(pip install boto3)한 뒤 boto 문서(https://oreil.ly/WnU8N)를 따라 $HOME/.aws/credentials에 AWS 자격 증명을 설정합니다.

boto 구성을 정리해 AWS 계정의 리소스를 관리할 준비를 마쳤으면, 클러스터를 시작합니다. Example-full.yaml 파일은 m5.large 스팟 인스턴스 워커를 최대 2대까지 오토스케일링하며, 한 대의 헤드 노드를 위한 m5.large 인스턴스로 구성된 작은 클러스터를 생성합니다.

로컬 컴퓨터에서 다음 명령을 실행해 테스트합니다.

```
# 클러스터를 생성하거나 업데이트합니다. 이 명령이 완료되면 헤드 노드에
# SSH로 접근하는 명령이 출력됩니다.
$ ray up ray/python/ray/autoscaler/aws/example-full.yaml

# 헤드 노드의 원격 화면을 가져옵니다.
$ ray attach ray/python/ray/autoscaler/aws/example-full.yaml
# 'ray.init(address="auto")'를 통해 레이 프로그램을 실행해보세요.

# 클러스터를 정리합니다.
$ ray down ray/python/ray/autoscaler/aws/example-full.yaml
```

9.4.2 기타 클라우드 제공자

레이 클러스터는 GCP나 Azure 같은 대부분의 클라우드에 구축할 수 있습니다. 다음은 GCP 위에 구축하기 위한 템플릿입니다.

```
# 클러스터의 헤드 노드와 워커 노드를 식별하기 위한 고유 식별자입니다.
cluster_name: minimal

# 헤드 노드를 제외하고 실행할 최대 워커 노드의 수
# min_workers는 기본값 0을 가짐
max_workers: 1

# 클라우드 제공자 별 설정
provider:
    type: gcp
    region: us-west1
    availability_zone: us-west1-a
    project_id: null # Globally unique project id

# 레이에서 시작된 노드에 인증하는 방식 지정
auth:
    ssh_user: ubuntu
```

다음은 애저^{Azure}에서 실행하기 위한 템플릿입니다.

```yaml
# 클러스터의 헤드 노드와 워커 노드를 식별하기 위한 고유 식별자입니다.
cluster_name: minimal

# 헤드 노드를 제외하고 실행할 최대 워커 노드의 수
# min_workers는 기본값 0을 가짐
max_workers: 1

# 클라우드 제공자 별 설정
provider:
    type: azure
    location: westus2
    resource_group: ray-cluster

# 레이에서 시작된 노드에 인증하는 방식 지정
auth:
    ssh_user: ubuntu
    # 일치하는 프라이빗 키와 퍼블릭 키 쌍 파일의 경로를 지정합니다.
    # `ssh-keygen -t rsa -b 4096`으로 샐 ssh 키 쌍을 생성합니다.
    ssh_private_key: ~/.ssh/id_rsa
    # 변경된 내용은 file_mounts에 지정된 내용과 같아야 합니다.
    ssh_public_key: ~/.ssh/id_rsa.pub
```

이와 관련된 자세한 내용은 레이 문서(`https://oreil.ly/2Eog5`)를 참조하세요.

9.5 오토스케일링

레이는 오토 스케일링 클러스터를 사용해 효율적이고 탄력적인 워크로드를 지원하도록 설계되었습니다. 하이 레벨에서 보면 오토스케일러는 노드를 시작하거나 종료함을 통해 워크로드에 충분한 리소스를 할당하면서도 유휴 리소스를 최소화합니다. 이를 위해서 다음 사항을 고려해야 합니다.

- 사용자 지정 하드 리밋(최소/최대 워커)
- 사용자 지정 노드 타입(레이 클러스터의 모든 노드 타입이 동일할 필요는 없음)
- 클러스터가 현재 리소스를 사용하거나 필요로 하는 있는 레이 코어의 스케줄링 레이어 정보
- 프로그램 오토스케일링 힌트

오토 스케일러 리소스 수요 스케줄러는 보류 중인 태스크, 액터 및 배치 그룹, 클러스터의 리소스 수요를 확인합니다. 그 뒤에 수요를 충족하는 최소 개수의 노드 리스트를 추가하려고 시도합니다.

idle_timeout_minutes에 지정된 값을 넘는 시간 동안 유휴상태로 있으면 워커 노드는 제거됩니다. 클러스터가 정리되지 않는 한 헤드 노드는 제거되지 않습니다.

오토스케일러는 간단한 빈패킹 알고리즘binpacking algorithm을 통해 사용 가능한 클러스터 리소스에 사용자의 수요를 패킹합니다. 아직 패킹되지 않는 나머지 수요는 가장 작은 노드부터 시작해 노드의 사용률을 최대화하면서 수요를 충족하는 가장 작은 노드에 배치되게 됩니다. 레이에서 사용하는 오토스케일링 알고리즘에 대한 자세한 내용은 레이 아키텍처 백서(https://oreil.ly/u0kzS)의 오토스케일링 절을 참고하기 바랍니다.

또한 레이는 YARN이나 SLURM, LFS 같은 다른 클러스터 관리자를 위한 문서와 도구를 제공합니다. 이에 대한 자세한 내용은 레이 문서(https://oreil.ly/t5M9i)를 확인하길 바랍니다.

9.6 요약

이번 장에서는 레이 클러스터에 레이 애플리케이션을 배포할 클러스터를 생성하는 방법을 배웠습니다. 클러스터의 수동 설정법 외에도 쿠브레이를 통해 쿠버네티스에 배포하는 방법도 살펴봤습니다. 그 외에도 레이 클러스터 런처를 자세히 살펴보았고, AWS, GCP, 애저 같은 여러 유명한 클라우드 프로바이더에 클러스터를 생성하는 방법도 살펴봤습니다. 마지막으로 레이 클러스터를 확장하기 위한 오토스케일러를 사용하는 방법도 살펴봤습니다.

이제 레이 클러스터를 스케일링하는 법을 알았으니 다시 어플리케이션의 측면으로 돌아가 지금까지 살펴본 레이 ML 라이브러리를 결합해 레이 AIR을 구성하는 법을 살펴보겠습니다.

## CHAPTER 10

레이 AIR로 구성하는
데이터 과학 워크플로

1장에서 레이 AIR에 대해서 간단하게 살펴본 이후에 먼 길을 왔습니다. 레이 클러스터, 레이 코어 API에 대한 기본 사항 외에도 레이 AI 워크로드에서 사용하는 레이의 모든 하이 레벨 라이브러리를 모두 잘 이해하셨습니다. 이 장까지 오면서 살펴본 레이 RLib, 튠, 트레인, 데이터 셋, 서브 같은 도구는 모두 AI 워크로드에서 사용됩니다. 지금까지 레이 AIR에 대한 내용을 계속 뒤로 미룬 이유는 레이의 컴포넌트를 알면 레이의 핵심 개념을 이해하거나 복잡한 예시를 계산하는 데 더 도움이 되기 때문입니다.

이 장에서는 레이 AIR의 핵심 개념과 이를 사용한 공통 워크플로를 구축하고 구현하는 방법을 살펴봅니다. 여기서는 여러분이 이미 아는 레이의 많은 데이터 과학 라이브러리를 사용해 AIR 애플리케이션을 구축해볼 예정입니다. 또한 AIR를 언제, 왜 사용해야 하는지 설명하고 AIR의 기술적 기초에 대한 간략한 개요를 제공합니다. 다른 시스템과 AIR의 주요 차이점이나 통합에 대한 관계는 AIR와 관련된 레이 생태계를 살펴보는 11장에서 상세히 다룰 예정입니다.

10.1 AIR를 사용하는 이유

레이의 머신러닝 워크로드를 지원은 지난 몇 년간 계속 발전해 왔습니다. 레이 RLlib과 튠은 레이 코어 위에 구축된 최초의 라이브러리였습니다. 그 이후에 레이 트레인, 서브, 데이터셋 같은 컴포넌트가 개발되었습니다. 머신러닝 커뮤니티와 지속적인 토론과 피드백을 통해서 기존 레이 컴포넌트를 기반으로 레이 AIR를 개발했습니다. 레이는 훌륭하게 GPU를 지원하며 복잡한 머신러닝 워크로드를 위해 상태를 저장할 레이 액터가 포함된 파이썬 기본 도구로서 레이 AIR 같은 런타임을 구축하기 위한 좋은 선택지가 되었습니다.

레이 AIR는 머신러닝 워크로드를 위한 통합 도구입니다. 이는 모델 훈련, 커스텀 데이터 소스 접근 등을 위해 여러 다른 도구와 통합된 기능을 제공합니다. 레이 코어 위에 구축된 다른 머신러닝 라이브러리의 핵심을 그대로 사용하기 위해 AIR는 로우 레벨 추상화를 숨기고 사이킷런 같은 도구에서 사용하는 일반적인 패턴에 영감을 받은 직관적인 API를 제공합니다.

레이 AIR는 본질적으로 머신러닝 엔지니어를 위해 개발되었습니다. 데이터 과학자는 이 도구를 사용해 엔드 투 엔드 실험 혹은 머신러닝 모델 전처리, 훈련, 튜닝, 평가, 서빙 같은 개별 하위 작업을 수행하고 확장할 수 있습니다. 머신러닝 엔지니어는 AIR 위에 커스텀 머신러닝 플랫폼을 구축하거나 통합 API를 활용해 레이 생태계에 포함된 다른 라이브러리와 통합시킬 수도 있습니다. 또, 레이는 항상 로우 레벨의 레이 코어 API를 지원하는 유연성도 제공합니다.

레이 상태계의 일부인 AIR는 노트북에서 실행하는 실험에서부터 프로덕션 환경에 있는 클러스터에서 실행하는 워크플로까지 원활하게 전환하는 등 레이에서 제공하는 모든 이점을 그대로 활용할 수 있습니다. 데이터 과학 팀에서 머신러닝 코드를 프로덕션 시스템을 담당하는 팀에게 쉽게 인계할 수도 있습니다. 사실 인계 과정은 코드의 일부를 수정하거나 다시 작성하는 작업이 포함되는 경우가 많아 시간과 비용이 많이 드는 경우도 있지만, 레이는 확장성, 안정성 및 견고성 같은 문제를 직접 처리하므로 전환 작업은 레이에서 매우 유연하게 해결합니다.

오늘날 레이 AIR는 이미 많은 수의 통합 기능을 제공하지만 확장성도 뛰어납니다. 다음 절에서 살펴보겠지만 통합 API는 원활한 워크플로를 제공해 많은 컴포넌트를 즉시 교체하도록 매우 원활한 워크플로를 제공합니다. 예를 들어서 동일한 인터페이스로 AIR를 XGBoost나 파이토치 트레이너로 정의해 다양한 머신러닝 모델을 활용한 실험을 수행할 수 있습니다.

동시에 AIR를 사용하면 여러 분산 시스템에서 처리하기 어려운 접착제 코드를 작성할 필요가 없게 됩니다. 많은 도구를 사용하는 팀은 종종 통합이 지원 중단되거나 유지 보수 부담이 커지는 상황을 자주 경험합니다. 문제는 팀이 **마이그레이션 피로**^{Migration fatigue} 문제를 겪게 하며 여러 시스템 변경 복잡성으로 인해 새로운 아이디어나 변화를 꺼리게 됩니다.

10.2 예시로 살펴보는 AIR의 핵심

AIR는 단일 시스템에서 실행되는 단일 스크립트만을 가지고 머신러닝 워크로드를 만드는 기능을 제공한다는 철학을 바탕으로 디자인되었습니다. 확장된 사용 예시를 살펴보면서 AIR의 핵심 개념을 살펴봅시다. 여기서는 다음과 같은 내용을 다룹니다.

1. 7장에서 살펴본 유방암 데이터셋을 레이 데이터셋으로 로드하고 AIR를 사용해 전처리합니다.
2. 이 데이터를 활용한 분류기를 훈련하기 위해 XGBoost 모델을 정의합니다.
3. 하이퍼파라미터를 튜닝하기 위해 튜너를 설정해 하이퍼파라미터를 튜닝합니다.
4. 훈련된 모델의 체크포인트를 저장합니다.
5. AIR를 사용해 배치 예측을 수행합니다.
6. AIR를 사용해 예측기를 서비스로 배포합니다.

AIR API로 확장 가능한 파이프라인을 구축해 이런 단계를 처리합니다. 예시를 실행하기 위해서는 다음과 같이 의존성을 설치해야 합니다.

```
$ pip install "ray[air]==2.2.0" "xgboost-ray==0.1.10" "xgboost>=1.6.2"
$ pip install "numpy>=1.19.5" "pandas>=1.3.5" "pyarrow>=6.0.1" "aiorwlock==1.3.0"
```

[그림 10-1]은 이 장에서 사용할 AIR 컴포넌트와 예시에서 수행할 단계를 요약한 그림입니다.

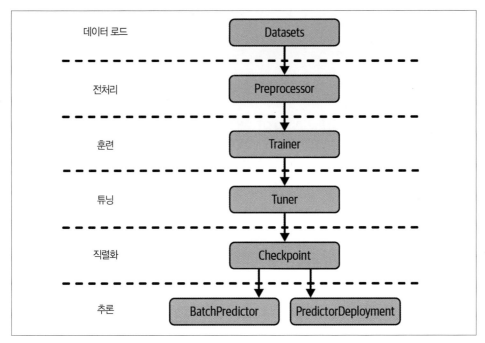

그림 10-1 단일 분산 시스템인 AIR를 활용한 데이터 로드부터 추론까지 단계

10.2.1 레이 데이터셋과 전처리기

레이 AIR에서 데이터를 로드할 때는 일반적으로 레이 데이터셋을 사용합니다. AIR 전처리기 AIR Preprocessor는 입력 데이터를 머신러닝 실험을 위한 피처로 변환할 때 사용합니다. 이미 7장에서 전처리기에 대해서 간단히 다뤘지만 AIR 관점에서는 살펴보지 않았습니다.

레이 AIR 전처리기는 데이터셋에서 작동하며 레이 생태계를 활용하기에 전처리 단계를 효율적으로 확장합니다. AIR 전처리기는 훈련 데이터에 장착되어 훈련 및 서빙에 모두 활용할 수 있습니다.[84] AIR에서는 여러 사용 사례를 포괄하는 많은 공통 전처리기를 포함한 패키지를 제공합니다. 만약 패키지에 필요한 공통 전처리기가 없다면 자체적으로 전처리기를 쉽게 정의할 수 있습니다.

---

84 이러면 훈련 파이프라인과 서빙 파이프라인이 서로 같은 형태의 데이터를 다루어 사용사례에 따라 파이프라인을 다시 구현할 필요가 없습니다.

이번 예시에서는 **read_csv**를 사용해 S3 버킷에서 열 기반 데이터셋으로 CSV 파일을 읽어옵니다. 그다음 데이터셋을 훈련 데이터셋과 테스트 데이터셋으로 나눈 뒤 데이터셋에 지정된 모든 열을 평균 0, 분산 1로 정규화하는 AIR 전처리기인 **StandardScaler**를 정의합니다. 단순히 전처리기를 정의한다고 정규화가 되지 않습니다. 이를 구현하는 방법은 다음과 같습니다.

```python
import ray
from ray.data.preprocessors import StandardScaler

dataset = ray.data.read_csv(
"s3://anonymous@air-example-data/breast_cancer.csv"
) ❶

train_dataset, valid_dataset = dataset.train_test_split(test_size=0.2)
test_dataset = valid_dataset.drop_columns(cols=["target"]) ❷

preprocessor = StandardScaler(columns=["mean radius", "mean texture"]) ❸
```

❶ 레이 데이터셋을 활용해 S3에 있는 유방암 데이터 CSV 파일 로드합니다.

❷ 훈련 및 테스트 데이터셋을 정의한 이후 테스트 데이터에 **target** 컬럼을 삭제합니다.

❸ 데이터셋의 두 변수를 정규 분포로 스케일링하는 AIR 전처리기를 정의합니다.

단순하게 하기 위해서 테스트 데이터셋을 이후 검증 데이터셋으로도 사용하기에 명명 규칙을 적용합니다.

AIR 워크플로의 훈련 단계로 넘어가기 전에 여러 유형의 AIR 전처리기를 살펴보겠습니다(표 10-1). 모든 전처리기를 살펴보려면 사용자 가이드(https://oreil.ly/WcV6W)를 살펴보세요. 이 책에서는 피처 스케일링에서만 전처리기를 사용하지만 다른 유형의 레이 전처리기도 유용합니다.

표 10-1 레이 AIR 전처리기

전처리기 유형	예시
피처 스케일러 (Feature Scalers)	MaxAbsScaler, MinMaxScaler, Nomalizer, Power Transformer, StandardScaler
제네릭 전처리기 (Generic preprocessors)	BatchMapper, Chain, Concatenator, SimpleImputer
카테고리 인코더 (Categorical encoders)	Categorizer, LabelEncoder, OneHotEncoder
텍스트 인코더 (Text encoders)	Tokenizer, FeatureHasher

10.2.2 트레이너

훈련 및 테스트 데이터셋이 준비되고 전처리기가 정의되면 데이터셋에서 머신러닝 알고리즘을 실행하는 트레이너를 살펴볼 때입니다. 레이 트레이너 패키지의 트레이너는 7장에서 살펴봤습니다. 텐서플로나 파이토치 XGBoost 같은 훈련 프레임워크에 대한 동일한 래퍼를 제공합니다. 예시에서는 XGBoost를 조금 더 자세히 살펴보겠으나 다른 모든 프레임워크에 대한 통합도 레이 AIR API 측면에서 정확히 동일한 방식으로 사용합니다.

XGBoostTrainer를 정의하겠습니다. 레이 AIR는 XGBoostTrainer를 포함한 여러 트레이너 구현체를 제공합니다. XGBoostTrainer를 정의하려면 다음 인자를 정의해야 합니다.

- 레이 클러스터에서 훈련을 스케일아웃하는 방법을 정의하는 ScalingConfig
- XGBoost를 사용한 지도학습에서 정답 레이블로 사용할 데이터셋의 열을 지정하는 label_column
- 훈련 및 검증 데이터셋을 지정하기 위해 하나는 있어야 하는 train 키와 선택 사항인 valid 키가 포함된 datasets 인자
- 머신러닝 모델의 피처를 계산하기 위한 AIR preprocessor
- 프레임워크 별 파라미터(예를 들어 XGBoost의 부스팅 라운드 횟수)와 공통 파라미터를 지정하기 위한 params (그림 10-2에서 시각화되어있음)

```
from ray.air.config import ScalingConfig
from ray.train.xgboost import XGBoostTrainer

trainer = XGBoostTrainer(
scaling_config=ScalingConfig( ❶
        num_workers=2,
        use_gpu=False,
    ),
    label_column="target",
    num_boost_round=20, ❷
    params={
        "objective": "binary:logistic",
        "eval_metric": ["logloss", "error"],
    },
    datasets={"train": train_dataset, "valid": valid_dataset}, ❸
    preprocessor=preprocessor, ❹
)
result = trainer.fit()  ❺
print(result.metrics)
```

❶ 모든 Trainer는 스케일링 구성이 있습니다. 여기서는 두 대의 레이 워커를 사용하며 GPU는 사용하지 않습니다.

❷ XGBoostTraines에는 특정 구성뿐 아니라 훈련할 objective와 추적할 평가 지표를 제공해줘야 합니다.

❸ Trainer가 훈련될 데이터셋을 지정합니다.[85]

❹ 같은 방법으로 Trainer가 사용해야 하는 AIR 전처리기를 제공합니다.

❺ 정의가 끝난 후 fit만 호출하면 훈련을 시작합니다.

트레이너는 AIR 데이터셋과 전처리기에서 작동하는 확장 가능한 머신러닝 모델을 훈련합니다. 또한 HPO를 위한 레이 튠과 잘 통합됩니다. 이건 다음에 살펴보겠습니다.

이 절을 요약한 [그림 10-2]를 보면 AIR 트레이너가 AIR 전처리기와 스케일링 구성이 주어진 데이터셋을 사용해 머신러닝 모델을 훈련하는 과정을 보여줍니다.

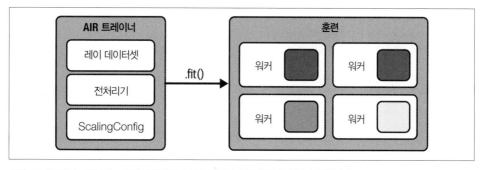

그림 10-2 AIR 트레이너는 레이 데이터셋과 AIR 전처리기 및 확장 구성을 사용합니다.

10.2.3 튜너와 체크포인트

레이 2.0에서 AIR의 구성요소로 도입된 튜너Tuner는 레이 튠을 사용한 확장 가능한 하이퍼파라미터 튜닝 기능을 제공합니다. 튜너는 AIR 트레이너와 같이 작동하지만 임의의 훈련 함

---

85 기술적으로 말하자면 모든 트레이너가 datasets 인자를 가질 필요는 없습니다. 프레임워크별 데이터 로더를 사용해도 되지만 그 내용을 다루지는 않습니다.

수도 지원합니다. 튜너를 사용하기 위해 이전 절에서 살펴본 **trainer** 인스턴스에서 **fit()**
을 호출하는 대신에 **trainer**를 튜너에 전달하면 됩니다. 이를 위해 검색할 파라미터 공간
(**TuneConfig**)을 제공해 튜너를 인스턴스화합니다. **TuneConfig**에는 최적화할 지표 같은 모
든 튠 관련 구성이 포함되며, **RunConfig**를 선택적으로 사용할 수도 있습니다.

앞에서 정의한 **XGBoostTrainer**를 사용해 인스턴스를 튜너로 래핑하고 XGBoost 모델의
max_depth를 조정하기 위한 예시입니다.

```python
from ray import tune

param_space = {"params": {"max_depth": tune.randint(1, 9)}}
metric = "train-logloss"

from ray.tune.tuner import Tuner, TuneConfig
from ray.air.config import RunConfig

tuner = Tuner(
    trainer, ❶
    param_space=param_space, ❷
    run_config=RunConfig(verbose=1),
    tune_config=TuneConfig(num_samples=2, metric=metric, mode="min"), ❸
)
result_grid = tuner.fit() ❹

best_result = result_grid.get_best_result()
print("Best Result:", best_result)
```

❶ 트레이너 인스턴스로 튜너를 초기화하면 실행의 확장 구성이 지정됩니다.

❷ 검색을 위해 튜너는 **param_space**도 입력받습니다.

❸ 또한 파라미터 공간이 주어졌다면 트레이너를 최적화하는 방법을 Tune에게 입력하기 위한
TuneConfig로 제공합니다.

❹ 튜너를 실행하려면 트레이너와 동일한 방식으로 **.fit()**을 호출하면 됩니다.

AIR 트레이너나 튜너를 실행할 때마다 프레임워크별로 체크포인트를 생성합니다. 이렇게 생
성된 체크포인트는 튠, 트레인 혹은 서브 같은 AIR 라이브러리에서 사용할 모델을 로드하는 데
활용합니다. 트레이너나 튜너에서 **.fit()**을 실행한 뒤 메서드가 반환한 결과에 접근해 체크포

인트를 확인합니다. 예시에서는 다음과 같이 best_result 객체나 result_grid의 다른 요소를 통해 체크포인트에 접근합니다.

```
checkpoint = best_result.checkpoint
print(checkpoint)
```

기존 프레임워크 모델에서 체크포인트를 직접 생성해 사용하는 방법도 있습니다. AIR가 지원하는 모든 머신러닝 프레임워크 또한 같은 기능을 제공하지만, 레이에서 간단한 모델을 정의하는 방법이 가장 쉬워 순차적인 텐서플로 케라스 모델을 예로 살펴보겠습니다.

```
from ray.train.tensorflow import TensorflowCheckpoint
import tensorflow as tf

model = tf.keras.Sequential([
        tf.keras.layers.InputLayer(input_shape=(1,)),
        tf.keras.layers.Dense(1)
])

keras_checkpoint = TensorflowCheckpoint.from_model(model)
```

체크포인트는 AIR의 네이티브 모델이 변환된 포맷이기에 매우 유용합니다. 또한 해당 모델을 저장하고 로드하는 별도의 방법 없이 추후에도 사용할 수 있습니다. [그림 10-3]은 AIR 튜너가 AIR 트레이너와 함께 작동하는 방식을 간단히 보여줍니다.

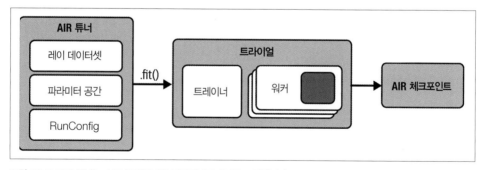

그림 10-3 AIR 튜너는 AIR 트레이너의 하이퍼파라미터를 조정합니다.

10.2.4 배치 예측기

AIR를 사용해 모델을 훈련하면 파이썬에서 AIR 체크포인트를 사용한 데이터 배치 예측이 가능합니다. 이를 위해 체크포인트에서 BatchPredictor를 생성해 다음 데이터셋에서 해당하는 예측 메서드를 사용하면 됩니다. 이 경우 프레임워크별 예측자 클래스인 XGBoostPredictor를 사용해 AIR에 체크포인트를 로드하는 방법을 알려줘야 합니다.

```python
from ray.train.batch_predictor import BatchPredictor
from ray.train.xgboost import XGBoostPredictor

checkpoint = best_result.checkpoint
batch_predictor = BatchPredictor.from_checkpoint(checkpoint, XGBoostPredictor) ❶

predicted_probabilities = batch_predictor.predict(test_dataset) ❷
predicted_probabilities.show()
```

❶ 체크포인트에서 XGBoost 모델을 BatchPredictor 객체로 로드합니다.

❷ 테스트 데이터에서 배치 추론을 실행해 예측된 확률을 가져옵니다.

이 과정은 [그림 10-4]로 시각화됩니다.

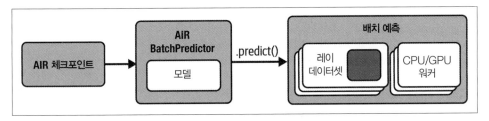

그림 10-4 AIR 체크포인트의 AIR BatchPredictor를 사용해 AIR 데이터셋에서 배치 추론을 실행합니다.

10.2.5 배포

BatchPredictor를 사용하고 해당 모델과 직접 상호 작용하는 대신 레이 서브를 통해 HTTP로 쿼리가 가능한 추론 서비스를 배포할 수 있습니다. 이를 위해 PredictorDeployment 클래스 통해 체크포인트를 사용해 배포합니다. 여기서 약간 까다로운 부분은 모델이 데이터 프레임을 사용하는데, 데이터 프레임은 HTTP를 통해 직접 전송할 수 없는 데이터입니다. 즉, 정의한 페이로드를 선택해 변환하는 방법과 데이터 프레임을 생성하는 방법을 서비스에 명시적으로 알려줘야 합니다. 배포용 어댑터를 사용해 이를 수행합니다.[86]

```
from ray import serve
from fastapi import Request
import pandas as pd
from ray.serve import PredictorDeployment

async def adapter(request: Request): ❶
payload = await request.json()
        return pd.DataFrame.from_dict(payload)

serve.start(detached=True)
deployment = PredictorDeployment.options(name="XGBoostService") ❷

deployment.deploy( ❸
        XGBoostPredictor,
        checkpoint,
        http_adapter=adapter
)

print(deployment.url)
```

❶ 어댑터는 HTTP 요청 객체를 가져와서 모델의 입력 포맷으로 데이터를 반환합니다.

❷ 서버를 시작하면 모델 deployment를 생성할 수 있습니다.

❸ deployment 객체를 실제로 배포하기 위해 모델 checkpoint와 adapter 함수, XGBoost Predictor 클래스를 전달합니다.

이 디플로이먼트를 테스트하기 위해 서비스에 테스트 데이터에서 몇 가지 입력을 만들겠습니다. 단순하게 하기 위해 테스트 데이터셋의 첫 번째 항목을 파이썬 딕셔너리로 변환해 요청 라이브러리가 URL에 POST 요청을 보냅니다.

----

86 만약 주피터 노트북에서 이 예시를 실행한다면 노트북이 블로킹되는 상황을 걱정할 필요가 없습니다. 보통 이렇게 서버를 시작하는 현상이 종종 블로킹 호출로 구현되나 PredictorDeployment는 아닙니다.

```
import requests

first_item = test_dataset.take(1)
sample_input = dict(first_item[0])

result = requests.post( ❶
    deployment.url,
    json=[sample_input]
)
print(result.json())

serve.shutdown() ❷
```

❶ 요청과 함께 sample_input을 deployment.url에 게시합니다.

❷ 서비스 사용을 마쳤으면 레이 서브를 종료합니다.

[그림 10-5]는 PredictorDeployment 클래스를 사용한 AIR 디플로이먼트가 작동하는 방식을 요약한 그림입니다.

그림 10-5 AIR 체크포인트에서 PredictorDeployments을 생성해 사용자가 상호작용하는 모델을 만듭니다.

[그림 10-6]은 이 장에서 다룬 모든 주요 AIR 컴포넌트에 대한 의사 코드를 포함해 레이 AIR 와 관련된 모든 컴포넌트에 대한 간략한 개요입니다.

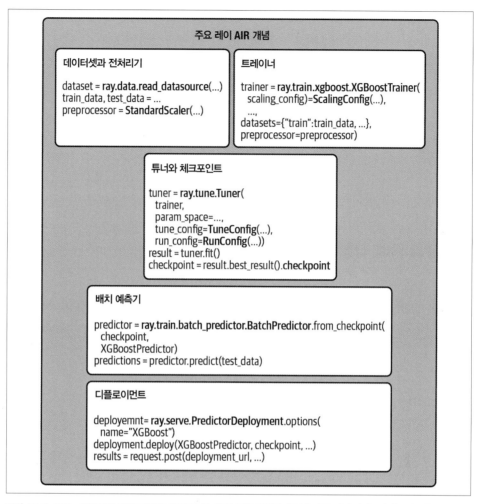

그림 10-6 AIR는 일반적인 데이터 과학 워크로드를 위한 통합 API를 제공해 많은 레이 라이브러리를 결합합니다.

이 예시는 단일 파이썬 스크립트로 만들었고, 레이 AIR의 단일 분산 시스템을 이용해 어려운 모든 작업을 처리했습니다. 실제로는 예시 스크립트로 전처리를 CPU에서, 훈련을 GPU에서 수행하도록 대규모 클러스터로 스케일아웃하거나, 스케일링 구성과 옵션 파라미터를 수정해 새로운 디플로이먼트를 별도로 구성할 수 있습니다. 물론 쉽거나 일반적인 작업이 아닙니다. 데이터 과학자가 여러 프레임워크(데이터 및 처리, 훈련, 서빙)를 사용해야 하는 경우는 자주 발생합니다.

RLlib을 AIR와 같이 사용할 수는 있으나, 아직 이 통합은 초기단계입니다. 예를 들어 RLlib을 AIR 트레이너와 통합하기 위해 표준 RLLib 알고리즘에 필요한 모든 인자를 전달하는 RLTrainer를 사용합니다. 훈련을 마치면 다른 AIR Trainer와 마찬가지로 결과 강화학습 모델을 AIR 체크포인트에 저장할 수도 있습니다. 훈련한 모델을 배포하기 위해서 체크포인트를 RLPredictor 클래스와 함께 전달해 서브의 PredictorDeployment 클래스도 사용 가능합니다. 이 API는 변경 가능성이 있으니 AIR 문서(https://oreil.ly/gB-wg)를 지속적으로 참조해 작동 방식에 대한 예시를 살펴보기 바랍니다.

10.3 AIR에 적합한 워크로드

AIR에 대한 예시와 기본 개념을 살펴봤습니다. 이번에는 범위를 살짝 축소해 어떤 종류의 워크로드를 실행할 수 있는지 논의해보죠. 물론 모두 책 전체에서 이미 다룬 워크로드지만, 체계적으로 요약하겠습니다. 이름에서 알 수 있듯, AIR는 AI 프로젝트에서 필요한 일반적인 작업을 처리하기 위해 만들어졌고, 작업은 다음과 같이 분류합니다.

| 상태 비저장 연산 |

데이터 전처리나 데이터 배치 예측 같은 작업은 상태 비저장 연산stateless computation입니다. 상태 비저장 워크로드는 독립적인 병렬 작업으로 계산할 수 있습니다.[87] 2장에서 레이 태스크를 어떻게 취급했는지 기억한다면, 상태 비저장 계산이 정확히 그 목적입니다. AIR는 주로 상태 비저장 워크로드를 위해 레이 태스크를 사용합니다.[88] 많은 빅데이터 처리 도구가 이 상태 비저장 연산 범주에 포함됩니다.

| 상태 저장 연산 |

반면 모델 훈련과 하이퍼파라미터 튜닝은 각 훈련 과정 동안 모델의 상태를 업데이트하기 때문에 상태 저장 연산stateful computation으로 봐야 합니다. 훈련 과정에서 상태 저장 워커를 업데이트하는 작업은 레이가 다루는 주제 중 어려운 편에 속합니다. AIR는 상태 저장 연산을 위해 레이 액터를 사용합니다.

---

87 물론 추론에 사용할 모델을 먼저 로드해야 하나 예측 단계에서 변수가 변경되는 일은 흔치 않기 때문에 훈련한 모델은 정적 데이터로 간주합니다. 종종 이런 상황을 부드러운 상태(soft state)라고 부릅니다.

88 때때로 AIR 배치 추론에서 모델을 캐싱하듯 성능을 위해서 상태 비저장 작업에서 레이 액터를 사용하는 경우도 있습니다.

| 복합 워크로드 |

예를 들어 먼저 피처를 처리한 뒤 모델을 훈련하는 등의 상태 비저장 연산과 저장 연산을 같이 수행하는 일은 머신러닝 워크로드에서 매우 흔합니다. 사실 엔드 투 엔드 프로젝트에서 앞서 언급한 두 연산 중 하나만 독점적으로 사용하는 일은 매우 드뭅니다. 복합 워크로드를 분산으로 실행하는 작업을 빅데이터 훈련의 일종으로 볼 수 있으며, AIR는 복합적인 상태 비저장 및 저장 컴포넌트를 효율적으로 처리합니다.

| 온라인 서빙 |

마지막으로 AIR는 여러 모델을 확장 가능하게 온라인 서비스로 처리하도록 설계되었습니다. 앞선 세 워크로드에서 서빙 단계로 전환하는 과정도 동일한 AIR 생태계에서 운영되기에 설계상 문제가 없습니다.

[그림 10-7]은 레이 AIR의 일반적인 상태 비저장 태스크를 작업 과정을 보여줍니다.

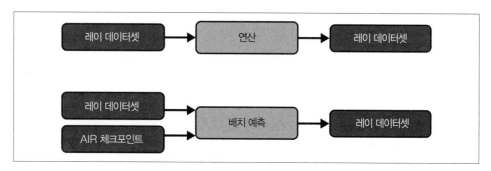

그림 10-7 상태 비저장 AIR 작업

위 4가지 작업은 레이의 라이브러리에 직접 매핑할 수 있습니다. 예를 들어 이 장에서는 상태 비저장 연산을 위해 레이 데이터셋을 사용하는 몇 가지 방법을 살펴봤습니다. AIR 체크포인트에서 로드한 `BatchPredictor`로 데이터셋을 전달해 지정된 데이터셋에서 배치 추론을 실행하는 방법이나 데이터셋을 전처리한 뒤 이후에 훈련에 사용할 피처를 생성하는 방법이 있습니다.[89]

---

89 전처리기는 상태 저장 연산이 가능하나 여기에서는 그 시나리오는 다루지 않겠습니다.

마찬가지로 상태 저장 연산 전용 AIR 라이브러리는 레이 트레인과 튠, RLlib으로 총 3가지가 있습니다. 앞서 보았듯 트레인과 RLlib은 각각의 **Trainer** 객체를 **Tuner**에 전달해 원활하게 통합합니다.

복합 워크로드의 경우 레이 AIR와 태스크 및 액터를 결합해 사용할 때 빛납니다. 예를 들어 일부 머신러닝 훈련 중에 복잡한 데이터 처리를 수행해야 하는 경우가 있습니다. 또 다른 경우에는 각 에포크 전에 훈련 데이터셋을 섞어야 하는 경우도 있습니다. 레이 AIR의 액터 기반의 학습 라이브러리는 태스크 기반의 데이터 처리 작업과 원활하게 결합되어 복잡한 사용 사례에서도 AIR를 활용하기 좋습니다.

또한 AIR 체크포인트를 레이 서브와 함께 사용하면 AIR는 동일한 인프라에서 훈련부터 워크로드까지 쉽게 전환됩니다. **PredictorDeployment**를 사용해 낮은 레이턴시와 높은 처리량을 가진 HTTP 엔드포인트에 모델을 호스팅 하는 방법도 이미 알아봤습니다. AIR를 배포하면 예측 서비스를 여러 레플리카로 확장하고 레이의 오토스케일링 기능을 사용해 들어오는 트래픽에 따라 유연하게 클러스터를 조절할 수도 있습니다.[90]

다른 시나리오에서도 이런 유형의 워크로드를 사용합니다. 예를 들어 AIR를 사용해 기존 파이프라인의 단일 컴포넌트를 교체하고 확장하거나 앞서 살펴보았듯 AIR를 사용해 여러분만의 엔드 투 엔드 머신러닝 애플리케이션을 만들 수 있습니다. 마지막으로 AIR로 AI 플랫폼 구축 또한 가능한데, 이는 11장에서 살펴봅니다.

[그림 10-8]은 4가지 유형에 대한 AI 워크로드가 레이 생태계의 일부인 AIR에서 어떻게 처리되는지 설명합니다.

---

90 단일 모델에 대한 다중 레플리카 외에도 AIR는 다중 모델 디플로이먼트를 배포합니다. 이렇게 하면 여러 모델을 같이 사용할 수도 있고, A/B 테스트를 수행할 수도 있습니다.

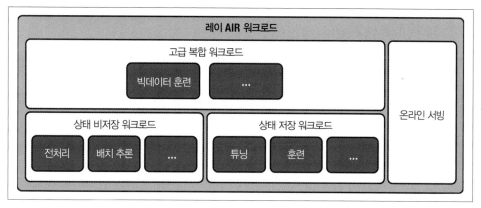

그림 10-8 4가지 유형의 AI 워크로드를 AIR를 통해 레이 클러스터에서 실행

다음으로 AIR의 4가지 워크로드 유형의 몇 가지 측면을 자세히 설명하려고 합니다. 구체적으로는 레이가 내부적으로 워크로드를 어떻게 처리하는지 살펴봅니다. 혹은 메모리 관리나 장애 처리 방법 같은 레이 AIR의 기술적 측면을 조금 더 자세히 살펴봅니다. 책에서 주제에 대한 간략한 개요만 제공하더라도, 참고할 고급 자료는 링크로 첨부하겠습니다.

10.3.1 AIR 워크로드 실행

AIR의 실행 모델을 자세히 살펴봅니다.

상태 비저장 실행

레이 데이터셋은 레이 태스크나 액터를 사용해 변환을 실행합니다. 태스크는 보다 유연한 스케줄링이 가능해 더 선호됩니다. 데이터셋 라이브러리는 클러스터 전체에서 태스크와 그 출력의 균형을 균등하게 유지하는 스케줄링 전략을 사용합니다.

액터는 큰 모델 체크포인트를 로드처럼 변환의 상태를 유지해야 하거나 처음 초기화할 때 연산 비용이 큰 경우 사용합니다. 이 경우 큰 모델을 액터에 한 번만 로드해두면 추론 작업을 할 때 모델을 다시 사용해 전체 성능이 향상됩니다. 레이 데이터셋이 액터를 사용한다면 먼저 액터가 생성되며, 해당 변환이 실행되기 전에 필요한 데이터가 액터에 전달됩니다. 이 경우에서는 로드된 모델이 액터로 전달됩니다.

일반적으로 데이터셋은 레이 오브젝트 스토어 메모리에 저장되어 대규모 데이터셋은 디스크에 저장됩니다. 하지만 상태 비저장 변환이라면 중간 결과를 메모리에 저장할 필요가 없어집니다. 6장에서 설명했듯 데이터셋에서 파이프라이닝을 사용해 데이터를 스토리지로, 스토리지에서 스트리밍하면 성능을 높아집니다.[91] 변환을 실행할 때 필요한 데이터의 일부만 로드하는 방식 입니다. 이러면 변환 시 필요한 메모리를 크게 줄여 전체 실행 속도를 향상합니다.

상태 저장 실행

레이 트레인과 RLlib은 훈련 워커를 위해 액터를 생성합니다. 여러 번 언급했듯 두 라이브러리 도 튠과 완벽하게 통합됩니다. 5장에서는 본질적으로 특정 워크로드를 생성하는 액터 그룹인 트라이얼을 자세히 설명했습니다. 튠과 함께 트레인이나 RLlib을 사용하면 액터 트리, 즉 각 튠 트라이얼에 대한 액터와 트레인 혹은 RLlib이 요청한 병렬 훈련 워커에 대한 서브 액터가 생성됩니다.

워커로드 실행 측면에서 이것은 자연스럽게 내부, 외부 레이어를 생성합니다. 튠 트라이얼의 각 하위 액터는 지정한 트레인이나 RLlib 훈련 실행에서 요청한 대로 워크로드에 대한 완전 한 자율성을 가집니다. 이것은 내부 실행 계측을 나타냅니다. 외부 계층에서는 튠은 트라이얼 드라이버에 주기적으로 지표를 보내고 개별 트라이얼에 대한 상태를 모니터링합니다. [그림 10-9]는 시나리오에 대한 레이 액터의 중첩된 생성과 실행을 보여줍니다.

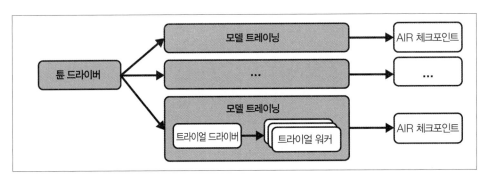

그림 10-9 튠을 통한 AIR의 분산 훈련

---

91 Trainer나 BatchPredictor 같은 모든 중요한 AIR 컴포넌트는 이 파이프라인 기능을 제공합니다.

복합 워크로드 실행

복합 워크로드는 태스크 기반 연산과 액터 기반 연산을 동시에 활용합니다. 이로 인해 흥미로운 리소스 할당 문제가 발생하는 경우가 있습니다. 트라이얼 사용자는 사전에 리소스를 예약해야 하지만, 상태 비저장 작업은 예약이 필요 없습니다. 문제는 사용 가능한 모든 리소스가 데이터 로드 작업을 위해 남아있지 않은 훈련 액터용으로 예약되는 경우가 있습니다.

AIR는 튠이 노드 CPU의 최대 80%까지를 예약하도록 허용해 문제를 방지합니다. 파라미터는 조정가능 하나 상태 비저장 계산을 위한 합리적인 기본값입니다. 훈련 작업에서만 GPU를 활용하고 데이터 처리는 사용하지 않는 일반적인 시나리오에서는 문제가 발생하지 않습니다.

온라인 서빙 실행

온라인 서빙을 위해 레이 서브는 상태 비저장 액터 풀을 관리해 요청을 처리합니다. 일부 액터는 들어오는 요청을 받은 뒤 다른 액터에게 알려 예측합니다. 요청은 라운드 로빈 알고리즘을 통해 모델을 호스팅하는 액터 풀에 자동으로 로드밸런싱 됩니다. 오토스케일링을 위해 부하 지표가 레이 서브 컴포넌트에 전달됩니다.

10.3.2 AIR 메모리 관리

이 절에서는 AIR의 메모리 관리 기술에 대해 조금 더 자세히 살펴보겠습니다. AIR에서 레이 오브젝트 스토어를 어떻게 사용하는지 살펴봅니다. 이 절이 너무 기술적이고 전문적이라고 생각한다면 건너뛰셔도 됩니다. 결과적으로 레이는 데이터와 컴퓨팅이 적절하게 분산되고 스케줄링하는 지능적인 기술을 사용합니다.

레이 데이터셋을 사용해 데이터를 로드하면 데이터셋이 클러스터의 데이터 블록으로 내부적으로 분할된다는 사실을 이미 알겁니다. 블록은 단순히 레이 오브젝트의 집합이며, 올바른 블록 크기를 선택하기는 너무 어렵습니다. 너무 많은 블록을 관리할 때는 오버헤드가 발생하며 큰 블록을 사용하면 메모리 부족 예외가 발생할 수 있으니 이 사이에서 균형을 유지해야 합니다. AIR는 조금 더 실용적으로 블록 크기가 512MB를 넘지 않게 분산시킵니다. 이를 보장할 수 없을 때는 경고가 발생합니다. AIR는 블록이 메모리에 맞지 않을 때 데이터를 로컬 디스크로 흘려보냅니다.

상태 저장 워크로드는 다양한 수준에서 레이 오브젝트 스토어를 사용합니다. 예를 들어 RLlib은 레이 오브젝트를 사용해 모델 가중치를 개별 롤아웃 워커에게 브로드캐스팅하고 경험 데이터를 수집합니다. 튠은 이를 통해 AIR 체크포인트를 보내고 검색해 트라이얼을 설정합니다. 기술적인 이유로 인해 할당된 리소스에 비해서 너무 많은 메모리가 필요하다면 액터에서 메모리 부족이 발생합니다.[92] 필요한 `memory` 크기를 미리 알면 `ScalingConfig`의 메모리를 적절하게 조절하거나 단순히 추가 `cpu` 자원을 요청하면 됩니다.

복합 워크로드에서 상태 저장 액터(훈련을 위해)는 상태 비저장 태스크(데이터 처리를 위해)에 의해 생성된 데이터에 접근해야 하므로 메모리 할당이 더 어려워집니다. 이에 대한 2가지 시나리오를 살펴보겠습니다.

- 훈련을 담당하는 액터가 메모리에 있는 모든 훈련 데이터를 가져올 충분한 공간이 있다면 상황은 단순해집니다. 먼저 전처리 단계를 실행한 뒤 모든 데이터 블록이 각 노드에 다운로드됩니다. 그다음 훈련 액터는 단순히 메모리에 저장된 각 데이터를 반복해 사용합니다.
- 공간이 충분하지 않다면 데이터 처리 시 파이프라인 실행이 필요합니다. 즉, 데이터는 즉석에서 액터에 의해 처리되며 이후 훈련 액터가 요청하면 다운로드합니다. 각 훈련 액터가 처리를 수행한 노드와 동일한 위치에 있다면 공유 메모리에서 데이터를 검색해 사용할 수 있습니다.

10.3.3 AIR 고장 모델

AIR는 대부분의 상태 비저장 연산에 대한 내결함성을 제공하기 위해 계보 재구성lineage reconstruction을 사용합니다. 즉, 레이는 필요한 태스크를 다시 제출해 노드 장애로 인해 데이터셋 블록이 손실되었을 때 워크로드를 대규모 클러스터에 확장하도록 데이터셋 블록을 재구성합니다. 다만 헤드 노드가 고장 났을 때는 내결함성이 제공되지 않습니다. 또한 클러스터 메타데이터를 저장하는 GCSglobal control service에 문제가 생기면 모든 클러스터의 작업이 중단됩니다.[93]

상태 저장 연산과 관련된 작업은 주로 체크포인트 기반 내결함성에 의존합니다. 튠은 고장 구성에 설정한 대로 마지막 체크포인트에서 분산 트라이얼을 다시 시작합니다. 체크 포인트 인터벌을 사용하면 튠이 스팟 인스턴스에서 트라이얼을 실행합니다. 또한 전체 클러스터에서 오류

---

92 상태 저장 워크로드는 레이에 의해서 관리되는 메모리가 아닌 파이썬의 힙 메모리를 사용합니다.

93 이를 방지하기 위해 GCS를 고가용성 모드로 설정하는 방법이 있습니다. 하지만 일반적으로 이는 온라인 서비스 워크로드에서만 유용합니다.

가 발생하면 트라이얼 전체 체크포인트에서 전체 튠 실험을 재개합니다.

복합 워크로드는 상태 비저장 및 상태 저장 워크로드의 내결함성 전략을 이어받아 두 장점을 모두가 가집니다. 계보 재구성은 워크로드의 상태 비저장 부분에 적용되며, 애플리케이션 수준 체크포인트는 전체 연산에 여전히 적용됩니다.

10.3.4 AIR 워크로드 오토스케일링

9장에서 소개한 오토스케일링은 AIR 라이브러리에서도 레이 클러스터를 위해서도 사용할 수 있습니다. 상태 비저장 워크로드라면 대기 중인 작업(혹은 대기 중인 데이터셋 연산용 액터)이 있는 경우에 레이는 자동으로 오토스케일링합니다. 상태 저장 워크로드라면 클러스터에 아직 스케줄링되지 않은 보류 중인 배치 그룹(튠 트라이얼)이 있는 경우에 자동확장됩니다. 레이는 노드가 유휴상태 일 때 자동으로 축소됩니다. 노드에서 리소스를 사용하지 않거나, 메모리에 레이 오브젝트가 없거나, 노드의 디스크가 유출spill된 경우 이 노드는 유휴 상태로 간주됩니다. 다만 대부분의 AIR 라이브러리는 오브젝트를 활용하기에 다른 노드의 워커가 참조하는 오브젝트(다른 트라이얼에서 사용하는 데이터셋 블록)가 있다면 그 노드는 유지됩니다.

일찍 시작된 노드는 살아있는 동안 자연스럽게 더 많은 작업을 실행하기 때문에 클러스터에서 분산된 데이터의 균형이 이상적이지 않을 수 있다는 점을 유의해야 합니다. 데이터 집약적인 워크로드를 더 효율적으로 만들려면 오토스케일링을 제한(최소 개수를 유지하는 등)하거나 사용하지 않게 만드는 것이 좋습니다.

10.4 요약

이번 장에서는 여러 레이 라이브러리가 어떻게 함께 모여서 레이 AIR 런타임을 구성하는지 살펴봤습니다. 실험 단계에서 프로덕션 단계까지 확장 가능한 머신러닝 프로젝트를 구축하는 데 쓰이는 모든 핵심 개념을 배웠습니다. 특히 레이 데이터셋이 피처 전처리 같은 상태 비저장 연산에 사용되는 방법과 레이 트레인이나 튠, RLlib이 모델 훈련 같은 상태 저장 연산에 어떻게 사용되는지 살펴봤습니다. 복잡한 AI 워크로드에서 이런 유형의 연산을 원활하게 결합하며 대규모 클러스터로 확장할 수 있다는 점이 AIR의 핵심 장점입니다. AIR는 레이 서브와도 완벽하게 통합되기에 AIR 프로젝트의 배포는 기본적으로 무료로 제공됩니다.

11장에서는 AIR가 관련 도구의 광범위한 환경에 어떻게 적용되는지 살펴보겠습니다. 레이 생태계에 있는 다양한 통합과 확장 기능을 이해하면 프로젝트에서 레이를 활용할 방법을 쉽게 파악할 수 있습니다.

## CHAPTER 11

레이 생태계와 그 너머

이 책을 읽는 동안 여러분은 레이 생태계에 대한 많은 예시를 살펴봤습니다.[94] 이제 조금 더 체계적으로 접근해 현재 레이에서 사용할 수 있는 모든 통합을 살펴봅시다. 대표적인 AIR 워크플로우 맥락에서 이 생태계를 논의하기 위해 레이 AIR의 관점에서 생태계를 논의하겠습니다.

레이 생태계에 있는 모든 라이브러리에 대한 구체적인 예시를 살펴보기는 어렵습니다. 대신 몇 가지 통합을 다루는 레이 AIR 예시를 통해 사용 가능한 라이브러리와 사용 방법을 살펴봅니다. 필요하다면 이해를 돕기 위해 조금 더 고급 내용을 다루는 리소스를 알려드리겠습니다.

이미 레이와 관련 라이브러리에 대해 많이 알고 계시기에 이 장에서는 레이가 제공하는 기능을 유사한 시스템과 비교해하기에 좋은 단계입니다. 보시다시피 레이 생태계는 매우 복잡하며 다양한 각도에서 볼 수도 있으며 다양한 용도로 사용되기도 합니다. 즉, 레이의 여러 측면을 이미 존재하는 다른 도구와 비교한다는 의미입니다.

또한 기존 머신러닝 플랫폼에서 보다 복잡한 워크플로에 레이를 통합하는 방법도 살펴봅니다. 마지막으로 이 책을 다 읽은 뒤 레이를 더 깊게 익히는 방법도 알려드리겠습니다.

이 장의 예시 코드 역시 https://github.com/hanbit/learning-ray에서 노트북 형태로 제공합니다. 해당 노트북은 구글 코랩에서 실행할 수 있습니다.

---

94 레이 문서에서는 AIR 생태계의 형태 통합 목록을 제공합니다. 구체적인 정보는 레이 생태계 페이지에서 레이 통합 목록에서 제공합니다. 후자의 경우 클래시비전(ClassyVision), 인텔 애널리틱스 주(Intel Analytics Zoo), 존 스노우 랩 NLU(John Snow Labs's NLU), 루드빅AI(Ludwig AI), 파이캐럿(PyCaret), 스페이시(SpaCy) 같은 다양한 통합을 소개합니다.

11.1 성장하는 생태계

구체적인 예시를 통해 레이 생태계를 살펴보기 위해 파이토치 에코시스템의 데이터 및 모델과 함께 레이 AIR를 사용하는 방법, 하이퍼파라미터 튜닝 실행을 ML플로^{Mlflow}에 기록하는 방법, 레이의 그레디오^{Gradio} 통합과 함께 훈련한 모델을 배포하는 방법도 살펴봅니다. 이 과정에서 각 단계마다 주목할 만한 다른 통합의 사용 패턴을 살펴봅시다.

이 장의 코드를 실행하려면 파이썬에 다음 의존성을 설치합니다.

```
$ pip install "ray[air, serve]==2.2.0" "gradio==3.5.0" "requests==2.28.1"
$ pip install "mlflow==1.30.0" "torch==1.12.1" "torchvision==0.13.1"
```

파이토치 프레임워크의 유틸리티를 사용해 데이터셋을 로드하고 변환한 뒤 이 데이터를 레이 데이터셋으로 변환해 레이 AIR에서 작업합니다. 그다음 레이 트레인에서 사용 가능한 표준 파이토치 모델을 사용해 간단한 훈련을 정의합니다. 그다음 `TorchTrainer`를 튜너로 래핑해 레이 튠과 함께 제공되는 `MLflowLogger`를 통해 실험 결과를 ML플로에 기록합니다. 마지막으로 레이 서브에서 실행되는 그레디오로 훈련한 모델을 서빙합니다.

다시 말해, 이미 사용할지도 모르는 파이썬 데이터 과학 라이브러리 가져와 레이 생태계 통합을 통해 AIR 워크플로에 래핑합니다. 구체적인 사용 사례보다는 이렇게 통합을 위한 AIR 인터페이스를 살펴보는 데 집중합니다.

11.1.1 데이터 로드와 처리

6장에서는 레이 데이터셋의 기초와 일반적인 파이썬 자료 구조에서 데이터셋을 생성하는 방법, S3 같은 스토리지 시스템에서 Parquet 파일을 로드하는 방법, 다스크 온 레이 통합으로 레이에서 다스크를 다루는 방법을 배웠습니다.

레이 데이터셋의 기능에 대한 또 다른 예시를 살펴보기 위해 파이토치의 `torchvision` 확장으로 로드한 이미지 뎅이터를 다루는 방법을 살펴보겠습니다. 아이디어는 간단합니다. `torchvision.datasets` 패키지로 파이토치에서 사용 가능한 CIFAR-10 데이터셋을 로드한 뒤 레이 데이터셋으로 만듭니다. 그리고 훈련이나 테스트를 위해 CIFAR-10 데이터를 반환하는 load_cifar 함수를 정의합니다.

```python
from torchvision import transforms, datasets

def load_cifar(train: bool):
    transform = transforms.Compose([ ❶
        transforms.ToTensor(),
        transforms.Normalize((0.5, 0.5, 0.5), (0.5, 0.5, 0.5))
    ])

    return datasets.CIFAR10( ❷
        root="./data",
        download=True,
        train=train, ❸
        transform=transform
    )
```

❶ 파이토치 변환을 사용해 정규화된 텐서 데이터를 반환합니다.

❷ torchvision 패키지의 datasets 모듈로 CIFAR-10 데이터셋을 로드합니다.

❸ loader 함수가 훈련 데이터 혹은 테스트 데이터를 반환하도록 합니다.

아직까지는 레이 라이브러리를 사용하지 않았습니다. 다른 데이터셋이나 파이토치 변환도 방식이 같습니다. AIR에서 사용할 레이 데이터셋으로 불러오기 위해 레이 에어의 from_torch 유틸리티에 load_cifar 데이터 로더 함수를 입력하면 됩니다.

```python
from ray.data import from_torch

train_dataset = from_torch(load_cifar(train=True))
test_dataset = from_torch(load_cifar(train=False))
```

CIFAR-10 데이터셋은 이미지 분류 작업에서 사용합니다. 이는 32픽셀의 사각 이미지로 구성되며 총 10개의 범주 레이블이 있습니다. 지금까지 데이터셋은 파이토치 포맷으로만 로드되었지만, 레이 트레이너와 함께 사용하기 위해서는 다른 포맷으로 변환해야 합니다. 이렇게 하려면 레이 트레이너에서 참조할 image와 label 열을 만들면 됩니다. 가장 좋은 방법은 훈련 및 테스트 데이터 배치를 다음 두 열이 딕셔너리 키로 있도록 넘파이 배열 딕셔너리에 매핑하면 됩니다.

```
import numpy as np
    def to_labeled_image(batch): ❶
        return {
            "image": np.array([image.numpy() for image, _ in batch]),
            "label": np.array([label for _, label in batch]),
        }

train_dataset = train_dataset.map_batches(to_labeled_image) ❷
test_dataset = test_dataset.map_batches(to_labeled_image)
```

❶ image와 label에 있는 넘파이 배열을 반환해 각 데이터 배치를 변환합니다.

❷ map_batches를 적용해 초기화된 데이터를 변환합니다.

모델 훈련에 대해 살펴보기 전에 [표 11-1]은 레이 데이터셋 라이브러리가 지원하는 입력 포맷을 보여줍니다.[95]

표 11-1 레이 데이터셋 생태계

통합	유형	설명
텍스트, 바이너리, 이미지, 파일, CSV, JSON	기본 데이터 포맷	사실 기본 포맷을 제공하는 정도로 통합이라고 보기 어렵습니다. 다만 레이 데이터셋이 포맷을 로드하고 저장한다는 정보는 알아두면 좋습니다.
넘파이, 판다스, 애로우, 파케이, 파이썬 오브젝트	고급 데이터 포맷	레이 데이터셋이나 넘파이, 판다스 같은 일반적인 머신러닝 라이브러리뿐만 아니라 커스텀 파이썬 오브젝트나 파케이 파일을 읽을 수도 있습니다.
스파크, 다스크, MARS, 모딘	고급 서드파티 통합	레이는 스파크 온 레이(RapDP), 다스크 온 레이, MRS 온 레이, 판다스 온 레이(Modin) 같은 커뮤니티 통합을 통해 더 복잡한 데이터 처리 시스템과 상호 운용을 지원합니다.

레이와 다스크 혹은 스파크 같은 시스템과의 관계는 11.2.1 '분산 파이썬 프레임워크'에서 자세히 소개합니다.

---

95 지원되는 포맷은 계속 추가됩니다. 이에 대한 최신 업데이트를 확인하려면 레이 데이터셋 문서(https://oreil.ly/7pmuc)를 살펴보세요. 데이터셋이 지원하는 출력 포맷은 보통 입력 포맷에도 있습니다.

11.1.2 모델 훈련

레이 데이터셋을 통해 모델을 훈련하고 테스트하기 위해 CIFAR-10을 데이터셋을 구성했습니다. 이제 모델을 훈련할 분류기를 정의해야 합니다. 이는 가장 일반적인 시나리오이며 여기서는 AIR 트레이너를 정의하기 위해 파이썬 파이토치 모델을 정의합니다. 하지만 7장에서 배운 내용을 다시 기억해봐야 합니다. 이 시점에서 프레임워크를 쉽게 전환해 케라스, 허깅페이스, 사이킷런 혹은 그 외의 AIR에서 지원하는 여러 라이브러리와 함께 사용하겠습니다.

과정은 세 단계로 구성됩니다. 먼저 파이토치 모델을 정의하고, 모델을 통해 AIR가 실행해야 하는 훈련 루프를 지정하며, 훈련 데이터를 학습할 AIR 트레이너를 정의합니다. 우선 CIFAR-10 데이터셋에서 작동하도록 구축된 파이토치를 사용해 맥스 풀링max pooling과 ReLU 활성화 함수를 사용해 합성곱 신경망을 정의합니다. 만약 파이토치를 알면 신경망 Net의 정의를 이해하기 쉬우며, 모른다면 torch.nn.Module을 정의하기 위해 신경망의 forward 패스만 정의하면 된다는 사실만 기억해둡시다.

```python
import torch
import torch.nn as nn
import torch.nn.functional as F

class Net(nn.Module):
    def __init__(self):
        super().__init__()
        self.conv1 = nn.Conv2d(3, 6, 5)
        self.pool = nn.MaxPool2d(2, 2)
        self.conv2 = nn.Conv2d(6, 16, 5)
        self.fc1 = nn.Linear(16 * 5 * 5, 120)
        self.fc2 = nn.Linear(120, 84)
        self.fc3 = nn.Linear(84, 10)

    def forward(self, x):
        x = self.pool(F.relu(self.conv1(x)))
        x = self.pool(F.relu(self.conv2(x)))
        x = torch.flatten(x, 1)
        x = F.relu(self.fc1(x))
        x = F.relu(self.fc2(x))
        x = self.fc3(x)
        return x
```

방금 정의한 Net을 위해 AIR TorchTrainer를 정의하려면 훈련 데이터셋과 스케일링, 실행 구성이 필요하다는 점을 알겁니다. 또한 훈련 과정에 최대한 유연성을 부여하는 명시적 훈련 루프를 정의해 각 워커가 fit을 호출할 때 실행할 작업을 AIR에게 알려줍니다. 훈련 함수는 런타임에 속성을 지정하는 데 사용하는 config 딕셔너리를 입력받습니다.

여기서 사용하는 훈련 루프는 각 워커에 모델과 데이터를 로드한 뒤 지정된 기간 동안 데이터 배치를 가지고 훈련하며 진행 상황을 보고합니다. 이는 매우 일반적인 훈련 루프지만 몇 가지 주의해야 하는 점이 있습니다.

- 워커에 모델을 로드하기 위해 Net()을 ray.train.torch.prepare_model에 제공합니다.
- 워커가 사용할 데이터 샤드에 접근하려면 현재 ray.air에 있는 get_dataset_shard를 통해 접근합니다. 현재 목표는 훈련이므로 해당 샤드에 있는 "train" 키를 사용하고 iter_torch_batches를 사용해 배치를 적절한 크기로 만듭니다.
- 관심 있는 훈련 지표를 전달하기 위해 AIR의 session.report를 사용합니다.

다음은 각 워커에서 실행될 파이토치 훈련 루프 전체 코드입니다.

```python
from ray import train
from ray.air import session, Checkpoint

def train_loop(config):
    model = train.torch.prepare_model(Net())  ❶
    loss_fct = nn.CrossEntropyLoss()
    optimizer = torch.optim.SGD(model.parameters(), lr=0.001, momentum=0.9)

    train_batches = session.get_dataset_shard("train").iter_torch_batches(  ❷
        batch_size=config["batch_size"],
    )
    for epoch in range(config["epochs"]):
        running_loss = 0.0
        for i, data in enumerate(train_batches):
            inputs, labels = data["image"], data["label"]  ❸

            optimizer.zero_grad()  ❹
            forward_outputs = model(inputs)
            loss = loss_fct(forward_outputs, labels)
            loss.backward()
            optimizer.step()
```

```
            running_loss += loss.item()  ❺
            if i % 1000 == 0:
                print(f"[{epoch + 1}, {i + 1:4d}] loss: "
                    f"{running_loss / 1000:.3f}")
                running_loss = 0.0

        session.report(  ❻
            dict(running_loss=running_loss),
            checkpoint=Checkpoint.from_dict(
                dict(model=model.module.state_dict())
            ),
        )
    )
```

❶ 훈련 루프는 먼저 사용할 모델, 로스, 옵티마이저를 정의합니다. 여기서는 prepare_model
을 사용합니다.

❷ 워커에 훈련 데이터셋 샤드를 로드한 뒤 데이터 배치를 가진 이터레이터를 만듭니다.

❸ 이전 정의에 따르면 데이터는 "image"와 "label" 열이 있는 판다스 데이터프레임입니다.

❹ 파이토치 모델과 마찬가지로 훈련 루프에서 포워드 및 백워드 패스를 계산합니다.

❺ 각 1,000개의 훈련 배치에 대한 running_loss를 추적합니다.

❻ AIR 세션을 통해 현재 모델 상태의 체크포인트를 AIR에 전달해 로스를 보고합니다.

상당히 일반적인 훈련 절차를 수행한다는 점을 고려하면 함수의 정의가 꽤 길어보입니다. 이런
경우 파이토치 모델을 위한 간단한 wrapper를 만들어도 괜찮지만 자체 훈련 루프를 정의하면
서 더 복잡한 시나리오를 처리할 완전한 커스텀 함수를 사용할 수 있습니다. training_loop
를 AIR 트레이너의 train_loop_per_worker 인자에 전달하고 필요한 설정이 딕셔너리를
train_loop_config에 전달해 루프를 구성합니다.

조금 더 흥미를 돋우고 다른 레이 통합을 살펴보기 위해 RunConfig에 MLflowLoggerCallback
을 전달해 TorchTrainer 훈련 실행 결과를 ML플로에 기록합니다.

```
from ray.train.torch import TorchTrainer
from ray.air.config import ScalingConfig, RunConfig
from ray.air.callbacks.mlflow import MLflowLoggerCallback

trainer = TorchTrainer(
```

```
    train_loop_per_worker=train_loop,
    train_loop_config={"batch_size": 10, "epochs": 5},
    datasets={"train": train_dataset},
    scaling_config=ScalingConfig(num_workers=2),
    run_config=RunConfig(callbacks=[
        MLflowLoggerCallback(experiment_name="torch_trainer")
    ])
)
result = trainer.fit()
```

이와 유사한 콜백을 AIR 트레이너나 튜너에 전달해 Weights & Biases나 CometML 같은 여러 로깅 라이브러리와 함께 사용할 수도 있습니다.[96]

[표 11-2]은 레이 트레인과 RLlib에 모두 걸친 레이의 모든 머신러닝 관련 통합이 정리되어 있습니다.

표 11-2 레이 트레인과 RLlib 생태계

통합	유형
텐서플로, 파이토치, XG부스트, 라이트GBM, 호로보드	레이 팀에서 관리되는 레이 트레인 통합
사이킷런, 허깅페이스, 라이트닝	커뮤니티에서 관리되는 레이 트레인 통합
텐서플로, 파이토치, 오픈AI Hym	레이 팀에서 관리되는 RLlib 통합
JAX, 유니티	레이 팀에서 관리되는 RLlib 통합

표에서 커뮤니티가 후원하는 통합과 레이 팀에서 직접 관리하는 통합을 구분했습니다. 이 책에서 이야기한 대부분의 통합은 기본 통합이지만 오픈소스 소프트웨어의 협업이라는 특성상 기본 통합과 서드파티 통합의 성숙도에 큰 차이가 없다고 생각할 수도 있습니다.

AIR의 훈련 관련 통합을 마무리하면서 [표 11-3]에서 튠의 생태계에 대한 요약을 제공합니다.

표 11-3 레이 튠 생태계

통합	유형
옵튜나, 하이퍼옵트, Ax, 베이즈옵트, BOHB, 드래곤플라이, FLAML, HEBO, 네버그래드, 시그옵트, 스케일옵트, ZOOpt	하이퍼파라미터 최적화 라이브러리
텐서보드, ML플로, 웨이츠앤바이어스, 코멧ML	로깅 및 실험 관리

----

96 예를 들어, `WandbLoggerCallback`으로 훈련 결과를 Weights & Biases에 기록할 수 있을 뿐 아니라 체크포인트를 자동으로 업로드할 수도 있습니다. 이에 대한 예시는 레이 튜토리얼(https://oreil.ly/2jWOj)을 참조하세요.

11.1.3 모델 서빙

그레디오는 많은 실무자가 머신러닝 모델을 데모할 때 사용하는 도구이며, 파이썬 그레디오 라이브러리를 통해 간단하게 GUI를 생성합니다. 보시다시피 그레디오 인터페이스를 정의하고 배포하기는 쉽습니다. 하지만 레이 클러스터에서 모든 그레디오 애플리케이션을 확장하기 위해서는 레이 서브의 GradioServer 인터페이스를 래핑하는 편이 훨씬 쉽습니다.

방금 훈련한 모델에서 레이 서브를 사용해 그레디오 애플리케이션을 실행하는 방법을 살펴보기 위해 먼저 훈련 과정의 result를 디스크에 저장합니다. 다른 스크립트 체크포인트에서 모델을 복원하도록 선택한 로컬 폴더에 AIR 체크포인트를 저장해 작업을 수행합니다.

```
CHECKPOINT_PATH = "torch_checkpoint"
result.checkpoint.to_directory(CHECKPOINT_PATH)
```

그다음 "torch_checkpoint"가 있는 경로에 gradio_demo.py 파일을 생성합니다. 스크립트에서는 먼저 TorchCheckpoint를 복원한 뒤 체크포인트와 Net()을 사용해 추론에서 사용할 TorchPredictor를 생성한 뒤 파이토치 모델을 다시 로드합니다.

```
# gradio_demo.py
from ray.train.torch import TorchCheckpoint, TorchPredictor

CHECKPOINT_PATH = "torch_checkpoint"
checkpoint = TorchCheckpoint.from_directory(CHECKPOINT_PATH)
predictor = TorchPredictor.from_checkpoint(
    checkpoint=checkpoint,
    model=Net()
)
```

이 예시를 실행하려면 gradio_demo.py 스크립트에서 Net을 임포트해야 합니다.[97]

다음으로 이미지를 입력으로 받아 레이블을 출력으로 생성하는 그레디오 인터페이스를 정의해야 합니다. 또한 Label을 생성하기 위해 입력 이미지를 어떻게 변환할지 정의해야 합니다. 기본적으로 그레디오는 이미지를 넘파이 배열을 사용해 표현하므로 배열의 모양과 데이터 타입이 올바른지 확인한 뒤 predictor에 전달합니다. 여기서 사용할 예측기인 TorchPredictor

---

97 간단히 하기 위해 깃허브의 gradio_demo.py에서 Net 정의를 복사해서 사용했습니다.

는 확률 분포를 생성하기에 레이블로 사용할 정수를 얻기 위해 확률 변수 결과에 argmax를 취합니다. 다음 코드를 gradio_demo.py 파이썬 스크립트에 넣습니다.

```python
from ray.serve.gradio_integrations import GradioServer
import gradio as gr
import numpy as np

def predict(payload):  ❶
    payload = np.array(payload, dtype=np.float32)
    array = payload.reshape((1, 3, 32, 32))
    return np.argmax(predictor.predict(array))

demo = gr.Interface(  ❷
    fn=predict,
    inputs=gr.Image(),
    outputs=gr.Label(num_top_classes=10)
)

app = GradioServer.options(  ❸
    num_replicas=2,
    ray_actor_options={"num_cpus": 2}
).bind(demo)
```

❶ predict 함수는 예측기를 통해 그레디오 입력을 출력에 매핑시킵니다.

❷ 그레디오 인터페이스에는 하나의 입력(이미지), 하나의 출력(CIFAR-10 데이터셋의 10개 범주 중 하나에 대한 레이블)과 둘을 연결하는 함수 fn을 입력받습니다.

❸ 그레디오 demo를 각각 두 개의 CPU를 리소스로 사용하는 두 개의 레플리카에 배포되는 레이 서브 GradioServer 객체에 bind를 통해 바인딩합니다.

이제 셀에 다음 명령을 입력해 애플리케이션을 실행합니다.[98]

```
$ serve run gradio_demo:app
```

---

98 그레디오 통합을 사용할 때 레이 서브는 내부에서 그레디오 앱을 자동으로 실행합니다. 그레디오 앱은 각 서버의 디플로이먼트에 대한 타입 힌트에 접근해, 사용자가 요청을 제출하면 그레디오 앱은 출력 타입과 일치하는 그레디오 블록을 사용해 각 디플로이먼트의 출력을 표시합니다.

이 명령을 통해 그레디오 데모 서버에 `localhost:8000`으로 접근합니다. 각 입력 필드에 이미지를 끌어다 놓아 앱의 출력 필드에 표시되는 예측 결과를 요청할 수 있습니다.[99]

이 예시는 그레디오를 간단하게 래핑할 뿐으로, 원한다면 레이 서브가 아닌 다른 그레디오 앱도 함께 사용 가능하다는 점을 기억해야 합니다. 실제로 스크립트에서 레이 서브 앱으로 정의하지 않고 `demo.launch()`로 호출한다면 `python gradio_demo.py` 명령을 통해 일반 그레디오 앱으로 실행할 수도 있습니다.

`predictor`에 넘파이 배열을 입력했다는 점을 간과하기 쉽습니다. 훈련에 사용한 데이터셋 포맷 정의에는 `predictor`가 입력값으로 레이 `Dataset` 인스턴스를 예상합니다. 또한 `predictor` 인스턴스는 단일 넘파이 입력만 주어져도 값이 `"image"` 부분에 해당한다고 추론할 만큼 지능적입니다(추론에는 `"label"` 부분이 필요하지 않습니다).

이 절을 마무리하기 위해 현재 레이 서브에서 지원하는 현재 통합을 나열한 [표 11-4]를 살펴보세요.

표 11-4 레이 서브 생태계

라이브러리	설명
FastAPI, 플라스크, Streamlit, 그레디오	서빙 프레임워크와 애플리케이션
어라이즈, 셀든 알리바이, 와이랩스	설명 가능성과 관찰 가능성

11.1.4 커스텀 통합

레이와 다른 복잡한 소프트웨어 프레임워크의 관계를 더 자세히 설명하기 전에 레이 AIR에 대한 커스텀 통합을 만드는 방법을 살펴보겠습니다. AIR는 확장성을 중요시해 설계되었기에 커스텀 통합을 만드는 데 필요한 모든 작업에 대한 적합한 인터페이스를 제공합니다.

예를 들어 스노우플레이크Snowflake에서 데이터를 읽은 뒤 데이터를 가지고 JAX 모델을 훈련해 튜닝한 결과를 넵튠Neptune에 기록하는 시나리오를 가정합시다. 이 글을 시점에서는 이를 위한

---

99 예측 전처리를 필요 이상으로 복잡하게 만들지 않도록 애플리케이션은 올바른 크기의 이미지가 들어오기를 기대합니다. 이 책의 리포지토리(https://oreil.ly/7fS-l)에 제공된 이미지 데이터를 사용하거나 온라인에서 CIFAR-10 이미지를 찾아 직접 테스트해봅시다.

통합은 제공되지 않지만 추후 제공될 가능성이 높습니다. 스노우플레이크나 JAX, 넵튠 같은 도구를 선호하는 게 아니라 단지 도구가 흥미로워 선택했습니다.[100] 어떤 도구를 사용하든 통합하는 방법을 알아두면 좋습니다.

스노우플레이크에서 레이 데이터셋으로 데이터를 로드하기 위해 Datasource를 만들어야 합니다. 이를 위해 데이터소스를 가져오는 방법인 create_render, 쓰기 작업을 하는 방법인 do_write, 쓰기가 성공했거나 실패했을 때 처리하는 방법인 on_write_complete와 on_write_failed 메서드를 지정해 데이터소스를 정의합니다. 이렇게 SnowflakeDatasource 구현이 완료되면 레이 데이터셋으로 데이터를 읽어올 수 있습니다.

```python
from ray.data import read_datasource, datasource

class SnowflakeDatasource(datasource.Datasource):
    pass

dataset = read_datasource(SnowflakeDatasource(), ...)
```

다음으로 레이 트레인을 활용해 확장하려는 JAX 모델이 있다고 가정합시다. 구체적으로 모델의 데이터 병렬 훈련, 즉 여러 데이터 샤드가 단일 모델을 병렬로 훈련하도록 확장하기를 원한다고 가정합니다. 이를 위해 레이에서는 DataParallelTrainer를 제공합니다. 이를 정의하기 위해 훈련 프레임워크용 train_loop_per_worker를 만들고 내부적으로 트레인에서 JAX를 처리하는 방법을 정의해야 합니다.[101] JaxTrainer를 구현해 활용하면 앞서 살펴본 모든 AIR 예시와 동일한 Trainer 인터페이스를 사용할 수 있습니다.

```python
from ray.train.data_parallel_trainer import DataParallelTrainer

class JaxTrainer(DataParallelTrainer):
pass

trainer = JaxTrainer(
...,
    scaling_config=ScalingConfig(...),
```

---

[100] 이 챕터에서는 독자가 생태계에 있는 다양한 도구를 안다고 가정합니다. 만약 여기서 다루는 도구를 모른다면 스노우플레이크는 통합하려 하는 데이터베이스 솔루션이며, JAX는 머신러닝 프레임워크이고 넵튠은 실험을 추적하기 위한 도구라고 이해하시면 됩니다.

[101] 정확히 말하면 BackendConfig에서 JAX를 위한 백엔드를 정의해야 합니다. 그다음 DataParallelTrainer를 이 백엔드와 훈련 루프를 통해 초기화합니다.

```
        datasets=dict(train=dataset),
    )
```

마지막으로 튠 트라이얼을 로깅하고 시각화하기 위해 넵튠을 사용하려면 `LoggerCallback`을 정의해 실험 구성에 전달합니다. 이를 정의하려면 로그를 생성하는 방법인 `setup`, 트라이얼의 시작과 종료마다 실행할 작업인 `log_trial_start`와 `log_trial_end`, 결과를 기록하는 방법인 `log_trial_result`를 정의해야 합니다. `NeptuneCallback` 같은 클래스를 구현하면 11.1.2 '모델 훈련'에서 살펴본 `MLflowLogger` 콜백을 그대로 사용하면 됩니다.

```
from ray.tune import logger, tuner
from ray.air.config import RunConfig


class NeptuneCallback(logger.LoggerCallback):
pass


tuner = tuner.Tuner(
trainer,
    run_config=RunConfig(callbacks=[NeptuneCallback()])
)
```

통합을 만드는 게 별것 아니란 생각이 들 수 있습니다. 하지만 서드파티 소프트웨어는 계속 업데이트되므로 변경 사항을 모두 반영하며 지속적으로 유지하기는 어렵습니다. 그럼에도 불구하고 이제 새로운 AIR 컴포넌트를 통합하는 가장 일반적인 방법을 알았으니 여러분이 가장 좋아하는 도구를 커뮤니티 통합으로 만들고 싶은 마음이 생겼을지도 모르겠군요.

11.1.5 레이 통합 개요

이 장에서 언급한 모든 통합을 하나의 다이어그램으로 요약하겠습니다. [그림 11-1]에는 이 책을 쓰는 시점에서 사용 가능한 모든 통합이 나와있습니다.

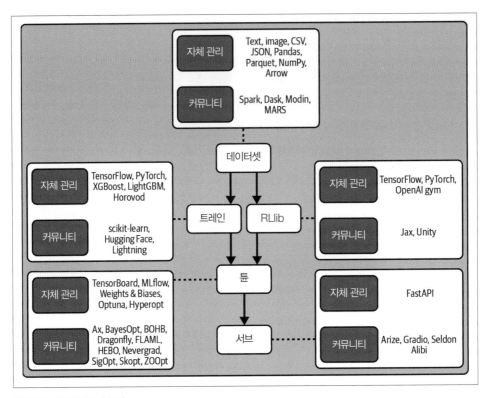

그림 11-1 레이 생태계 요약

11.2 레이 외 시스템

지금까지 레이를 다른 시스템과 직접 비교하지 않았습니다. 왜냐하면 레이가 무엇인지 모른 상태라면 레이와 다른 무언가를 비교하는 의미가 없기 때문입니다. 레이는 매우 유연하며 많은 컴포넌트와 함께 제공되기에 아주 넓은 머신러닝 생태계에 있는 여러 유형의 도구와 비교할 수 있습니다.

먼저 보다 명확한 후보, 즉 클러스터 컴퓨팅을 위한 파이썬 기반 프레임워크와 비교하겠습니다.

11.2.1 분산 파이썬 프레임워크

파이썬을 완벽하게 지원하며 클라우드 제공자에 얽매이지 않는 분산 컴퓨팅 프레임워크를 떠올려보면 현재 가장 중요한 3개의 도구는 다스크, 스파크, 레이입니다. 프레임워크 간에는 기술과 상황에 따른 성능 차이가 있지만, 프레임워크는 실행할 작업 부하 측면은 비교해볼 만합니다. [표 11-5]는 가장 일반적인 워크로드의 지원 사항을 비교했습니다.

표 11-5 워크로드 유형에 따른 레이, 다스크, 스파크가 지원 사항 비교

워크로드 유형	다스크	스파크	레이
구조화된 데이터 처리	1급 지원	1급 지원	레이 데이터셋과 통합을 통해 지원하나 1급 지원은 아님
저수준 병렬화	태스크를 통한 일급 지원	지원하지 않음	태스크와 액터를 통한 1급 지원
딥러닝 워크로드	지원하나 1급 지원은 아님	지원하나 1급 지원은 아님	몇몇 머신러닝 라이브러리를 통한 일급 지원

11.2.2 레이 AIR와 더 넓은 생태계

레이 트레인을 통해 모든 종류의 모델 훈련을 제공하듯 레이 AIR는 AI 컴퓨팅에 중점을 둡니다. 그러나 AI 워크로드의 모든 부분을 처리지는 못합니다. 예를 들어 AIR는 자체에서 구현한 설루션을 제공하지 않고 머신러닝 실험을 통한 추적 및 모니터링 도구와 데이터 스토리지 설루션을 통합합니다. [표 11-6]은 생태계의 상호 보완적인 컴포넌트를 보여줍니다.

표 11-6 상호 보완적인 생태계 컴포넌트

카테고리	예시
머신러닝 추적 및 관측 가능성	ML플로, 웨이츠앤바이어스, 어라이즈 등
훈련 프레임워크	파이토치, 텐서플로, 라이트닝, JAX 등
머신러닝 피처 스토어	피스트, 텍톤 등

다른 한편으로는 레이 AIR가 대체하는 도구도 있습니다. 예를 들어 파이토치 전용 TorchX나 텐서플로우 전용 TFX 같은 프레임워크 전용 툴킷은 각각의 프레임워크와 긴밀하게 연결되어 있습니다. 이와 대조적으로 AIR는 프레임워크에 구애받지 않으며 특정 도구에 종속되지 않으

며 유사한 기능을 계속 사용할 수 있습니다.[102]

또한 레이 AIR와 특정 클라우드에서 제공하는 제품과 비교해도 좋습니다. 일부 주요 클라우드 서비스는 파이썬에서 머신러닝 워크로드를 처리하는 포괄적인 도구를 제공합니다. 예를 들어 AWS의 SageMaker는 AWS 생태계와 잘 연결되는 훌륭한 올인원 패키지입니다. 물론 AIR는 SageMaker 같은 도구가 아닌, 모델 평가나 서빙 같은 컴퓨팅 집약 컴포넌트를 대체하는 것이 목표입니다.[103]

AIR는 쿠브플로KubeFlow나 플라이트Flyte 같은 머신러닝 워크플로 프레임워크의 대안이 될 수 있습니다. 많은 컨테이너 기반 설루션과 달리 AIR는 직관적인 하이레벨의 파이썬 API를 제공하며 분산된 데이터를 기본적으로 사용합니다. [표 11-7]에 대안이 정리되어 있습니다.

표 11-7 생태계에서 대안으로 사용할 수 있는 컴포넌트

범주	예시
프레임워크 전용 툴킷	TorchX, TFX 등
머신러닝 워크플로 프레임워크	쿠브플로, 플라이트, FB러너플로

때로는 명확하지 않은 상황에서 레이 AIR는 머신러닝 에코시스템의 대안이나 보완 요소로 사용할 수 있습니다.

예를 들어 머신러닝 오픈소스 시스템으로서 레이는 세이지메이커SageMaker 같은 관리형 머신러닝 프레임워크 내에서 사용하거나 AIR와 함께 세이지메이커를 활용해 머신러닝 플랫폼을 구축할 수도 있습니다.[104] 앞서 언급했듯 AIR가 항상 스파크나 다스크 같은 빅데이터 처리 도구로서 경쟁할 수는 없을지 모르지만 어떤 경우에는 도구를 사용하지 않고 오직 레이 데이터셋만으로도 필요한 요구사항을 충족할 수도 있습니다.

10장에서 언급했듯, 머신러닝 워크로드를 단일 스크립트로 표현해 단일 분산 시스템으로 레이 애플리케이션을 실행하는 게 AIR가 추구하는 철학의 핵심입니다. 내부적으로 레이 클러스터에서 모든 작업 배치와 실행을 처리하기에 일반적인 경우에서 명시적으로 워크로드를 조정

---

102 프레임워크 전용 도구는 고도로 맞춤화되어 있기에 이로 인한 많은 이점을 제공합니다. 즉, 프레임워크 전용 도구와 AIR 도구 사이에는 분명한 트레이드오프가 있습니다.

103 애니스케일은 엔터프라이즈 기능이 포함된 관리형 레이 서비스를 제공해 레이 위에 머신러닝 애플리케이션을 손쉽게 구축하도록 도와줍니다.

104 다음 섹션에서는 이 작업을 수행하는 대략적인 방법을 소개하겠습니다.

하거나 복잡한 많은 분산 시스템을 수동으로 관리할 필요가 없습니다. 물론 이 철학을 너무 문자 그대로 받아들여서는 안 됩니다. 어떤 경우는 여러 시스템이 필요하거나 작업을 여러 단계로 분할해 문제를 해결해야 하는 경우도 있습니다. 반면 아르고^Argo나 에어플로^AirFlow 같은 전용 워크플로 오케스트레이션 도구는 레이를 보완하는 도구로 사용될 때 유용합니다. 예를 들어 MLOps 프레임워크인 라이트닝^Lightning의 한 단계만 레이로 실행하고 싶을 수도 있습니다. [표 11-8]은 AIR와 함께 사용하거나 AIR가 대안으로 사용할 수 있는 컴포넌트를 요약한 표입니다.

표 11-8 생태계에서 AIR가 보완하고 대안으로 사용할 수 있는 컴포넌트

범주	예시
머신러닝 플랫폼	세이지메이커, 애저 ML, 버텍스AI, 데이터브릭
데이터 처리 시스템	스파크, 다스크
워크플로 오케스트레이터	아르고, 에어플로, 메타플로
MLOps 프레임워크	젠ML, 라이트닝

버텍스나 세이지메이커 같은 머신러닝 플랫폼을 이미 사용한다면 레이 AIR를 부분적으로 사용해 시스템을 보강할 수 있습니다.[105] 즉, AIR를 사용할 때 전체 머신러닝 플랫폼을 교체할 필요 없이 기존 파이프라인이나 워크플로 오케스트레이터, 스토리지 및 추적 서비스와 통합해 기존 머신러닝 플랫폼을 보완할 수 있습니다.

11.2.3 AIR를 머신러닝 플랫폼에 통합하는 방법

이제 레이와 AIR가 생태계에 있는 다른 컴포넌트와 어떻게 관련되어 있는지 더 깊게 알게 되었습니다. 이제 독자적인 머신러닝 플랫폼을 구축해 생태계의 다른 컴포넌트와 레이를 통합하는 방법을 알아봅시다.

AIR를 사용한 머신러닝 시스템을 만들 때의 핵심은 각기 다른 작업을 담당하는 다수의 레이 클러스터로 구성됩니다. 예를 들어 어떤 클러스터는 전처리를 수행하며 파이토치 모델을 훈련하고 추론하는 역할을 담당합니다. 반면 다른 하나는 배치 추론과 모델 서빙을 위해 훈련한 모

---

105 넓은 의미로 머신러닝 플랫폼이라는 용어를 사용합니다. 이는 엔드 투 엔드 머신러닝 워크로드를 실행하는 모든 시스템을 의미합니다.

델을 사용할 수도 있습니다. 레이 오토스케일러를 활용해 필요한 확장 요구사항을 충족시키거나 쿠브레이를 통해 레이 시스템을 쿠버네티스에 배포할 수도 있습니다. 그다음 적절하다고 생각되는 다른 컴포넌트를 사용해 시스템을 보강할 수도 있습니다.

- Spark를 사용해 데이터 집약적 전처리 작업을 실행하는 등 다른 계산 단계를 설정에 추가할 수 있습니다.
- 에어플로나 우지, 세이지메이커 파이프라인 같은 워크플로 오케스트레이터를 사용해 레이 클러스터를 스케줄링하고 레이 AIR 앱과 서비스를 실행할 수 있습니다. 예를 들어 각 AIR 앱은 스파크 ETL을 작업에 연결해 더 큰 워크플로의 일부로 사용합니다.[106]
- 구글 코랩이나 데이터브릭 노트북처럼 주피터 노트북을 사용하는 레이 AIR 클러스터를 만들 수 있습니다.
- 피스트나 텍톤 같은 피처 스토어를 사용해야 한다면 레이 트레인과 데이터셋 혹은 서브에서 이와 관련된 통합을 제공합니다.[107]
- 실험 추적이나 지표 저장소가 필요하다면 레이 트레인과 튠에서 제공하는 ML플로, 웨이츠앤바이아스 도구 통합도 좋습니다.
- 또한 그림과 같이 S3 같은 외부 스토리지 설루션에서 데이터와 모델을 검색하거나 저장할 수 있습니다.

[그림 11-2]는 모든 구성요소를 하나의 간결한 다이어그램을 정리한 그림입니다.

---

106 작업 그래프 오케스트레이션은 전적으로 레이 AIR가 처리할 수 있습니다. 레이는 물론 외부 워크플로 오케스트레이터와 잘 통합되나 이는 레이를 사용하지 않는 단계를 실행할 때만 사용하는 것이 좋습니다.
107 레이 팀은 Feast와 어떻게 통합되는지 아키텍처를 살펴볼 수 있는 데모(https://oreil.ly/Pi3Xf)를 만들었습니다.

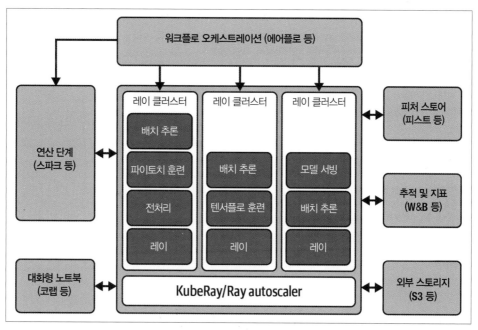

그림 11-2 레이의 AI Runtime과 머신러닝 생태계의 기타 컴포넌트를 통한 머신러닝 플랫폼 구축

11.3 앞으로 살펴볼만한 주제

1장에서 살펴본 레이 개요부터 지금 레이 생태계를 살펴볼 때까지 많은 내용을 살펴봤습니다. 하지만 이 책은 입문서이며 레이가 가진 능력의 빙산의 일각만을 살펴봤습니다. 이제 레이 코어의 기본적인 내용과 레이 클러스터의 작동 방식을 이해하였고, AIR와 이를 구성하는 라이브러리인 데이터셋, 트레인, RLlib, 튠, 서브를 언제 사용해야 하는지 배웠으나 아직 각 도구에 대한 세부 사항은 많이 배워야 합니다.

우선 레이 코어(https://oreil.ly/cX6vj)의 사용자 가이드에는 레이 태스크, 액터 및 오브젝트와 클러스터 노드 배치, 애플리케이션 의존성 처리 등 많은 내용이 있습니다. 특히 어떻게 레이 코어 프로그램을 잘 설계하며 일반적으로 발생할 수 있는 문제를 피하기 위한 흥미로운 패턴과 안티 패턴을 살펴보기를 추천합니다. 레이의 내부 작동 원리를 살펴보려면 아키텍처 백서(https://oreil.ly/lFW_h) 같은 레이에 대한 고급 문서를 권장합니다.

사실 이 책에서는 레이의 관찰 가능성에 대한 레이 도구를 살펴보지 않았습니다. 공식 레이 옵저버빌리티^{Ray Observability} 문서(https://orei.ly/xDWtK)는 이 주제를 배우기 위한 좋은 자료입니다. 이 도구는 레이 애플리케이션을 디버깅하고 프로파일링하며 레이 클러스터 정보를 기록하고 작동을 모니터링하며 중요한 지표를 내보내는 작업을 수행합니다. 또한 **레이 대시보드**^{Ray Dashboard} **108**는 레이 프로그램의 이해를 돕습니다.

이 책은 머신러닝 실무자가 레이의 핵심 아이디어를 습득하고 레이로 워크로드를 처리하도록 실용적인 출발점을 배우는 데 초점을 맞춥니다. 하지만 이 책에 포함되지는 않았으나 레이 클러스터를 구축하고 확장하며 유지 보수하는 방법을 배우면 좋습니다. 레이 클러스터에 대한 고급 주제를 살펴보기 위한 가장 좋은 자료는 레이 문서(https://oreil.ly/SGa9w)입니다. 이 문서는 모든 주요 클라우드 제공자에서 클러스터를 배포하는 방법, 쿠버네티스로 클러스터를 확장하는 방법, 클러스터에 레이 잡을 제출해 실행하는 방법 등 훨씬 더 자세한 내용을 다룹니다.

이 장에서는대부분의 레이 통합을 간략하게 살펴봤습니다. 레이에서 제공하는 서드파티 통합을 자세히 알아보기 위해서는 레이 생태계 페이지(https://oreil.ly/5wqYZ)를 참조하세요. 또한 이 책에서 다루지 못한 레이 워크플로^{Ray Workflow}와 파이썬의 `multiprocessing` 라이브러리를 대체하는 분산 라이브러리 등 더 많은 레이 라이브러리(https://oreil.ly/Yt5hX)가 존재한다는 점을 기억해 두세요.

마지막으로 레이 커뮤니티에 합류하고 싶다면 이를 위한 좋은 방법이 많이 있습니다. 레이 슬랙(https://oreil.ly/a83QM)에 가입해 레이 개발자나 기타 커뮤니티 구성원과 연락하거나 레이의 토론 포럼(https://discuss.ray.io)에서 질문을 하거나 답변을 할 수 있습니다. 혹은 레이 문서를 작성하는 데 기여하거나 새로운 사용 사례를 추가하거나, 오픈소스 커뮤니티에서 새로운 기능이나 버그 수정을 지원하는 등 레이 개발에 도움을 주고 싶다면 레이의 공식 기여자 가이드(https://oreil.ly/6AgiE)를 살펴보세요.

---

108 집필 시점에서 레이 대시보드가 새롭게 개발되고 있습니다. 대시보드의 구조가 크게 변경될 가능성이 있어 별도의 설명이나 스크린샷을 넣지 않았습니다.

11.4 요약

이번 장에서는 AIR를 통해 레이 생태계를 자세히 살펴봤습니다. 레이 AIR 라이브러리의 대부분 통합과 데이터 로드 및 훈련을 위한 파이토치, 로깅을 위한 ML플로, 모델 서빙을 위한 그레디오라는 3가지 통합을 통해 머신러닝 모델을 훈련하고 서빙하는 예시를 살펴봤습니다. 이제 사용 중이거나 사용할 모든 도구를 AIR와 함께 실행할 수 있습니다. 또한 레이의 한계와 다양한 다른 시스템과의 비교, 레이를 다른 도구와 함께 사용해 자체 머신러닝 플랫폼을 확장하거나 구축하는 방법도 살펴봤습니다.

이것으로 이 장과 이 책을 마치겠습니다. 레이에 대한 관심을 가지고 여정을 시작하는 데 도움이 되기를 바랍니다. AIR가 도입되면서 레이 생태계에는 많은 새로운 기능이 생겨났고, 레이의 로드맵을 보면 앞으로 더 많은 기능이 추가될 예정입니다. 이제 레이에 관련된 어떤 고급 자료를 살펴봐도 좋습니다. 아마도 여러분의 첫 레이 애플리케이션을 만들 아이디어가 생기셨을지도 모릅니다.

INDEX

INDEX

INDEX

INDEX